고객의 가슴·지갑을 여는

브랜드 마케팅

고객의 가슴 · 지갑을 여는

브랜드 마케팅

(주)하쿠호도 브랜드 컨설팅 지음 ★ 김낙회 · 유진형 · 홍성민 옮김

굿모닝미디어

한국독자에게 드리는 글

공업화 사회에서 정보화 사회로의 전환이 진전되는 21세기의 기업경영에 있어서 브랜드전략의 중요성은 점점 커지고 있습니다.

일본에서도 브랜드의 강화에 주력하는 기업이 급속히 늘어나고 있습니다. 오늘날은 고급 패션브랜드뿐만이 아니라 모든 기업, 모든 조직에 있어서 브랜드는 없어서는 안 되는 중요한 테마로 자리잡고 있습니다.

브랜드가 이렇게 중요하게 자리잡은 이유는 몇 가지가 있습니다.

첫째는, 소비의 성숙화입니다. 인구의 고령화가 진전되어 디플레이션의 불황 속에서 살아 남기 위한 마케팅이 요구되고 있습니다.

둘째는 이익중시, 주주중시 경영으로의 전환입니다. 부가가치를 높여 현금 흐름(Cash Flow)를 찾기 위한 방법론으로서 무형자산인 브랜드가 주목을 받고 있습니다

셋째는 글로벌 경쟁의 심화입니다. 품질관리(TQC: Total Quality Control)를 통해 철저하게 생산효율을 높이는 것만으로는 오랜 기간 브랜드 관리에 주력해 온 구미기업과의 글로벌 경쟁에서 이길 수 없습니다.

넷째는 사업재편, 조직재편의 가속화입니다. 합병, 분사화, 지주회사화 등에 따라 종래의 기업형태는 붕괴하고 브랜드를 통한 새로운 구심력이 필요하게 된 것입니다.

　다섯째는 인터넷 사회의 가속화입니다. 인터넷에서 제품이나 서비스를 구입할 경우, 브랜드의 신뢰는 무엇보다도 중요시됩니다.

　이러한 상황은 일본과 마찬가지로 한국에 있어서도 동일한 문제라고 생각됩니다. 또한 일본에서는 하나의 기업명을 중심으로 점차 사업확장을 도모한 결과, 기업브랜드와 사업 및 제품브랜드의 관계가 혼재되어 있는 경우가 많이 있는데 이러한 경우도 흔히 볼 수 있는 현상일 것입니다.

　브랜드 컨설팅을 수주하는데 있어 자사의 어떠한 경영과제를 해결할 것인가가 명확하지 않거나, 추진하는 조직체제가 정비되어 있지 않는 경우가 흔히 있습니다. 브랜드의 강화는 다각도에서 일관성을 유지하며 수행할 때 비로서 성과가 나타나는 것입니다. 또한 최종적으로는 자사의 경영 과제나 마케팅 과제에 입각하여 각 기업에 맞는 브랜드 마케팅 시스템의 구축을 지향하는 것이 중요합니다.

　본서는 브랜드 전략의 조직을 구성하거나 실천하는 입장의 실무자들에게 필요한 방법론을 도표로 알기 쉽게 정리한 것입니다. 우리가 축적해 온 노하우가 한국의 독자 여러분에게도 도움이 되시기를 기원합니다.

2002년 1월 주식회사 하쿠호도 브랜드 컨설팅

대표이사 사장　**슈토우 아키히로**

들어가는 말

현재 일본에서는 수많은 서적과 세미나 등을 통해 경영에 있어서의 브랜드 전략의 중요성이 자주 지적되고 있습니다.

또한 기업의 경영방침으로서 브랜드 강화에 주력하는 기업이 실제로 증가하고 있습니다. 그러나 자사의 어떠한 경영과제를 브랜드로 해결 가능한지, 이를 추진하는 브랜드 관련조직을 어떻게 구성해야 하는지 등이 아직은 명확히 정리되어 있지 않습니다. 이 결과 자사의 과제에 대해 브랜드 전략을 구체적으로 어떻게 추진하면 좋은가? 라는 상담과 질문을 받는 기회가 늘어나고 있습니다.

게다가 이러한 상담과 의뢰는 경영자는 물론 기획 부문, 광고/홍보 부문, 디자인 전략 부문, 때로는 신설된 브랜드 위원회나 브랜드 관리 부문 등에 폭넓게 걸쳐 있습니다.

브랜드 과제라 해도 마케팅을 중심으로 한 사업전략으로부터 사내조직의 활성화, 심벌이나 디자인의 관리시스템 구축 등에 이르기까지 관련되는 실제 업무영역은 매우 폭이 넓습니다. 이제 브랜드는 마케팅 부문에서 하나의 영역이 아니라 수많은 부문의 사람들과 관계를 맺으며 기업의 중요한 경영과제로 자리매김하고 있습니다. 따라서 현재 필요한 것은 자사의 경영 과제와 마케팅 과제에 맞는 자사류(自社流)의 브랜드 마케팅 시스템을 어떻게 구축하느냐입니다.

본서는 브랜드 전략조직을 구성하거나 실행하는 입장에 있는 모든 사람들에게 필요한 방법론을 정리했습니다. 이것의 대부분은 하쿠호도가 제시하고 있는 브랜드 관리 시스템 BRAND WIN 을 통해 실천 적용해 온 것들입니다.

본서는 브랜드 마케팅의 여러 단면들을 도표로 정리한 것에 지나지 않지만, 현장에서 브랜드와 관련하여 고민하는 실무자들에게는 지금까지 축적해 온 하쿠호도의 노하우가 어떠한 형태로든 도움이 되었으면 좋겠습니다.

2000년 11월

주식회사 **하쿠호도 브랜드컨설팅**

c·o·n·t·e·n·t·s

제 1 장

브랜드 마케팅이란 무엇인가?

1 브랜드라는 단어가 갖고 있는 의미

| 회사나 조직에 있어서 브랜드에 대한 공통인식이 필요 |

브랜드(brand)란 타인의 소와 자신의 소를 구별하기 위해 소의 몸에 새기는 낙인(burned)이 어원이라는 학설과 P&G의 창시자인 해리 프록터(Harry Procter)가 비누를 소형으로 만들어 포장하고 아이보리(Ivory) 라는 상표를 붙여 출시한 것이 근대적으로 마케팅한 브랜드의 효시라는 등 여러 학설이 있다. 또한 브랜드 전략을 설명할 때, 가끔 다음과 같은 의견을 듣곤 한다.

"우리 상품은 패션 브랜드와는 다릅니다. 그런 한정된 사람만을 대상으로 한 고급품이 아닙니다."

"브랜드(상품)보다는 기업 이미지가 문제입니다."

"CI를 도입한 지 얼마 안 되기 때문에 이제 더 이상 로고나 마크의 변경은 하고 싶지 않습니다."

"질 좋은 상품이나 양질의 서비스를 제공한다면 지나치게 이미지만을 신경 쓰지 않아도 자연히 고객은 따라옵니다."

"고객에게 어떻게 할 것인가보다는 조직원을 어떻게 이해시키는가가 문제이지요."

이와 같이 브랜드라는 단어는 일반적으로 젊은 여성이 소비하는 고급 브랜드의 이미지가 지나치게 강하기 때문에 많은 오해가 있는 듯하다. 물론 사람에 따라 이해의 폭이 다양할 필요는 있지만, 마케팅이나 경영현장에서 사용하기 위해서는 공통의 인식이 필요하다. 따라서 이 책은 고급 패션브랜드만이 아니라 모든 상품과 서비스가 브랜드만을 의미하지 않는다. 상품만이 아닌 기업도 브랜드다. 브랜드는 단순히 상표 관리가 아니다. 이미지 전략만으로는 브랜드가 만들어지지 않는다. 브랜드 성립에 있어 무엇보다 중요한 것은 고객이지만, 직원과 주주도 중요하다는 생각을 전제로 하고 시작한다.

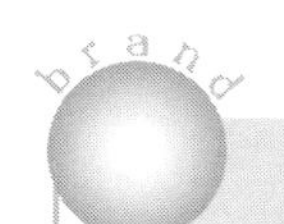

브랜드에 대한 5가지 오해

브랜드 대한 오해		브랜드의 본질

X 유럽의 고급품
 (의류, 보석류)
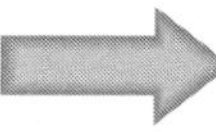
○ 고객이 가치를 느끼는
 모든것

X 브랜드는 상품

○ 기업도 브랜드가 된다

X 마크나 상표
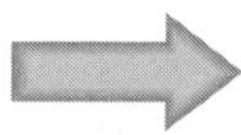
○ 마크나 상표로부터
 연상되는 가치나 세계관

X 광고, 캠페인으로
 만들어지는 것
 (마케팅의 결과)
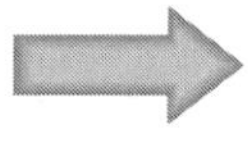
○ 모든 기업활동을
 통해 만들어 가는 것
 (매니지먼트의 출발점)

X 고객만이 고려대상
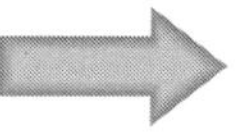
○ 종업원이나 주주에게도
 가치가 있는 것

2 제품과 브랜드의 차이

| 일반제품과 브랜드의 차이를 파악하는 것이 브랜드 이해의 첫걸음이다 |

종래의 마케팅과 브랜드 마케팅의 차이를 생각해볼 때 무엇보다도 중요한 것은 일반제품과 브랜드의 차이를 파악하는 것이다.

제품이란 대부분의 경우 일반명사로 표현 가능한 제품 분야의 모든 것을 총칭한다. 어떤 비누라도 얼굴을 닦아 깨끗하게 한다는 용도에는 변함이 없다. 다만 제품에 따라 기술과 제조공법에 차이가 있기 때문에 품질과 효능은 차이가 있다. 하지만, 이것만으로는 일반제품과 브랜드의 차이를 설명할 수는 없다. 오히려 이원적인 표현을 하자면 일반제품은 기술이나 제조공법 등에 기초한 물리, 기능적 재화인 반면, 브랜드는 제품에 고객의 인식과 감정이 부가된 무형의 재화라고 할 수 있다.

기술이나 제조공법 등에서 탁월한 특징이 있다면, 새로운 제품 분야나 히트상품이 탄생할 수 있다. 하지만, 이것만으로는 단발의 히트로 끝나버린다. 이것이 고객의 마음 속에서 여러 가지 의미를 가지면서 성장해 나갈 때 비로소 브랜드가 되는 것이다.

그리고 브랜드는 제품에 의미나 방향설정을 부여한다. 단순한 명칭만이 아닌 새로운 제품개발과 모델 변경의 기반이 되는 것이다. 한편, 개발된 제품은 브랜드에 새로운 의미를 부여하여 브랜드를 활성화시키거나 새롭게 재탄생하도록 한다.

그리고 이것은 제품뿐만 아니라 서비스나 정책 등에도 적용된다. 서비스 분야를 한 예로 들어보면 택배 서비스와 "구로네코 야마토의 서비스"[1]를 받아들이는 소비자의 느낌에는 큰 차이가 있을 것이다. 어느 한 제품이 브랜드가 됨으로써 평소 보통의 것으로만 느껴지던 것이 나만의 것으로 새롭게 자리매김되며, 별 의미가 없던 것이 특별한 것으로 탄생되어 많은 의미와 발상이 생겨나게 되는 것이다.

---

[1] 구로네코 야마토(YAMATO TRANSPORT CO., LTD) 1. 설립: 1919년 11월 29일, 2. 소재지: 동경 츄오구 긴자 2-16-10, 3. 자본금: 1,161억 5,400만엔(2001년), 4. 매출액: 7,868억 3,200만엔(2000년), 5. 종업원수: 91,026명, 6. 사업내용: 택배 / 이사 등의 생활관련 운송 및 국제 해상 화물수송 등 일본최대의 택배업체

제품은 공장에서 만들어지는 것이며, 브랜드는 고객이 사는 것이다
(Stephan King/WPP Group)

	일반제품	브랜드
서비스	일반미	이천쌀
음 식	김치	종가집 김치
	두부	풀무원 두부
서비스	택배 서비스	구로네코 야마토의 택배 서비스
장식품	진주	MIKIMOTO[2]
사 람	국악인	최덕수와 사물놀이
조 직	우주개발관련조직	NASA
장 소	번화가	명동, 압구정
정 책	통신네트워크 정책	슈퍼 하이웨이* 구상

2) 슈퍼하이웨이: 미국에서 구상하고 있는 초고속 정보통신 네트워크 구축 정책

3 브랜드란 무엇인가?

| 강력한 브랜드는 고객과의 사이에 장기적으로 흔들림 없는 유대관계를 구
축한다 |

사람에 따라 브랜드에 대한 이해는 가지각색이다. 흔히 고객의 기억이나 이미지만을 강조하는 경향이 있는가 하면 경영자나 마케터들의 이상(理想)이나 사고의 상징으로 파악되는 경우도 있다.

그러나 그 어느 것도 올바르지는 않다. 브랜드는 고객이 그린 이미지대로 성장해가지는 않는다. 또한 경영자나 마케터가 자신의 생각을 일방적으로 강요하여 성장하는 것도 아니다.

브랜드는 기업과 고객 양쪽이 하나가 되어 만들어 가는 것이다. 기업이 사업이나 제품을 앞으로 어떻게 이끌어가고 싶은지에 대한 전략이나 비전을 배경으로 고객에게 어떻게 인식되고 싶은가라는 목표를 설정하여 종업원과 고객이 함께 만들어가는 것이다.

그러기 위해서는 기업이 브랜드를 통해 무엇을 약속할 것인가를 명확히 할 필요가 있다. 그리고 브랜드에 대한 고객의 기대를 이해하고 끊임없이 그 기대에 부응하는 것이 필요하다. 이러한 결과로 구축된 기업과 고객 사이에서 형성된 장기적이며 흔들림 없는 정신적인 유대관계가 바로 강력한 브랜드다.

1985년, 코카콜라의 미각 변경의 실패는 브랜드의 본질을 생각할 때 매우 중요한 사례다. 코카콜라사는 19만 명의 소비자 미각테스트를 기초로 새로운 맛의 콜라를 도입했다. 그러나 실제 소비자의 평가 결과, 새로운 콜라의 도입은 대실패로 끝났다. 코카콜라는 미국문화의 일부분으로서, 소비자는 코카콜라에 대해 음료 이상의 강한 감정을 가지고 있었다. 그 결과, 정신적인 축의 한 요소로서 기능해 온 맛의 변경에 소비자는 강하게 반발한 것이다. 이것이야말로 고객과의 심리적, 정신적인 유대가 얼마나 중요한지를 말해 주는 예다.

브랜드란 무엇인가?

다양한 브랜드 접근방법

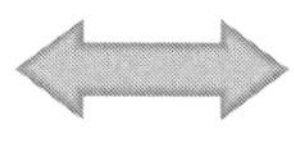

판매자의 재화나 서비스를 다른 판매자의
그것과 식별하기 위한 이름, 용어, 디자인, 심벌 및 그 외의 특징

고객의 기억이나 이미지에 의한 접근법

- 우리의 유일한 최고 자산은 이미지다
  (J 브루조네/아르마니)
- 브랜드란 기억과 연관된 모든 것
  (데이비드 A 아커/UC 버클리)

기업의 꿈이나 비전에 의한 접근법

- 우리들을 지탱해온 것은 스포츠의
  정점을 목표로 하는 정열이다
  (N 팰리스/나이키)
- 브랜드는 나의 인생 그 자체이며
  나의 아기이다(애니타 로딕/바디숍)

브랜드 구축으로 노려야 할 것

기업브랜드를 통해 무엇을 약속할지를 명확히 하고,
고객의 기대에 계속 맞춰가는 것으로

고객과의 사이에 장기적으로 흔들림 없는
정신적인 유대관계를 구축

4 네이밍에서 브랜드로의 진화

| 고객과 기업의 관계성 안에서 비로소 네이밍이 강력한 브랜드로 발전한다 |

단순한 상표 또는 네이밍과 강력한 브랜드는 무엇이 다른 것일까?

네이밍으로서의 브랜드는 우선 고객에게 알려지는 것이 중요한다. 이 결과 기업은 자사의 기업명이나 상품을 타사의 그것과 식별하는 것이 가능해진다. 고객의 입장에서도 알고 있는 정보가 있다면 일일이 정보를 수집하는데 힘들이지 않아도 된다는 장점이 있다.

그리고 갖고 있는 정보가 기대를 저버리지 않을 만한 것임을 알게 되면 고객은 그 브랜드를 신뢰하게 된다. 기업에 있어서는 품질보증 기능을 수행함과 동시에 고객에게는 제품이나 서비스의 선택시 리스크를 피하거나 구매에 확신을 주는 역할을 한다.

또한 브랜드가 발전하여 소위 말하는 파워브랜드가 되면, 기업활동의 목적이나 상품에 숨겨진 고객과의 약속의 상징기능을 수행하게 된다. 이때 고객은 이러한 브랜드에 자신만의 경험 혹은 그 무엇을 담아 선택하거나 사용하면서 만족한다. 또한 제품이나 서비스 분야에 있어서는 해당 브랜드를 소유하고 있는 것 자체만으로도 약간의 자부심을 느끼거나 자신의 라이프스타일이나 센스를 표현하는 것으로서의 기능을 수행하게 된다. 할리 데이비슨의 드라이버스 클럽 H.O.G[3]는 하나의 커뮤니티를 형성하고 있다. 이렇게 되면 브랜드가 경제적 의미를 넘어 사회적, 문화적 의미를 갖기 시작한다.

한마디로 브랜드란 무엇을 목표로 할 것인가에 따라 그 전략이나 방법이 크게 달라진다. 그렇게 볼 때 일본이나 한국의 기업명(社名)은 동일 업종의 타사와 그다지 차이가 없는 신뢰의 증표이며, 상품이나 서비스에 붙어 있는 상표도 식별기능에 머물러 있는 것이 현실이다.

---

3) Harley-Davidson의 Drivers' Club H.O.G: H.O.G(Harley Owners Group)는 할리 데이비슨을 소유하고 있는 사람들의 모임으로 격월로 신문을 받아보고 매주 혹은 매월 열리는 모임에 참석할 뿐만 아니라 판매 대리점의 후원을 받는 야유회에도 참가하여 브랜드에 대한 그들의 관심과 사랑을 표시한다.

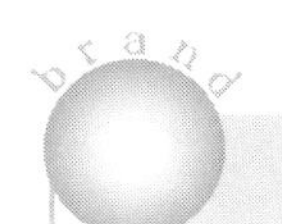

브랜드 진화의 3단계

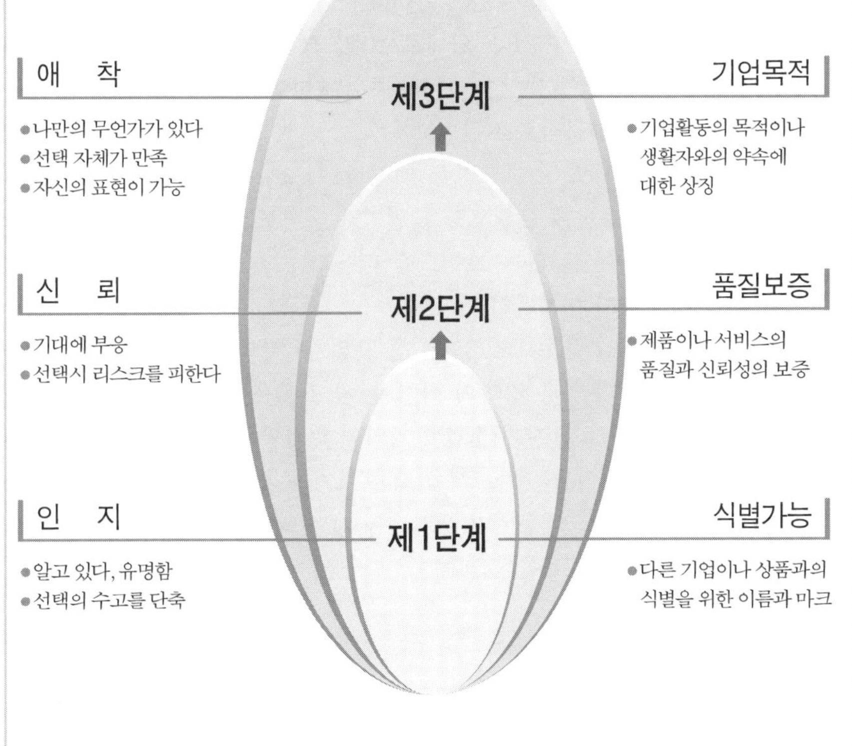

고객의 입장
기업의 입장

애 착
●나만의 무언가가 있다
●선택 자체가 만족
●자신의 표현이 가능

제3단계

기업목적
●기업활동의 목적이나
생활자와의 약속에
대한 상징

신 뢰
●기대에 부응
●선택시 리스크를 피한다

제2단계

품질보증
●제품이나 서비스의
품질과 신뢰성의 보증

인 지
●알고 있다, 유명함
●선택의 수고를 단축

제1단계

식별가능
●다른 기업이나 상품과의
식별을 위한 이름과 마크

5 고객의 브랜드에 관한 지각과 행동

| 고객은 정보와 체험을 통해 브랜드를 지각/기억하여 다양한 선택행동에 이르게 된다 |

고객이 브랜드를 처음 접하는 계기는, 광고를 통해서, 직접 점포에 가보거나, 주위에 있는 다른 사람이 사용하는 것을 보는 등 다양하다. 즉 어느 경우에도 일련의 정보와 체험을 통해 브랜드에 관한 인지나 연상이 생겨난다. 그 중에서도 샴푸나 맥주 같은 패키지형의 상품은 광고 등의 정보영향이 큰 반면, 레스토랑이나 금융서비스 등의 경우는 어떤 체험을 하는가가 큰 영향을 미친다.

브랜드는 단순히 지각, 기억되는 것이 아닌 다양한 소비자 선택행동과 연결될 때 비로소 기업활동의 성과로 나타나게 된다. 브랜드에 대한 호의적 태도나 상표충성도(Loyalty)는 개인적인 선택행동뿐만이 아니라 다른 사람에게 해당 브랜드를 권유하는 파급효과까지 기대할 수 있다. 반대로 브랜드에 대한 부정적 태도는 개인의 선택행동으로도 연결이 안 될 뿐만이 아니라 주위에 마이너스 효과를 미친다.

이 점에 관해서 좀더 전문적으로 살펴보자.

브랜드인지에 있어서도 브랜드명을 제시하여 조사하는 보조인지도(再認: Aided Awareness), 자유롭게 브랜드명을 열거하는 비보조인지도(再生: Unaided Awareness), 제일 먼저 생각나는 브랜드를 떠올리는 최초상기도(TOM: Top of Mind), 이해도 등의 몇 가지 레벨이 있다.[4]

또한 브랜드 연상에도 형용사로 표현되는 분위기로부터 제품 분야, 품질 또는 가격의 이미지, 사용자나 사용 장면의 이미지, 광고나 유통 등 몇 가지의 요소가 있다. 이러한 요소가 단기 및 장기에 걸쳐 기억에 축적되어 호의도라는 감정이 쌓이면, 한 제품 분야에 있어서는 반드시 선택 후보가 존재하여 강한 유대관계라는 태도가 형성된다. 그리고 구매동기가 생겨났을 때 선택과 반복 구매, 주위 사람들에게 추천하는 등의 행동으로 이어진다.

---

4) 보조인지도: 소비자에게 한 제품범주 내에 있는 여러 브랜드들을 제시하고 각 브랜드를 과거에 듣거나 본 적이 있는지를 조사하는 것
비보조인지도: 소비자에게 한 제품범주 내에 생각나는 브랜드들을 열거하도록 하는 것
최초상기도: 브랜드 회상으로 상기된 브랜드들 중에서 가장 먼저 떠오른 브랜드. 가장 먼저 상기되는 브랜드는 시장에서 상당한 경쟁우위를 갖고 있다고 할 수 있으며, 시장점유율을 추정할 수 있는 등 매우 중요한 브랜드 지표임

정보와 체험을 통해 머리 속에
기억되어, 다양한 선택행동의 원천이 된다.

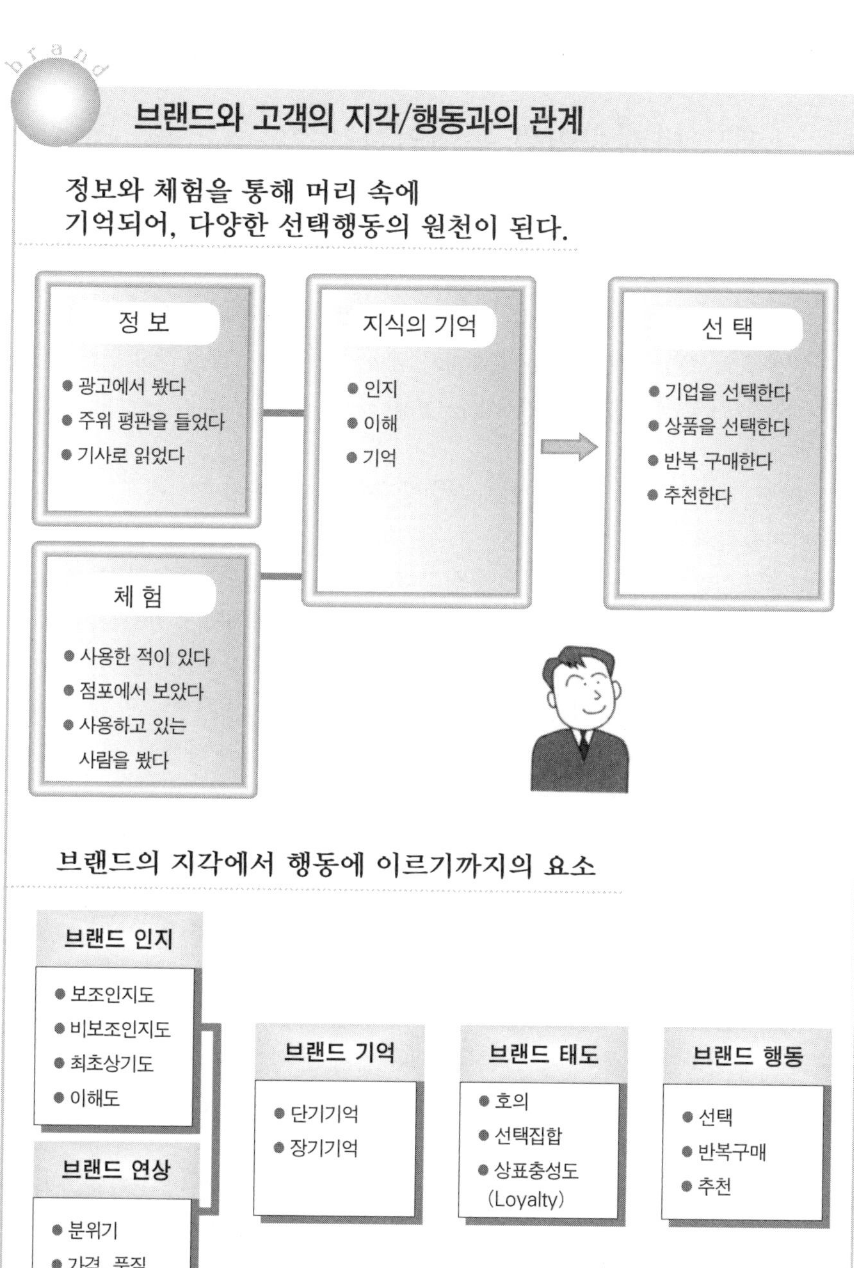

브랜드의 지각에서 행동에 이르기까지의 요소

6 브랜드 마케팅이란 무엇인가?

| 고객에게 제공하는 가치를 중심에 둔 통합적인 마케팅 활동 |

브랜드 마케팅이란 고객에게 보다 질 높은 가치를 만들어내기 위해서 브랜드의 기본 설계를 확고히 하여, 이것을 관계자와 공유하면서 일관성을 갖고 실행, 평가하는 활동을 지칭한다. 브랜드 마케팅을 실행하기 위해서는 다음의 4가지 단계가 필요하다.

① 브랜드 가치의 규정: 기업이 현재부터 장래에 이르기까지 고객에게 제공할 브랜드 가치를 명확히 한다.

② 브랜드 심벌 설계: 브랜드 가치를 상징하는 이름, 마크, 단어를 명확히 한다.

③ 통합적인 브랜드 액션: 브랜드 가치를 사내/외에서 철저하게 공유하여 가격, 제품, 유통, 커뮤니케이션 등 모든 마케팅 활동에 일관성을 갖고 실행한다.

④ 브랜드 관리 체제: 그 결과를 조직적으로 관리하여 문제점이 있으면 개선한다.

이러한 활동을 실시함으로써 경쟁상황에서 자사 브랜드의 차별적인 우위성과 이익을 창출할 수 있다.

오늘날 브랜드 마케팅의 중요성이 증가하고 있는 배경에는 종래의 일본기업이 주력해오던 대중 마케팅의 한계가 있기 때문이다. 지금까지는 매출의 성장을 전제로 제조력이나 영업력을 무기로 한 동일한 형태의 경쟁을 반복해왔다. 즉, 신제품을 차례로 투입하면서 상황에 따라 일시적인 캠페인을 실시했다. 시장이 글로벌화되면서 제품은 글로벌하게 수출되지만, 마케팅은 현지의 판매회사에 단순하게 일임하는 실정이다. 이러한 방식은 경제 전체가 성숙기로 이행되고 정보화 사회, 지식 사회화가 빠르게 진전되는 오늘날에 있어서는 더이상 경쟁력이 없어졌다.

제품에 내재되어 있는 기업의 의지나 신념을 바로 인식하게 하고 고객에 대해 의미 있는 가치를 제안해야만 한다. 그 결과 마인드 셰어(역자 註; 고객 의식 속의 점유율)를 높여 이익을 창출해가는 전략이 중요해지고 있다.

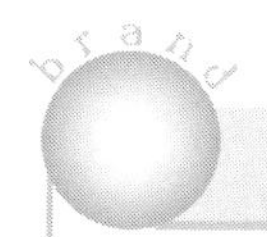

브랜드 마케팅이란 무엇인가?

통합적인 브랜드 마케팅 전략
브랜드 가치를 모든 마케팅 활동에 반영시키는 것

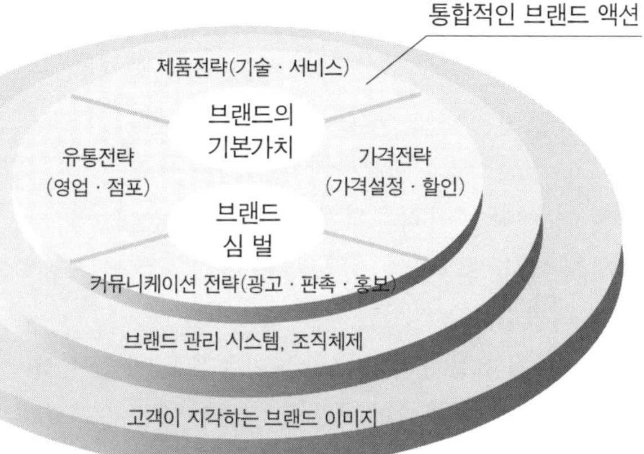

마케팅에서 브랜드 마케팅으로의 전환

성장기형 매스 마케팅의 한계

- 매출, 시장점유율 지향
- 제조력과 영업력이 승부
- 모방이라도, 성능과 유통채널 지배력이 있다면 우위

성숙기형 브랜드 마케팅으로 전환

- 이익, 마인드 셰어 지향
- 고객에 대한 가치 제안이 승부
- 제품에 내재되어 있는 기업측의 의지나 신념이 중요

7 브랜드 마케팅이 가져다 주는 성과: 이익효과

| 브랜드가 마케팅의 효과와 효율을 높이고 장기적인 이익의 원천이 된다 |

브랜드의 가장 기본적인 기능은 식별기능에 있다. 따라서 브랜드 마케팅을 실행하기 위해서 우선은 경쟁 우위성이나 차별성을 확보하도록 한다.

또한 브랜드는 고객을 고정적으로 확보하는데 기여한다. 진정한 지지자, 충성 고객(Loyal Customer)이 존재하는지 아닌지가 브랜드의 장기적 성공을 결정한다. 충성 고객은 어느 정도 가격차에는 반응하지 않는다. 바꾸어 말하면 강력한 브랜드는 기업에 있어서 프리미엄 가격, 높은 마진 설정을 가능하게 하여 가격 경쟁에서 살아 남도록 한다.

강력한 브랜드는 유통에서도 다양한 제품을 구비하여 소비자에게 선보일 수 있고, 유통에서 강력한 브랜드의 제품을 취급하도록 촉진하여 판매 의욕을 향상시킨다.

또한 강력한 브랜드는 세일즈 프로모션의 의존도가 높지 않아, 판촉비용과 가격할인 등이 그다지 필요치 않다. 또한 신제품 출시 때에도 적은 광고비로 최대의 효과를 기대할 수 있다.

그리고 무엇보다 경쟁사와의 차별화, 상표충성도가 높은 고객의 확보, 프리미엄 가격의 책정, 유통전략, 커뮤니케이션 전략의 일관성 등이 유지되어 마케팅 효과의 향상은 물론 투자효율도 상승한다.

이와 같이 마케팅의 효과와 효율이 높아지면 브랜드는 장기적인 이익향상에 기여한다.

가격 프리미엄을 목표로 한 프레스티지 브랜드(Prestige Brand)와 많은 양의 구입을 목표로 규모의 이익을 노리는 매스 브랜드(Mass Brand), 이 둘의 균형을 이룬 파워 브랜드(Power Brand) 등 각각의 이익 구조는 상이하다. 단지 그 어느 것이든 브랜드 마케팅의 목적은 장기적인 이익을 통한 성장임에는 차이가 없다.

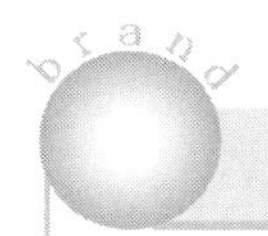

브랜드마케팅이 가져다 주는 이익효과

오렌지는 오렌지다. 하지만 그것이 80%의 지명도와 신용이 있는 썬키스트 (Sunkist) 브랜드일 때 이익이 발생한다.

(Russell.L.Hanlin, CEO, Sunkist Growers)

강력한 브랜드는 장기적인 이익의 원천

경쟁자와 차별화
고객의 고정화
가격경쟁의 회피 (가격 프리미엄)
유통에서의 취급 촉진
프로모션 비용의 효율화

마케팅의 효과와 효율을 높이면
장기적인 이익의 원천이 된다

공헌 이익과 브랜드 타입

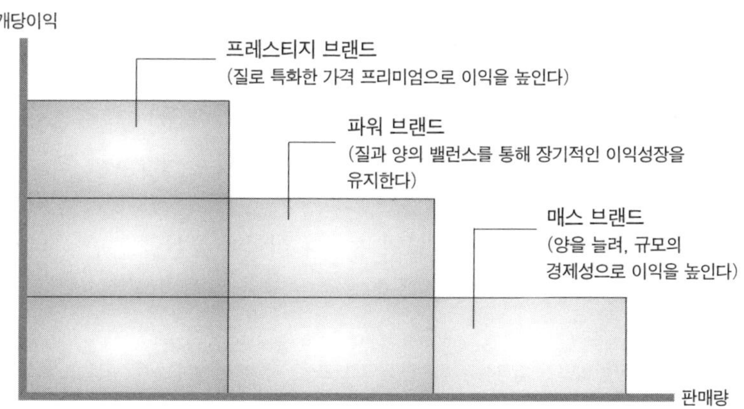

8 브랜드 마케팅이 가져다 주는 성과: 자산효과

| 기업의 이익을 창출하는 강력한 브랜드는 주주(株主)에게 있어서도 가치를 증대시켜 주는 재무적인 자산 |

브랜드 자산(Brand Equity)이라는 용어가 유행이 되고 있다. 브랜드가 기업의 큰 자산이라는 생각이 경영자들 사이에서도 서서히 확산되고 있다.

실제로 브랜드의 재무적 자산가치를 금액으로 평가한 결과가 잡지나 신문기사 등에 발표되고 있다. 이러한 산출방법은 가지각색이어서 아직까지 공식적으로 확립된 방법은 없다. 또한 브랜드 마케팅 활동을 전체적인 관점에서 개선점을 발견하기 위하여 브랜드 자산을 금액으로 환산하여 사용하는 것은 경제환경 등 외적 요인의 영향이 강하게 작용하기 때문에 그다지 유효하지 않다.[5]

다만 브랜드 파워가 강한 기업을 인수하거나 브랜드의 상표권을 매수할 때, 브랜드 사용에 대한 로열티를 지불하기 위한 근거로 중요하다.

패션 브랜드 중에는 타사에 브랜드의 사용권을 허가하여 막대한 로열티 수입을 올리는 곳도 있다.

미국의 필립 모리스(Philip Morris)가 크래프트(Kraft) 치즈나 플레이어즈(Players) 아이스크림 등을 소유하고 있는 크래프트사를 유형자산 회계장부 가격의 4배로 인수한 경우, 네슬레(Netsle)가 킷캣(KitKat)이나 폴로(Polo) 캔디 등을 소유한 롱 트리(Long Tree)사를 회계장부의 5배 이상으로 인수한 경우 등, 브랜드 파워는 합병, 인수시 기업가치 평가를 크게 높이는 요인이 된다.

또한 여러 회사의 지분을 갖고 있는 지주회사나 분사화 등의 조직변혁이 진전되는 가운데 지주회사와 본사가 개별 회사로부터 브랜드 사용료를 받는 경우도 등장하고 있다.[6]

이렇게 강력한 브랜드는 기업의 단기 수익과 이익에 공헌할 뿐만 아니라 재무자산으로서도 주주에게 있어 가치를 창출해 주는 존재가 되었다.

---

5) 현재 브랜드자산을 금액으로 환산하는 노력은 과거 파이낸셜월드 등에서도 있었지만 최근에는 인터브랜드 방법, 컨조인트 방법, 주가이용 방법 등 다양하다. 하지만 금액화 모델은 각 측정방법마다 매우 다르고, 측정과정 또한 매우 자의적이라 비판을 받고 있기도 하다.

6) 일본 히타치(HITACHI) 경우 계열사로부터 브랜드 사용료를 현재 받고 있으며, 이제 국내 기업들도 지주 회사를 설립하게 되면서 이러한 부분에 대한 관심이 높아질 것으로 예상된다.

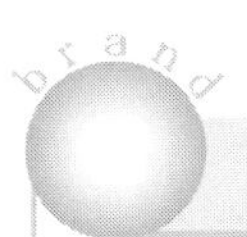

브랜드 마케팅이 가져오는 자산효과

(강력한 브랜드는 기업의 중요한 재무자산)

세계 브랜드 가치 랭킹 ①

(파이낸셜 월드 95/세계에서 가장 가치 있는 브랜드들)

순위	브랜드	브랜드 가치(mil $)
1	코카콜라	39,050
2	말보로	38,714
3	IBM	17,147
4	모토로라	15,284
5	휴렛 패커드	13,167
6	마이크로소프트	11,740
7	코닥	11,594
8	버드와이저	11,353
9	켈로그	11,003
10	네스카페	10,340

(참조 ; 기타 인터브랜드 등에서 매년 발표하는 결과도 있기는 하지만 참고를 위해 상기(上記) 데이터를 제시함)

일본 브랜드 가치 랭킹 ②

(주간 다이아몬드 99년 11월 6일호)

순위	기업명	브랜드 독점	브랜드 가격 (캐쉬플로우 X 브랜드 레버리지) (억엔)
1	소니	901	20,411
2	혼다	840	27,346
3	맥도날드	825	-
4	애플	824	-
5	마이크로소프트	820	-
6	시세이도	818	2,977
7	코카콜라	816	-
8	NTT 도코모	808	42,939
9	도요타 자동차	805	68,290
10	산토리	797	4,134

9 브랜드 마케팅은 누구를 대상으로 해야 하는가?

| 항상 고객을 중심에 두고 사내(社內)나 유통, 주주는 물론 최종적으로는 사회/문화에 영향을 미친다 |

브랜드 마케팅은 누구를 대상으로 할 것인가? 한마디로 말하면 고객을 가장 최우선적으로 생각해야 한다.

브랜드 중심의 기업경영은 임직원을 포함한 기업내부 전체에 고객지향의 사고가 얼마나 중요한지를 일깨워주는 역할을 한다. 강력한 브랜드 파워에 의해서 경영자나 종업원은 고객에 대해 대표성을 지니게 된다. 유통업자도 강한 브랜드라면 취급하고 싶어할 것이다. 더욱이 강력한 브랜드는 재무자산이 되는 동시에 주주가치로도 연결된다. 그리고 브랜드가 소유하고 있는 사람들의 자기표현과 깊이 관련되면 사회적 문화적 영향력은 무시할 수 없게 된다.

기업 브랜드의 경우, CI(Corporate Identity)나 기업이미지 전략, 투자자 관계(IR: Investor Relations) 등과 무엇이 다른가에 대한 질문을 종종 받는다. 아마도 가장 큰 차이점은 누구를 대상으로 할 것인가라는 점일 것이다. CI는 기업명이나 마크를 통일하여 경영의지와 사내 가치관의 공유를 중점과제로 삼는 것인 반면 기업이미지 전략은 종업원, 고객, 주주, 여론을 균등히 고려하여 전략을 구축한다. 투자자 관계는 그 중에서도 주주를 중시한 접근이다.

이에 반해 브랜드 전략은 고객에 초점을 맞춰 사내, 유통, 주주 등과의 관계에 반영시키는 것을 말한다. 예를 들어 브랜드의 슬로건은 반드시 고객이 쉽게 이해할 수 있는 것이어야 한다. 사내 임직원만을 대상으로 한다면 아무런 의미가 없다. 실제로 일반사원의 경영에 대한 이해도는 최고경영진보다도 고객에 가까운 경우가 많다. 고객에게 눈을 돌려, 이로 인한 파급효과로 기업 내부와 유통 등으로 가치를 확산시키는 브랜드 전략이 효과적이다.

최근 들어 빈번하게 행해지는 분사화, 기업인수/합병(M&A) 등의 기업재편은 기업의 영속성을 위태롭게 만든다. 그 결과 회사를 중심으로 한 커뮤니케이션 활동보다는 브랜드에 투자하는 편이 장기적으로 회사에 유리하다는 생각이 대두되었다.

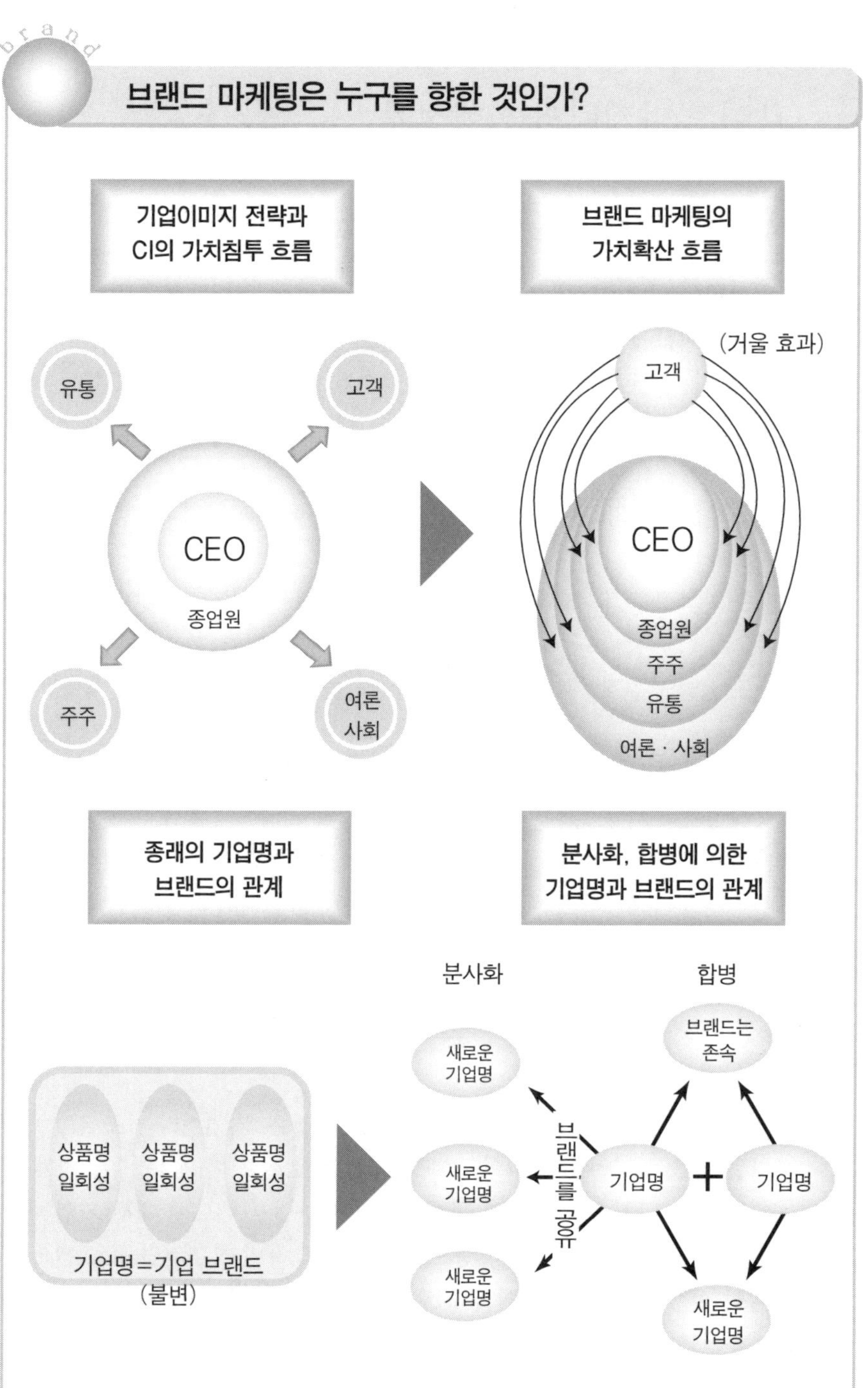
기업이미지 전략과
CI의 가치침투 흐름
유통
고객
CEO
종업원
주주
여론
사회
브랜드 마케팅의
가치확산 흐름
(거울 효과)
고객
CEO
종업원
주주
유통
여론 · 사회
종래의 기업명과
브랜드의 관계
분사화, 합병에 의한
기업명과 브랜드의 관계
분사화
합병
상품명
일회성
상품명
일회성
상품명
일회성
기업명=기업 브랜드
(불변)
새로운
기업명
새로운
기업명
새로운
기업명
브랜드를 공유
브랜드는
존속
기업명
기업명
새로운
기업명

10 브랜드 마케팅의 실행절차

| PLAN, DO, SEE의 시스템 접근과 창조성과의 균형 |

앞에서 설명한 바와 같이, 브랜드 마케팅이란 브랜드의 기본설계를 명확히 하여 관계자들이 이를 공유한 후, 일관성을 가지고 실행, 평가하는 활동이다.

이를 위해서는 기존의 조직 안에서 관습적으로 행해져 왔던 마케팅 활동을 다시 한 번 원점으로 돌아가 검토해보면서, 다음과 같은 시스템적인 접근을 실시할 필요가 있다.

① 브랜드의 현상과 미래환경 분석 : 우선 브랜드를 둘러싼 환경과 브랜드 자산을 객관적으로 파악한다.

② 브랜드 가치의 규정 : 기업이 미래의 고객에게 제공하게 될 브랜드 가치를 명확히 한다.

③ 브랜드 심벌의 설계 : 브랜드 가치를 상징하는 이름, 마크, 슬로건 등을 명확히 한다.

④ 브랜드 시장 전략 시나리오 구축 : 브랜드를 투입하는 시장 내부에서 브랜드 가치를 극대화하여 시장성과를 창출할 수 있는 전략 시나리오를 구축한다.

⑤ 통합적인 브랜드 전략의 실행 : 브랜드 가치를 공유하여 제품, 가격, 유통, 커뮤니케이션 등의 마케팅믹스 안에서 일관성을 가지고 실현해 나간다.

⑥ 브랜드 전략의 검증과 평가 : 실행한 브랜드 전략을 검증하고, 현상을 평가 파악하여 개선점을 찾는다.

그리고 브랜드를 조직적으로 관리하는 자사 고유의 마케팅 시스템 구축이 최종적인 목표가 된다.

단 이러한 마케팅 활동을 실시함에 있어 중요한 것은, 기업이라는 조직이 브랜드에 바라는 점을 집약하여 고객의 브랜드 체험과 브랜드 이미지를 철저하게 통찰하려는 자세다. 과학적인 동시에 체계적이어야 하며 브랜드에 대해 기업 내부와 고객이 느끼는 부분의 균형을 맞춤으로써 어떻게 하면 창조적인 플랜(Plan)을 갖고 확실히 실행할 수 있을 것인가가 브랜드 마케팅의 성공을 가늠하는 열쇠가 된다.

브랜드의 설계, 실행, 평가의 일관된 시스템

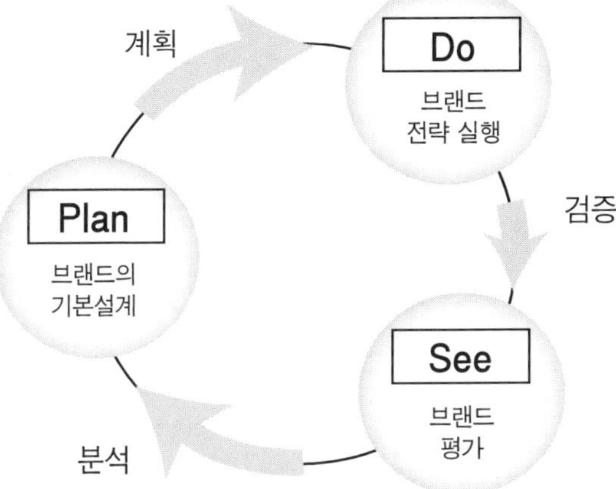

브랜드의 설계, 실행, 평가의 6가지 절차

1. 브랜드의 현상과 미래 환경의 분석

2. 브랜드 가치 규정

3. 브랜드 심벌 설계

4. 브랜드 시장 전략 시나리오 구축

5. 통합적인 브랜드 전략의 실행

6. 브랜드 전략의 검증과 평가

11 브랜드의 가치 규정

| 브랜드 에센스, 브랜드 개성과 이것이 제공하는 가치구조를 설계한다 |

브랜드의 PLAN, DO, SEE의 사이클에 있어서 핵심이 되는 것은 브랜드의 가치 규정이다. 브랜드의 가치를 다음과 같은 프레임으로 설계할 수 있다.

① 사실·특징 : 브랜드가 커버하는 제품과 서비스의 특징. 브랜드 특유의 가치 구조를 창출하는 출발점.

② 기능 가치 : 브랜드가 고객에게 제공하는 물리, 기능면에서의 효용.

위의 두 가지가 브랜드의 하반신에 해당되는 부분이다. 종래 마케팅에서는 이 부분을 주력해 왔지만, 이것만으로는 장기적인 차별화는 불가능하다.

③ 정서 가치 : 브랜드가 고객에게 제공하는 감각과 기분. 고객과의 감정적 유대의 원천.

④ 사회·생활 가치 : 브랜드로부터 얻을 수 있는 라이프 스타일과 자기표현.

이 두 가지가 브랜드의 상반신에 해당된다. 그리고 이 부분을 중시하는 것이 브랜딩과 종래 마케팅과의 차별점이다.

⑤ 브랜드 에센스 : 브랜드가 지니고 있는 모든 가치를 집약. 고객에 대한 약속. 브랜드 존재 의의.

⑥ 브랜드 개성 : 브랜드의 인격 또는 브랜드가 창출하는 분위기.

마지막으로 ①부터 ④까지의 제공 가치를 집약하여 만들어낸 브랜드 에센스와 브랜드 개성을 규정한다. 이 부분은 브랜드 고유의 부분이며 어떤 시장에서도 변하지 않는다.

즉 이렇게 브랜드 가치를 규정하는 모형을 브랜드 서킷(Brand Circuit)이라고 한다. 이 작업에서는 끊임없는 분석이 매우 중요하지만 결국은 앞으로 어디를 향해갈 것인가의 의지와 결단이 중요하다. 즉 설계라기보다는 창조에 가까운 작업인 것이다.

브랜드의 가치규정＝브랜드 서킷

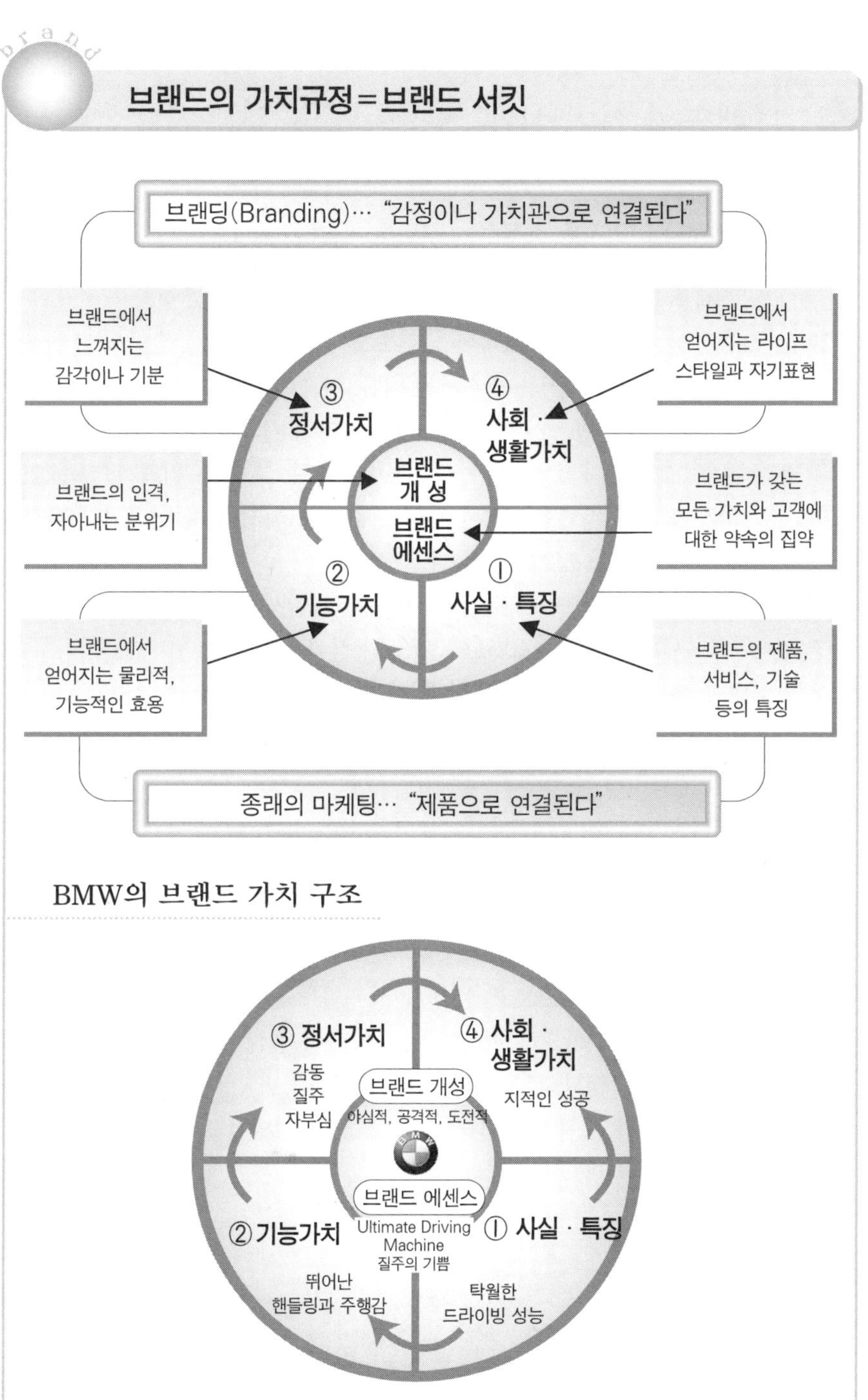

BMW의 브랜드 가치 구조

12 브랜드의 심벌 설계

| 브랜드 가치나 이미지를 축적하는 구조를 확실하게 한다 |

브랜드는 제품 그 자체와는 달리 매우 추상적이다. 그러므로 수많은 정보가 넘쳐 나는 오늘날의 시장에서는 고객이 브랜드를 인식하기 위한 심리적 표지판이 필요하다. 이것이 브랜드 가치를 상징하는 이름, 마크 등의 심벌로서, 우리가 흔히 말하는 강력한 브랜드는 반드시 명확하고 개성적인 심벌 구조를 갖고 있다.

심벌은 단순히 "소비자의 시선유인", "차별화"라는 목적을 위해서 있는 것이 아니다. 이러한 심벌에 접촉함으로써 브랜드에 관한 여러 가지 연상이나 감상을 불러일으키도록 설계하는 것이 중요하다.

세븐 일레븐(Seven Eleven)은 이름 그 자체가 영업시간이 길다는 가치를 상징하고 있다. 메르세데스벤츠(Mercedes Benz)의 삼각별(3 Pointed Star)[7]이라고 불리우는 심벌마크로부터 벤츠의 완벽함과 기술력을 느낄 수 있다. 그리고 로고/마크/컬러 등의 기본 심벌을 바탕으로 다양한 표현상의 심벌을 체계화함으로써 강력하고 확고한 심벌의 구조 = 심벌 프레임이 만들어진다.

표현 요소라는 것은 광고, 제품 패키지, 점포 등으로 표현되는 요소를 말한다. 스타벅스(Starbucks)의 점포공간, 말보로(Marlboro)의 광고표현, 코카콜라 병의 디자인 등 표현 요소의 일관성이 그 브랜드만의 세계관과 브랜드 개성의 원천이 된다.

강력한 브랜드는 이러한 심벌 프레임이 확고히 정리되어 있다. 그리고 이 모든 것이 하나 하나 축적되어감으로써 브랜드 고유의 스토리를 만들어낸다. 역사가 있는 브랜드는 기업측이 의도하지 않는 에피소드 등을 많이 갖고 있다. 호랑이나 사자와 같이 누구라도 명확히 인식 가능한 브랜드로 포지셔닝할 것인가, 아니면 고양이과(科)의 맹수와 같이 파묻히는 브랜드로 포지셔닝할 것인가는 심벌설계가 커다란 비중을 차지한다.

---

7) 메르세데스벤츠 삼각별(3 Pointed Star): 다임러와 벤츠가 1924년 제휴를 맺고 메르세데스 벤츠를 판매하기 전에 고트리브 다임러(Gottlieb Daimler)는 자신이 머물고 있는 독일의 주택을 환하게 밝혀주는 별이 그려진 엽서를 아내에게 보내면서 "언젠가 이 별이 우리의 작업장을 환하게 밝힐 것이다" 라고 쓰기도 하였다. 별을 중심으로 한 상표는 1909년에 등장하였으며, 세 가닥으로 뻗은 것은 육상과 수상, 공중 등 동력화의 세 갈래를 상징하는 것이다.

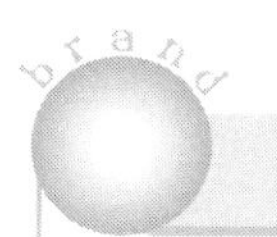

브랜드의 심벌설계

브랜드의 심벌 프레임

기본 심벌
브랜드의 이름, 심벌마크
색, 로고, 사운드 로고, 단어

브랜드에 관한 이미지 평가와 가치의 최종목적지

표현 요소
사람, 캐릭터, 단어, 영상, 시즐표현
음악, 핵심스토리, 공간, 패키지

브랜드를 표현하고 매력화하는 요소

강력한 브랜드는 개성적인 심벌 구조를 갖고 있다

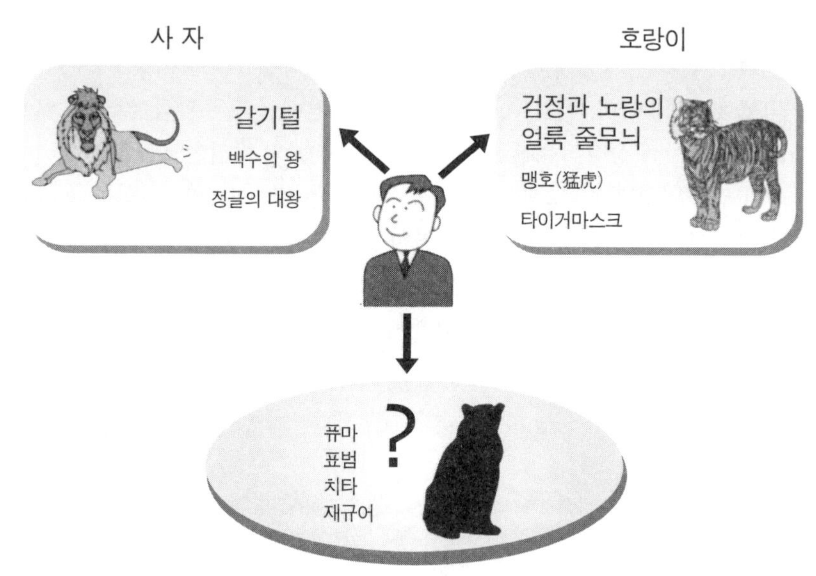

13 브랜드의 시장 전략 시나리오

| 브랜드가 시장에서 살아남기 위한 시나리오와 구조를 구축한다 |

브랜드 가치와 심벌 설계가 잘 구축되어 훌륭한 헌법과 같이 만들어졌다고 해도 구체적 실행과 연결되지 않으면 의미가 없다. 그러기 위해서는 브랜드를 마케팅 활동 안에서 활용하여, 이것을 다시 새로운 자산의 축적으로 연결시키는 다이내믹한 사이클을 창출할 필요가 있다. 브랜드 에센스를 시장의 고객이 기대하는 가치로 변환하여, 또 다른 무언가를 창출하는 시나리오가 중요하다.

이러한 시나리오를 설정함에 있어 열쇠가 되는 것이 "브랜드 핵심동인(動因)"이라는 개념이다.

브랜드에센스는 소위 브랜드의 장기적인 비전에 해당한다. 따라서 글로벌 브랜드나 다양한 상품 카테고리, 또한 전개하고 있는 사업 분야의 브랜드에 있어서도 브랜드 에센스는 공통으로 설정해야 한다.

이에 반해 브랜드 실행은 시장에 따라 다르다. 즉 국가, 시기, 상품 분야에 있어서 경쟁력을 극대화시키는 구체적인 전략이 필요하다. 이때 시장에서 브랜드 가치를 극대화시키는 핵심이 되는 상징적인 요인이 핵심 동인이다. 최근 수년 동안 아사히 맥주가 일본 시장에서 품질을 높여 고객의 사랑을 이끌어낸 것이 바로 선도관리(鮮度管理)[8]이며, 애플(Apple)이 세계 시장에서의 부활을 꿈꾸며 내놓은 "Think different"의 상징적 제품으로서 제1탄이 iMac의 도입이었던 것이다.

바꾸어 말하면 고객이 브랜드 가치를 '이것' 이라고 이해할 수 있는 상징적인 마케팅 활동이 핵심동인인 셈이다. 당연히 브랜드에센스와 관련 없는 제품의 도입이나 마케팅 활동은 브랜드의 핵심동인이 될 수 없다. 즉 무엇보다도 브랜드 에센스가 시장에서 가장 큰 강점을 발휘할 수 있는 구조를 적절히 조절·사용하는 시나리오 만들기가 중요한 것이다.

---

8) 선도관리(鮮度管理): 실제 제품의 품질을 느낄 수 있도록 살아 있는 모습으로 그려내는 것을 말한다. 제품의 신선함을 강조하기 위해 싱싱한 제품 특징을 전면적으로 부각시키는 것을 말하며, 맥주의 경우 막 짜낸 맥주의 모습을 보여주는 것도 이에 해당된다. 일본에서는 제품의 품질을 구체적으로 소비자에게 알리기 위해 매우 중요한 요소로 여겨지고 있다.

브랜드의 활용과 육성의 다이내믹 사이클

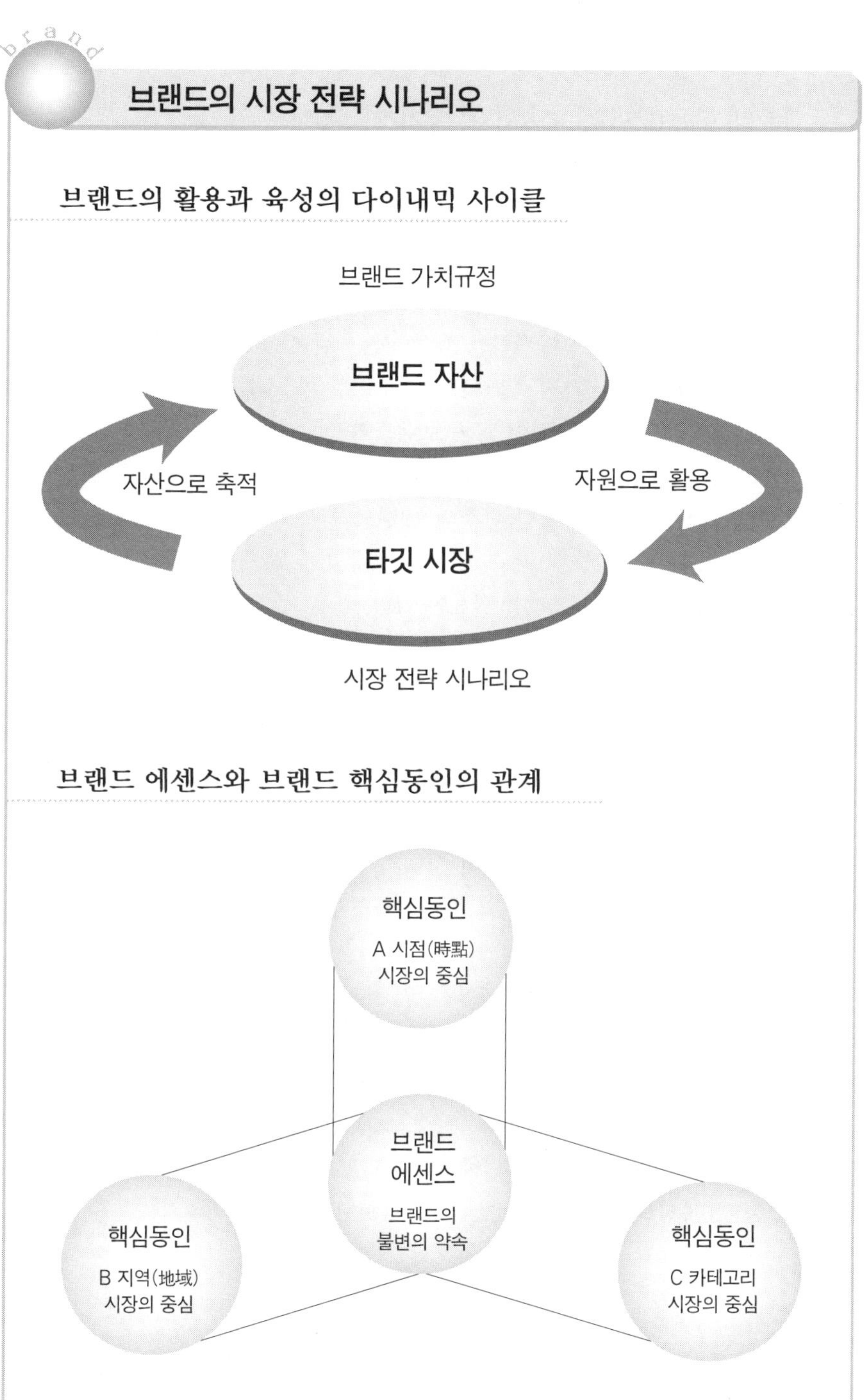

브랜드 에센스와 브랜드 핵심동인의 관계

14 브랜드 마케팅 실시의 3가지 측면

| 기존 브랜드, 신(新) 브랜드, 복수 브랜드에 따라 브랜드 마케팅에 대한 접근방식은 다르게 나타난다 |

실시·운영면에서 브랜드 마케팅을 생각하면 기존 브랜드의 재구축, 신 브랜드 개발, 브랜드 체계화라는 3가지 측면이 있다.

브랜드 마케팅을 실시함에 있어 기존 브랜드와 신 브랜드는 전개방식에 있어서 상당히 다르다. 기존 브랜드에서는 재구축과 재강화가 과제인 반면, 신 브랜드의 경우는 개발이 테마가 된다. 또한 각각의 브랜드와 복수의 브랜드 체계에 있어서도 그 방식이 매우 달라지는데, 복수 브랜드 체계의 경우 개별 브랜드 마케팅에서는 불필요한 수많은 문제를 고려할 필요가 있다.

기존 브랜드의 재구축 작업에서 중요한 것은 브랜드 가치의 재정의(再定義)와 심벌의 재설계, 그리고 새로운 실행계획(Action Plan)을 구축하는 것이다. 필요에 따라 브랜드 가치 강화와 시장성과라는 양면에서 새로운 영역으로의 확대와 신제품의 도입이 검토된다.

새로운 브랜드의 개발에는 투입 시장에 있어서 새로운 가치 창조와 이것에 따른 새로운 심벌의 개발이 중요하다. 이 경우 투입할 시장에서 어떻게 새로운 가치를 창조할 수 있는가, 혹은 새로운 카테고리를 창조할 수 있는가가 무엇보다도 중요하다.

브랜드 체계의 구축은 개별 브랜드와 기업 브랜드의 가치를 통합하여 커뮤니케이션 전반에 걸쳐 심벌 체계를 재정립하는 것이 필요하다. 통상적으로 먼저 기업 브랜드의 위치 부여를 명확히 한 후, 이것과 연계하여 사업 브랜드와 개별 브랜드를 자리매김한다.

다음 장에서는 이러한 3가지 측면에 따른 브랜드 마케팅을 어떠한 방식으로 실시하는 것이 효과적인가를 구체적으로 살펴보려고 한다.

브랜드 마케팅의 3가지 측면

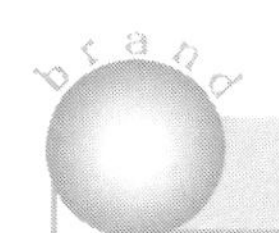

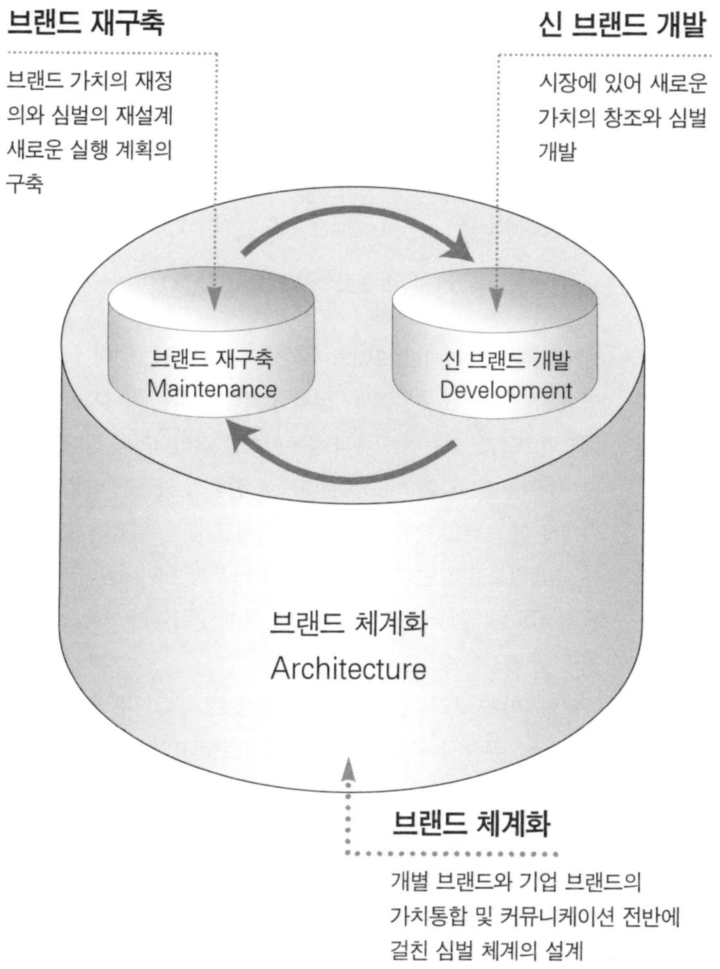
브랜드 재구축
브랜드 가치의 재정의와 심벌의 재설계 새로운 실행 계획의 구축
신 브랜드 개발
시장에 있어 새로운 가치의 창조와 심벌 개발
브랜드 재구축
Maintenance
신 브랜드 개발
Development
브랜드 체계화
Architecture
브랜드 체계화
개별 브랜드와 기업 브랜드의 가치통합 및 커뮤니케이션 전반에 걸친 심벌 체계의 설계

| 최강의 지명 브랜드는? |

지명 중에도 강력한 브랜드 파워를 지니고 있는 것이 있다. 그렇다면 최강의 지명은 무엇일까? 정확히 측정한 것은 아니지만 강력한 브랜드의 조건인 고유의 약속과 풍부한 연상이미지라는 점에서 보면 필경 긴자(銀座; 일본 최고의 번화가로 한국의 명동과 비유되곤 한다)가 최강의 브랜드 파워를 지닌 지명이라고 할 수 있겠다. 단지 긴자라는 이름만으로도 연상되는 이미지의 풍부함, 즉 고품질의 상품이나 즐비하게 늘어선 레스토랑의 화려함 등에서 강력한 브랜드 파워를 가지고 있다고 할 수 있다.

또한 긴자가 다른 번화가와 상이한 점은 'OO긴자'라는 지명이 일본 전국에 존재한다는 점일 것이다. 바로 긴자의 일관된 이미지 유지가 그 이유 중의 하나라고 할 수 있다.

이 밖에도 교토(京都; 동경 이전의 수도로서 옛 사찰 등의 고적지가 많아 한국의 경주와 비유된다) 등은 단순한 지명의 차원을 넘어 고객(팬)이 존재한다는 점에서 강력한 브랜드 파워가 있다고 할 수 있으며, 또한 현재 동서남북으로 확대되고 있는 가루이자와(輕井澤; 동경에서 그다지 멀지 않으며 나무와 숲이 아름다워 최근 별장지와 휴양지로 각광을 받고 있다) 등도 강력한 브랜드 파워를 지니고 있다고 할 수 있겠다.

제 2 장

브랜드 메인테넌스(Maintenance)와
재구축을 어떻게 실시할 것인가?

15 브랜드 메인테넌스와 재구축의 중요성

| 롱셀러 브랜드는 반드시 "유지·강화, 재구축의" 단계가 필요하다 |

일단 시장에서 히트한 상품이나, 끊임없이 성공을 거듭해 온 기업들도 대부분 한 번의 실패는 경험하게 마련이다. 때문에 라이프 사이클이라는 관점의 단계별 마케팅 전략이 필요하다.

한편 시장에는 롱셀러(Long-seller)라고 불리는 브랜드가 존재한다. 이렇게 장기적으로 지지를 받으며 수익을 올리는 브랜드를 통해 습득하는 법칙이 실제로는 매우 중요한 것이다.

브랜드의 롱셀러화 작업에 있어 무엇보다 중요한 것이 유지·강화(Maintenance)라는 시각인데, 즉 제품이 히트하여 브랜드가 정착한 후 강력한 브랜드 파워를 구축하는 단계를 얼마나 착실히 진행시키는가가 브랜드 가치를 결정한다 해도 과언이 아니다. 잠시 히트하기는 했지만 계속 성장하지 못하고 쇠퇴해버린 브랜드를 보면 바로 메인테넌스 단계를 소홀히했다는 것이 그 주요 원인이었다.

이 책은 브랜드 매니지먼트 중, 특히 이 장에서 설명하는 메인테넌스와 재강화 부분에 많은 역점을 두고 있다. 실제로 현재의 시장에 있어서도 여기에서 말하는 유지·재구축이 가장 중요한 단계다.

일본은 패전 후 50년 동안 수많은 분야에서의 성숙화가 이루어져 왔다. 그러나 90년대의 정체기에 들어서면서 당시까지 강력한 파워를 지녔던 브랜드가 진부해져서 브랜드 파워를 잃은 경우도 많다. 또한 본래 지니고 있던 브랜드의 의미가 확산 또는 불분명하게 변해버린 경우도 있다. 이 결과, 오랜 시간을 통해 쌓아온 브랜드 자산이 단기간에 사라져버린 사례도 적지 않은 실정이다.

또한 글로벌화의 진전과 함께 서구의 파워 브랜드가 수많은 카테고리에서 주목을 받고 있다. 지금이야말로 브랜드의 핵심을 파악하고 이에 대한 가치를 재규정하여 새롭게 나아갈 길을 생각해야 할 때인 것이다.

브랜드 메인테넌스와 재구축의 중요성

일본 톱 브랜드의 변천

상 품	1977년 1위 상품	2000년 순위:()는 1위 상표
초코렛	메이지	1위
츄잉껌	롯데	1위
고급 아이스크림	레디보덴	6위(하겐다즈)
유산균음료	야쿠르트	1위
탄산음료	코카콜라	1위
100% 천연과즙	농협과즙	1위
인스턴트 라면	닛신식품	1위
파운데이션	시세이도	1위
여성속옷	와코루	1위
방향제	샤루당	6위(사와데이)
감기약	루루	1위
된장	신슈이치	7위(마루코메)
즉석카레	하우스 바몬드 카레	1위
냉동식품	니치레이	1위
컬러TV	마츠시다전기	1위

(비디오리서치 ACR조사)

롱셀러의 메커니즘

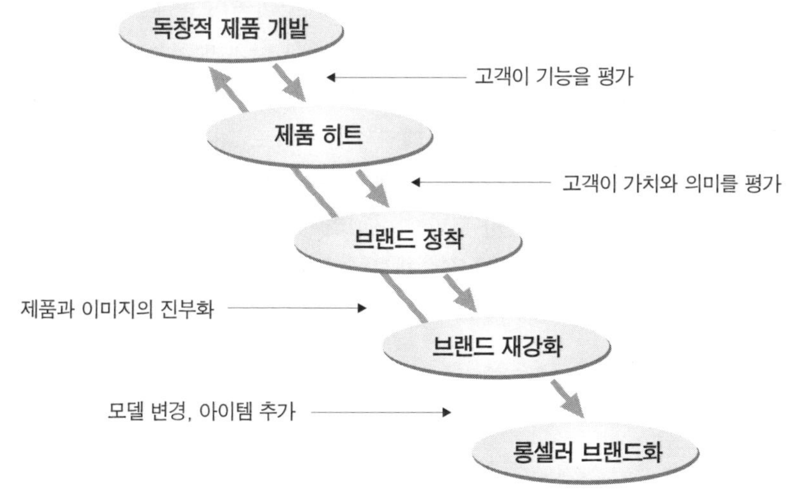

16 브랜드 메인테넌스와 재구축의 단계

| 현상을 철저히 분석한 후 미래상을 그린다 |

브랜드 메인테넌스는 PLAN, DO, SEE의 사이클을 반복적으로 실행해가는 작업이다. 이 중에서도 PLAN 부분은 브랜드 완성의 설계도이며 모든 것의 기본이 된다.

이미 어느 정도 알려져 있는 브랜드에 있어 가장 문제가 되는 것은 선입관에 의한 판단이다. 기업 내에서 오랜 기간 브랜드와 관련된 업무를 하다 보면 종종 과거 이미지, 특히 전성기 당시의 브랜드 이미지에 얽매여 있는 경우가 있다. 때문에 가장 유의해야 할 점은 가능한 한 다각적, 객관적으로 브랜드의 현상을 분석·파악할 것, 특히 생활자의 관점에서 주의 깊게 살펴야 한다는 것이다. 그러한 분석 방법으로 일반적인 시장분석과 같은 수치의 정량조사(定量調査)뿐만이 아니라 브랜드의 가치를 언어에 의해 확실히 규명하는 정성조사(定性調査)를 실시하는 경우가 많다.

이러한 분석을 기초로 브랜드 가치를 규정하기 위한 작업을 실시하지만, 이것도 결국 '단어(Wording)'에 의해 규정된다. 브랜드 마케팅에 있어서는 수치 이상으로 '단어'에 대한 엄밀성이 요구되기 시작하고 있다. 또한 타깃 고객(Target Customer)을 규정하는데 있어서도 연령·성별 등 소위 인구통계적 특성뿐 만이 아니라 "어떠한 가치관을 지니고 있는가?", "어떠한 삶의 방식을 추구하고 있는가?"와 같은 관점으로 좁혀 살펴볼 필요가 있다.

실행 단계에서는 일반적인 마케팅 플래닝과 공통점도 많다. 그러나 항상 '브랜드와 어울리는' 계획이 요구되므로 미디어 선택 등의 커뮤니케이션 플랜에 있어서도 얼마나 많은 사람이 접촉하는가 뿐만이 아니라 '브랜드다움'을 알리는 것도 중요하다. 이와 같이 기획작업에 있어서는 세부사항까지 '브랜드 중심의 시각'이 요구되고 있다.

통합적 실행의 실시

시장 전략 시나리오와
통합적 실행 계획

계획

Do
브랜드
전략의 실행

브랜드
재구축 프로세스

검증

브랜드 평가
커뮤니케이션 및

Plan
브랜드
기본설계

전략고객의 특정화와
브랜드의 가치 규정

See
브랜드
평가

분석

브랜드의 자기확인과
미래환경의 전망

현재의 전략평가와 추후
전략으로 제언

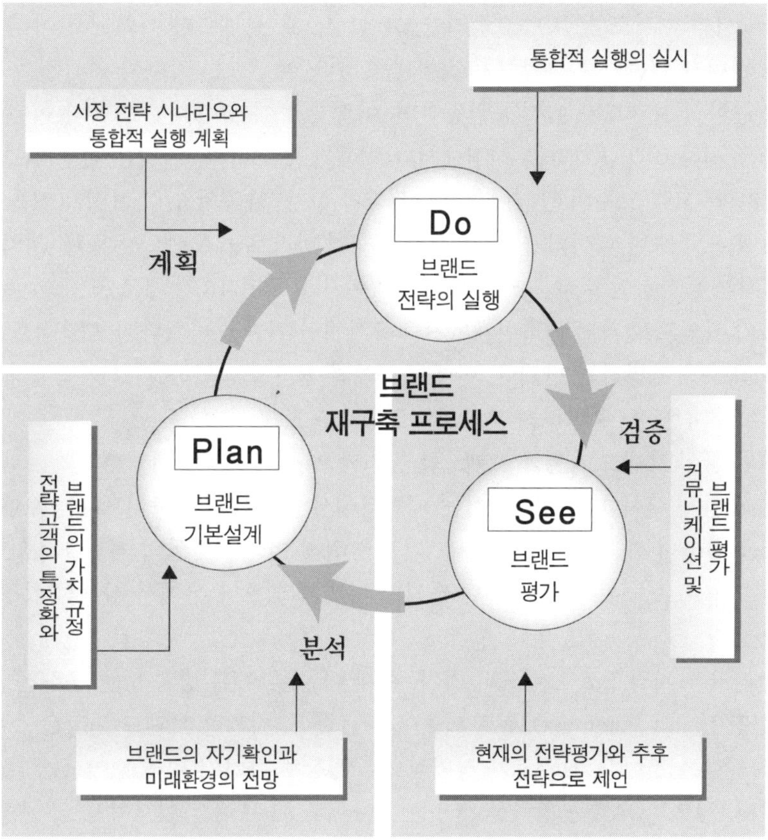

17 브랜드의 분석과 가치 설계

| 브랜드의 과거와 미래를 예측하여 브랜드 가치를 규정한다 |

브랜드 가치규정은 자기 확인으로부터 시작한다. 일반적인 현상 분석과 같은 시장에서의 지위도 물론 중요하지만, 그 이상으로 브랜드가 사회에서 어떠한 가치를 지니고 있는가를 파악하는 것이 필요하다. 브랜드는 하나의 인격을 가진 존재와 같아서 브랜드가 어떻게 활동하며, 어떻게 보여지며, 다른 요소와 어떠한 관계를 유지하고 있는가라는 시점에서의 이해가 필요하다. 이것은 발신자(브랜드 제공자)와 고객 모두의 관점에서 파악되어야 한다. 양측의 인식 차이가 있을 경우 이것 또한 중요한 데이터가 된다. 특히 고객이 바라보는 브랜드상(像)을 파악하기 위해서는 통상적인 소비자 조사 이상의 깊이가 요구된다(6장 참조).

자기 확인으로 과거부터 현재까지의 종합적인 진단을 마쳤다면, 다음은 브랜드의 미래상을 조망하는 단계다. 이때 경영자의 생각을 파악하고 그의 방향성을 사원들이 공유한 후, 출발하는 것이 효과적인 경우도 있다.

이와 같이 브랜드 자체와 브랜드를 둘러싸고 있는 환경을 파악했다면 브랜드의 가치 규정을 실시한다. 여기에서는 데이터에서 정답을 도출하기보다는 브랜드의 의지를 확고히 하는 것이 중요하다. 이것을 위해 여러 사람들의 의견을 집약할 수 있는 방법으로는 워크숍 등의 여러 가지 방법이 있으나 뒤에서 상세히 설명하도록 하겠다.

그리고 마지막으로 브랜드의 가치, 존재 이유, 나아갈 방향 등을 문장 즉 브랜드 헌장(Brand Statement)[1]으로 만들어 공유한다. 이러한 브랜드 헌장은 소위 헌법과도 같은 것이다. 브랜드가 장기적으로 성장해 나가기 위해 없어서는 안 되는 것이며, 앞으로 새로운 전략을 세우는 경우에도 이 브랜드 헌장이 중요한 출발점의 역할을 한다.

---

[1] 브랜드 헌장(Brand Statement): 브랜드 아이덴티티 구축에 있어서 브랜드의 향후 나아갈 바를 가장 명료하게 밝혀 주는 브랜드 스테이트먼트의 작성은 매우 중요하다. 본서(本書)에서는 브랜드 헌장으로 용어를 통일하여 사용하고자 한다. 명문화된 헌장만큼 중요하다는 의미를 내포하고 있다고 할 수 있다.

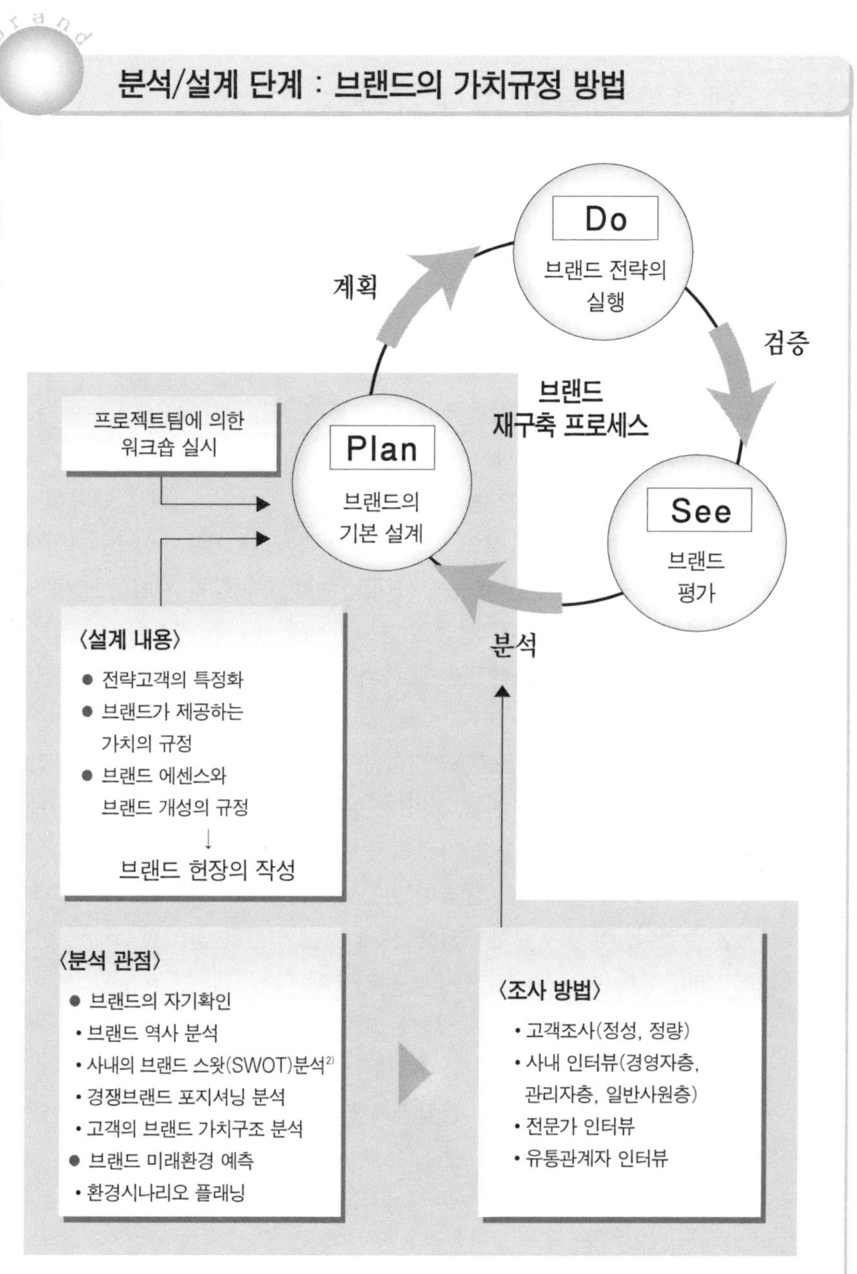

2) SWOT 분석: 강점(Strengths), 약점(Weaknesses), 기회(Opportunities), 위협(Threats)의 매트릭스를 통해서 바람직한 전략을 수립하는 과정이다.

18 브랜드의 기원과 역사 파악

| 브랜드의 역사를 바로 보고 브랜드의 출발점과 성패시점을 분석한다 |

여기에서는 실제로 브랜드를 파악하기 위한 첫 단계인 브랜드 역사(History) 분석에 대해 설명하기로 한다.

우선 브랜드에 관한 자료를 정비할 필요가 있다. 사내문서 등을 통해 상품에 관한 정보를 년도별로 정리한다. 여기에서는 그 동안 어떤 상품이 출시되었는가와 같은 사실과 매출자료 등의 수치를 파악한다.

또한 기업 브랜드의 경우는 관련자료도 엄청나게 많아진다. 회사 연혁에 관한 자료뿐만이 아니라 기업이 소유하고 있는 박물관과 기업 외부인이 쓴 기업에 관한 서적 등도 취재 대상이 된다. 때문에 사내 관련부서와 협력 체제의 정비, 프로젝트 멤버의 확대 등이 필요하다. 기업 브랜드의 메인테넌스 경우에는 작업의 양이 의외로 많기 때문에 외부 스태프를 효과적으로 활용하는 것도 고려할 필요가 있다.

이러한 작업을 통해 수집한 브랜드 역사를 해석하는데 있어 무엇보다 중요한 것은 브랜드의 성패시점을 찾아내는 것이다. 상품의 경우는 확장(Extension)을 실시했을 때, 기업의 경우는 새로운 분야로의 진출을 시도했을 때 등 그 케이스로는 여러 가지가 있다. 모든 역사에는 굴곡이 있듯이 브랜드의 역사에도 그때 그때 변화하는 지점이 있다. 이것이 브랜드의 역사에 미친 영향을 파악함으로써 현재의 브랜드 포지션을 상대적으로 파악하는 것이 가능해진다.

그 결과 브랜드가 일관성 있게 제공해온 가치는 무엇인지, 과거에는 강력했지만 현재 쇠퇴한 이미지는 무엇인지 등과 같은 브랜드상(像)을 다각적으로 살펴볼 수 있다. 이러한 프로세스만으로도 선입관이 불식되어, 다음 단계의 작업이 순조롭게 진행되는 경우도 많다.

기업브랜드 ×의 역사 연표

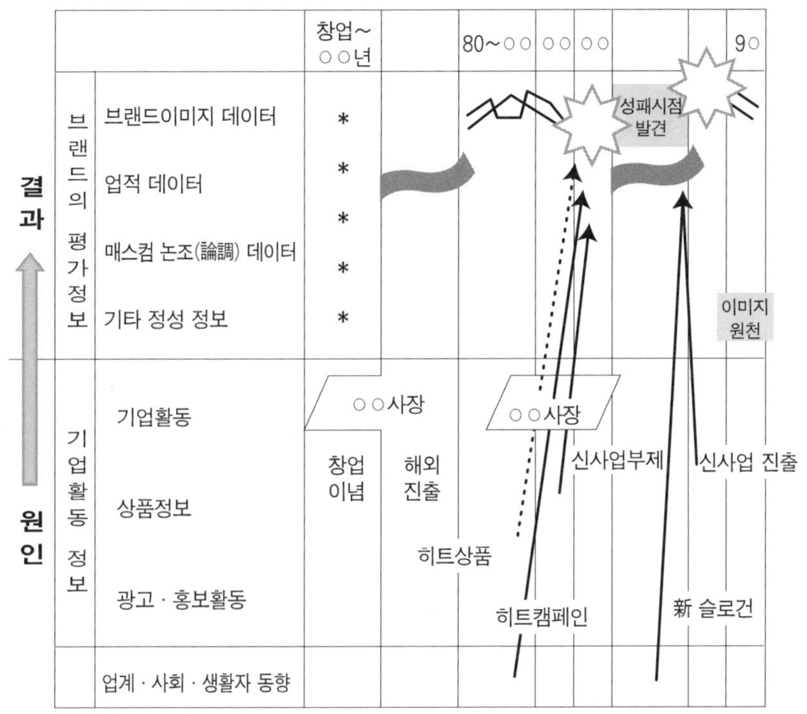

- 브랜드의 출발점 : 창업이념, 창업 에피소드, 창업자상(像), 신제품 도입 스토리, 초기 고객상(像) 등

- 브랜드의 성패시점 : 회사 이미지 저하와 부활, 타깃 변경, 세계진출, 사업분야/ 제품분야의 확대, 빅히트 제품 도입, 캠페인의 성공 등

19 브랜드 사내 평가의 실시

| 전 사원이 브랜드의 강점과 약점, 기회요인과 위협요인이 어디에 있는가를
공유하여 정리함 |

사전에 브랜드에 관한 정점조사(定点調査)[3]가 실시중인 경우에는, 이 데이터가 브랜드 구축의 출발점이 되는 것은 말할 필요도 없다. 그러나 같은 데이터를 갖고 있는 경우에도 사람에 따라 보는 시각이 다를 수 있다. 특히 기업 브랜드나 사업 브랜드와 같이 복수의 부문과 관련된 프로젝트가 실시될 경우에는 과제를 공유하기 위한 절차가 필요하다.

때문에 "현재의 브랜드 상황을 어떻게 파악할 것인가"라는 관점으로 몇 가지 질문 내용을 정리한 워크시트를 만들어 이것을 모아 다시 구성원들과 토의하는 과정을 효과적으로 이용할 필요가 있다.

워크시트에 포함되어야 할 질문 항목은 대략 다음과 같다.

- 현재 브랜드의 강점은 무엇인가?
- 현재 브랜드의 약점은 무엇인가? 또한 전개상의 과제는 무엇인가?
- 앞으로 고객의 의식은 어떻게 변할 것인가?
- 위협적인 경쟁브랜드는 무엇인가? 또한 신규 진입브랜드는 있는가?
- 과제 해결을 위한 아이디어는 무엇인가?

이 밖에도 브랜드가 처한 상황에 따라 다른 시각의 검토도 생각해볼 수 있다.

이러한 절차를 운영하는 데에는 몇 가지 필요한 사항이 있다. 첫째는 각 멤버 자신이 생각한 모든 것을 기록 · 정리하는 것을 중요시하고, 지나치게 자료에 얽매이지 말라는 것이다. 정답을 찾는 것은 이후 단계의 일이기 때문에, 이 단계에서는 가능한 한 모든 가설을 만드는 것이 중요하다. 또한 사무국은 멤버의 의견 수렴 시 누가 쓴 내용인지 모르게 하여 토론을 진행시키는 것이 필요하다. 조직 내의 상하관계를 의식하지 않고 가능한 한 자유로운 환경에서 논의할 수 있도록 하는 것이 선입관을 타파하기 위해서 필요하다.

---

3) 정점조사(定点調査): 전체적인 관점에서 개선점을 발견하기 위해 다양하게 브랜드에 관해 조사하는 것

사내 평가에 기초한 브랜드 SWOT분석

내 부 요 인	외 부 요 인
브랜드의 강점(Strength) • 브랜드가 처음부터 지니고 있던 강점 • 앞으로 발휘할 강점 요인 • 경쟁브랜드와 비교하여 뛰어난 점 (핵심경쟁력)	**브랜드의 기회(Opportunity)** • 브랜드에 있어 앞으로 플러스로 작용할 환경요인 → 수요 · 고객, 사회정보 환경, 경쟁 등
브랜드의 약점(Weakness) • 브랜드가 처음부터 지니고 있던 약점 • 향후 약점으로 작용될 요인 • 경쟁브랜드와 비교하여 열세인 점	**브랜드의 위협(Threat)** • 브랜드에 있어 앞으로 마이너스로 작용할 환경요인 → 수요 · 고객, 사회정보 환경, 경쟁 등

브랜드의 우위성과 가능성

20 경쟁 브랜드의 특정화와 포지션의 파악

| 경쟁 브랜드를 명확하게 하고 브랜드 포지션을 파악한다 |

브랜드 전략의 중요한 요소임에도 불구하고 대개 기업들이 간과하고 있는 점이 자사 브랜드가 다른 경쟁사와 비교해서 차별화된 그 브랜드만의 독특한 위치를 차지하고 있는가 하는 점이다. 사내에서의 토의와 인터뷰 등을 기초로 하여 우선 자사 브랜드에 있어서의 경쟁 브랜드를 특정화할 필요가 있다.

그런 다음 자사 브랜드가 시장에서 경쟁브랜드와 비교하여 어떠한 지위에 있는가, 어떠한 고객층을 타깃으로 하고 있는가 등을 기존의 시장 데이터와 소비자 조사 데이터를 기초로 하여 분석한다. 이 결과 자사 브랜드가 어느 정도 강한가 또는 다른 브랜드와 비교하여 어떠한 이미지 포지션에 있는가 등을 파악할 수 있다.

또한 경우에 따라서는 동일업계 내에서의 넘버 1 브랜드, 현재의 경쟁 브랜드, 더 나아가 새로운 움직임을 보이는 브랜드 등의 전략분석도 필요하다. 이러한 분석을 통해 자사 브랜드가 나아가지 않으면 안 되는 전략, 반대로 지금 실시해서는 의미가 없는 전략 등이 분명해진다.

여기에서 유의해야 할 것은 신규 진입 브랜드와 비교하여 사내에서 항상 경쟁 브랜드라고 인식해 온 브랜드와의 격차가 사실상 그다지 크지 않다는 점을 알게 되는 경우가 많다는 점이다.

금융분야와 같이 규제가 급격히 완화되거나 글로벌 경쟁이 심화되고 있는 업계의 경우, 다른 업종으로부터 또는 해외로부터 진입한 브랜드로 인해 상대적으로 지금까지의 경쟁구도가 더욱 복잡해지는 경우도 흔하다.

그러므로 항상 넓은 시야를 가지고 관련이 있는 브랜드의 움직임을 주시할 필요가 있다.

對 경쟁 포지셔닝 분석의 예(1)

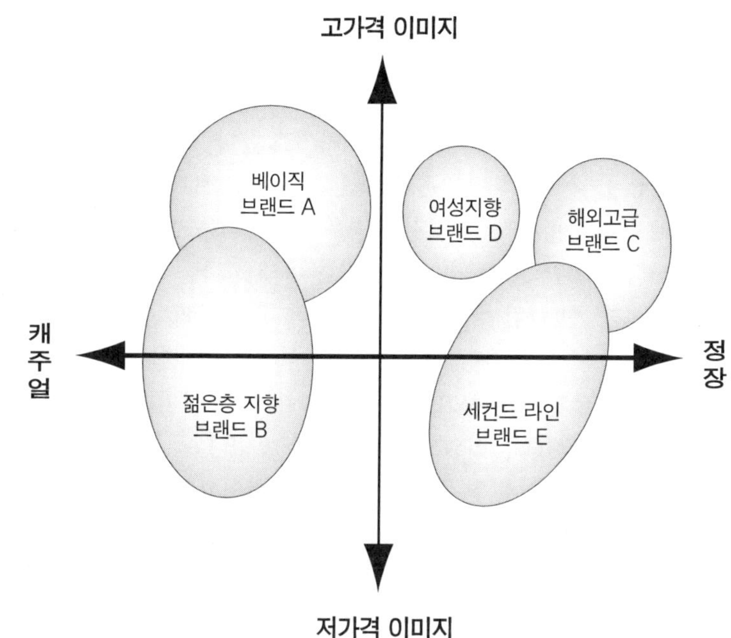

對 경쟁 포지셔닝 분석의 예(2)

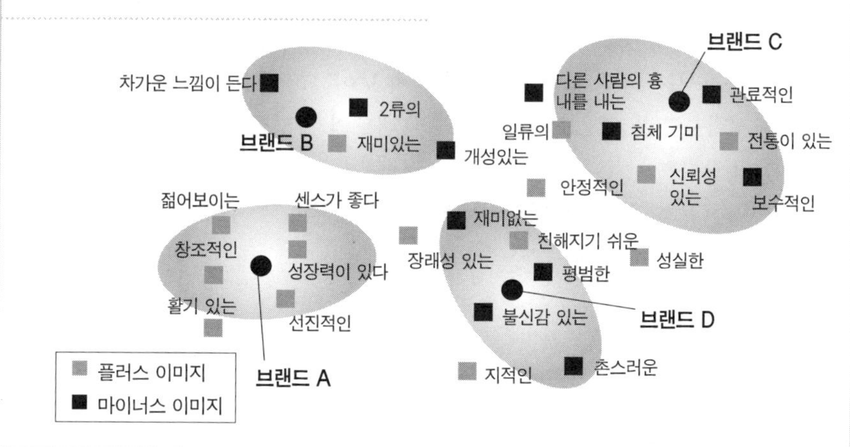

21 고객의 브랜드 가치 평가의 파악

| 고객이 브랜드의 가치를 어떻게 보고 있는가를 파악한다 |

현재의 브랜드 상황을 가장 명쾌하게 해주는 것은 브랜드에 대한 고객의 평가이다. 조사 방법 등에 대한 상세한 내용에 대해서는 제6장에 있으므로 여기에서는 이것의 의의와 개략적인 내용에 대해서 설명하기로 한다.

브랜드와 가장 유대관계가 가까운 존재는 고객이다. 브랜드의 타깃 고객 이외의 사람에게 브랜드의 평가를 듣는 것도 경우에 따라서는 필요하지만, 브랜드 가치를 단어로 파악하기 위해서는 그 브랜드를 좋아해 선택한 사람으로부터 의견을 듣는 것이 필요하다. 한 사람의 성격을 알기 위해 그 사람의 친구 등 주위 사람으로부터 이야기를 듣는 것이 가장 빠른 길이며, 이들로부터 얻은 정보(단어)가 그 사람의 캐릭터를 가장 잘 표현하고 있기 때문이다. 경우에 따라서는 고객이 표현하는 단어가 그대로 브랜드의 키워드가 되는 경우도 있다.

고객은 일반 소비자만으로 한정되지는 않는다. 법인고객을 대상으로 할 때 심층적으로 의견을 들어보는 것이 역시 필요하며 기본적인 방법은 일반소비자를 대상으로 할 때와 동일하다. 결국 브랜드 가치를 고객의 입장에서 파악하기 위해서는 단시간의 앙케이트 조사보다는 일 대 일 심층 면접(In-depth Interview) 방식이 보다 더 적합하며, 이때 경험이 풍부한 전문가의 협력을 얻는 것이 바람직하다. 일부러 샘플 수를 늘릴 필요는 없다.

경쟁사 고객을 조사하는 것 또한 매우 유용하다. 고객조사로부터 추출한 단어는 경우에 따라서는 너무 평범하고 당연하게 보이는 경우도 있다. 그러나 경쟁 브랜드와 비교함으로써 비로소 처음 자사 브랜드의 강점과 약점 등이 명백해지는 경우도 적지 않다.

이렇게 얻어진 고객으로부터의 가치 구조를 기본으로 하여 다시 한 번 정량조사 등을 실시하여 검증해보는 것도 가능하다.

현시점에서의 브랜드 가치의 평가구조를 충성고객으로부터 추출

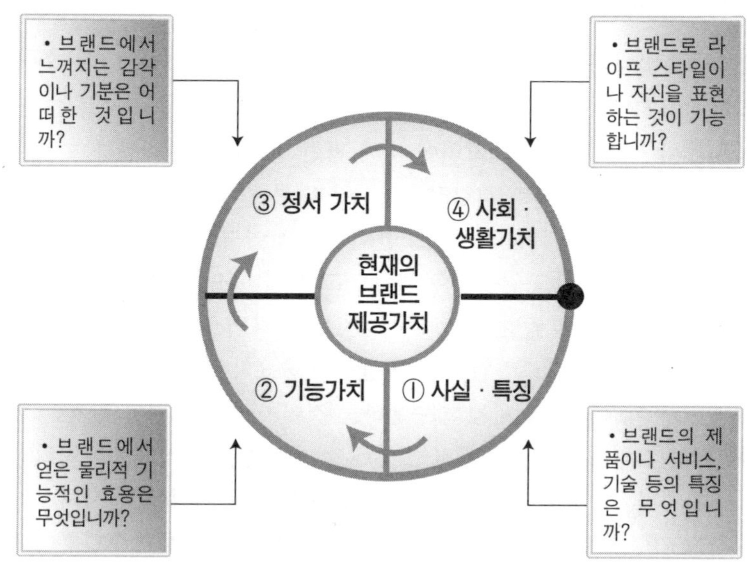

고객의 브랜드 연상

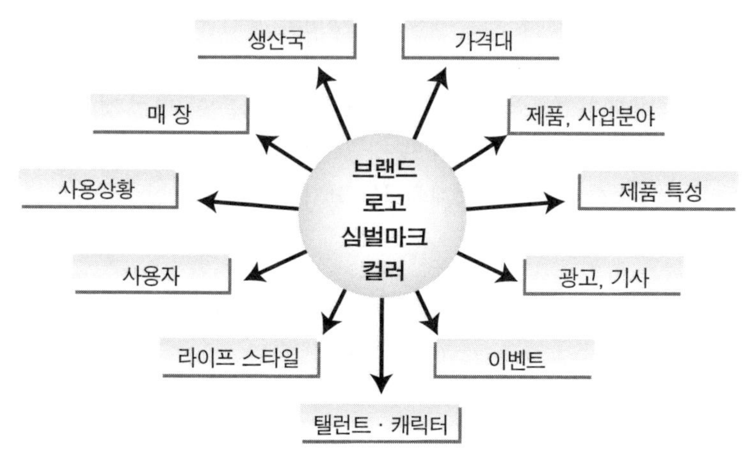

22 브랜드의 미래 환경을 예측

미래를 예측한다는 것은 불확실성을 동반하는 작업이다. 따라서 사내외에서 정보 수집이 중요하다.

특정 업계나 특정 상품 카테고리에 대해 관련 전문가를 인터뷰하는 것도 유용한 방법이다. 평론가, 연구자, 저널리스트 등은 다른 기업의 사례들도 파악하고 있기 때문에 이들에게 인터뷰를 실시해보면 한층 논점이 명확해진다.

사내에 있어서도 브랜드 업무에 관련된 최고 책임자가 미래환경을 어떻게 예측/파악하고 있는가로부터 출발한다. 즉 상품 브랜드라면 담당임원, 사업 브랜드라면 사업본부장, 기업 브랜드라면 사장의 판단이 중요할 것이다. 물론 조직의 분위기에 따라서는 이러한 작업 자체를 수행하는 것이 어려운 회사도 있지만, 브랜드 매니지먼트는 경영과 직결된 문제라는 점에서 최고 경영자의 의지와 이해가 무엇보다도 중요하다. 여기서 중요한 것은 이러한 인터뷰를 실시할 때 사내 스태프는 참석만 하고 가능한 한 외부 인력이 진행을 주관하게 되면 최고 책임자의 객관적인 의지를 확인할 수 있을 뿐 아니라 새로운 아이디어나 키워드를 찾아낼 수 있다.

업계 자체가 격변하고 있어 미래가 불투명한 경우, 이러한 인터뷰만으로 방향성을 확립하기에는 무리가 있다. 이때에는 시나리오 플래닝 워크숍을 실시하는 것이 적절하다. 브랜드에 영향을 미치는 환경변화 요인을 선별하고 이것을 팀원들이 공유함으로써 몇 가지 시나리오의 가능성을 파악할 수 있다.

마지막으로 미래 환경을 예측하는데 있어서 잊어서는 안 되는 것이 과연 몇 년 후까지 예측이 가능한가라는 것이다. 통상 3년에서 10년 정도의 기간을 예측하지만, IT 등과 같이 변화가 격심한 업계에서는 단기간의 예측이 필요하다.

brand

환경변화 요인과 중요도의 파악
예)
업계호황
업계불황
개방 시장
규제 시장
고객층 대중화
고객층 한정

미래 환경 시나리오의 이해
시나리오 A
시나리오 B
변화
요인1
시나리오 C
시나리오 D
변화요인2

브랜드의 미래 환경 파악

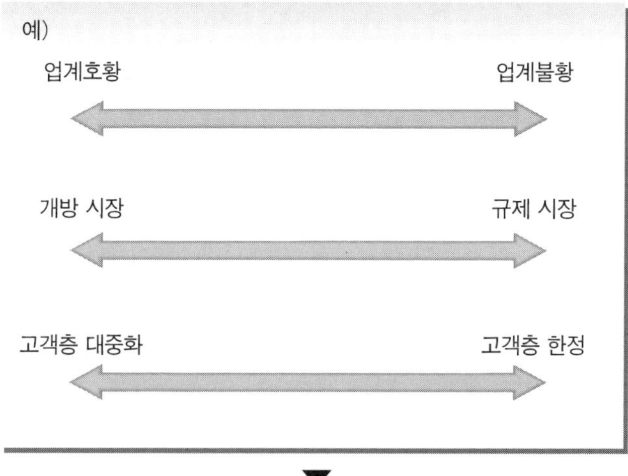

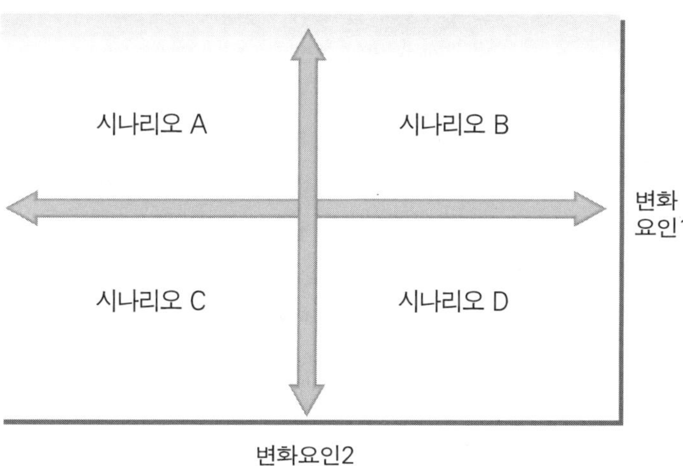

23 브랜드 전략고객의 특정화

| 전략적 타깃의 고객상(像)과 고객의 가치관을 파악한다 |

브랜드 가치를 규정하기에 앞서 먼저 수행해야 하는 작업이 전략 고객의 설정이다.

우선은 유대관계 속에서 현재의 자사 브랜드를 지지하고 있는 고객상을 분석하고 파악할 필요가 있다. 그 후 브랜드가 앞으로 나아갈 방향과 함께 전략적인 특정 고객을 설정한다.

이를 위해서는 우선 고객 세그먼트를 어떻게 실시할 것인가에 관한 작업이 필요하다. 구체적으로는 계층간의 생활의식, 브랜드 관여도, 제품 관여도, 광고 호감도 등의 가치관을 파악한다. 또한 연령, 성별, 라이프 스테이지(Life stage), 수입 등의 인구통계학적 특성과 브랜드에 관한 이미지와 주요 연상항목 및 양적 구성비, 수익 공헌도, 이미지 공헌도, 다른 계층에의 영향도 등에 대한 자료를 통해 고객의 전략적 중요도를 검토한다.

이러한 자료분석을 통해 전체로 파급될 효과까지 고려한 후, 브랜드의 장래를 지탱해 줄 전략 고객을 특정화한다.

여기서 의미하는 전략 고객이란 반드시 일반 소비자에 국한되지는 않는다. 산업용 브랜드의 경우, 비즈니스상의 실제 의사결정자 가운데 커뮤니케이션 파급효과가 가장 높은 층이 전략 고객이 된다.

여기에서 유의해야 할 점은 현재 수익상의 고객 세그먼트와 미래의 전략 고객이 반드시 일치하지 않을 수도 있다는 것이다. 따라서 커뮤니케이션 효과와 장래성이라는 두 가지 측면에서의 전략적 판단이 필요하다. 다각적으로 사업을 전개하는 기업 브랜드의 경우 전략 고객의 설정에 무리가 있다고는 하지만, 향후의 중점사업을 중심으로 한 전략 고객을 설정할 필요는 있다.

즉 브랜드가 궁극적으로 목표로 하는 미래의 이상적 고객상과 바로 이러한 고객의 가치관을 파악하는 것이 브랜드 가치 규정과 브랜드 에센스 규정의 전제 작업이라고 할 수 있는 것이다.

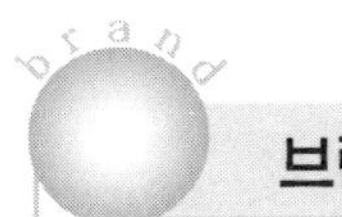

브랜드 전략고객의 특정화

전략타깃 분석테이블

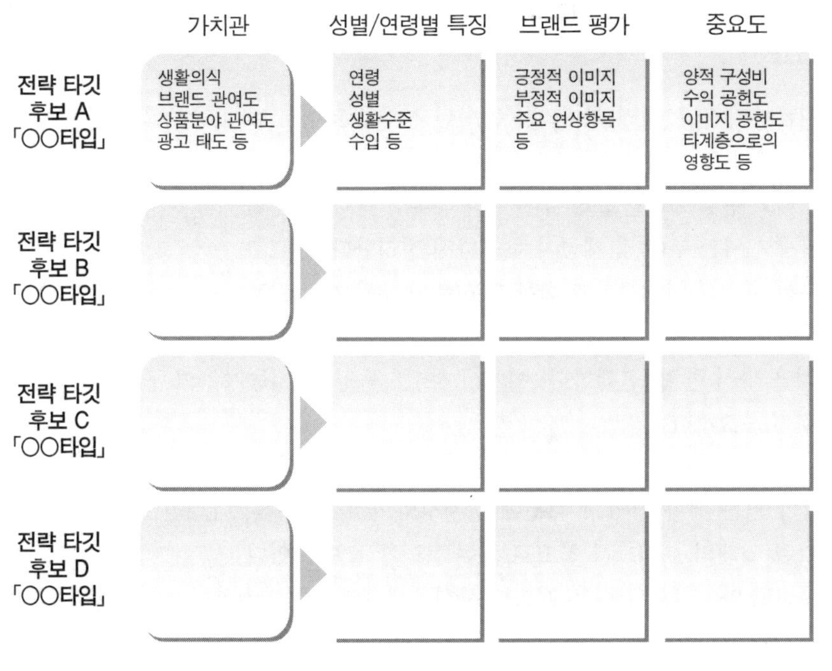

브랜드 가치관에 기초한 세그먼트 예

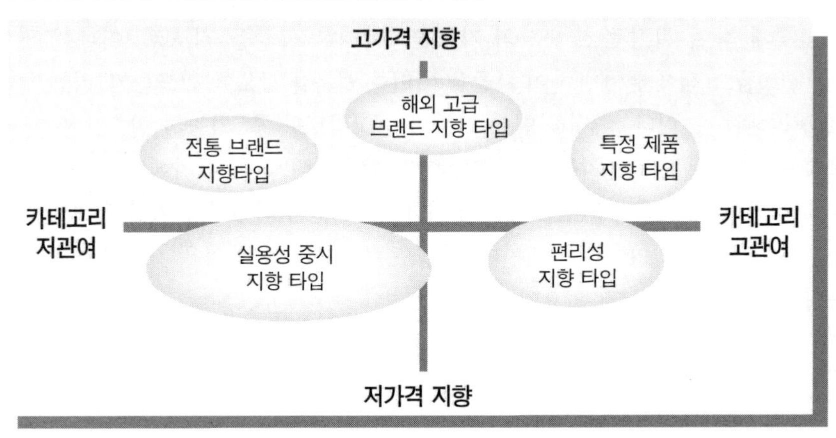

24 브랜드의 제공가치 규정

| 지금까지의 논의를 기초로 하여 기업의 의지와 고객 기대간의 접점을 발견한다 |

지금까지 얻은 여러 데이터와 논의된 결과를 토대로 현재 상황에서 제공가치의 구조를 정리해 본다.

그리고 현상분석을 통하여 자사의 향후 전략과 미래 환경의 전망, 또한 전략 고객에게 가치관 부여 및 제공가치를 다시 정리한다.

우선 고객의 인지사항과 함께 앞으로 개발될 가치도 포함시켜 브랜드의 사실과 특징을 재정리한다. 그 후 이들 중에서 앞으로 고객에게 제공할 기능가치에 합당한 것을 다시 한 번 선택한다. 여기서 사실 · 특징 → 기능가치의 구조를 재정의하는 것이 중요하다.

다음으로 정서가치를 어디에 둘 것인가를 검토한다. 여기서의 선택은 매우 감각적이 되는 경향이 있기 때문에 경쟁사와의 비교뿐만이 아니라, 경우에 따라서는 다른 업계의 브랜드를 참고로 하여 정리할 필요가 있다.

그리고 마지막으로 이 브랜드의 사회 · 생활가치를 결정한다. 이 단계는 고객이 브랜드를 선택하는데 있어서 그 사람의 인생관과 어떻게 연관되어 있는가를 명확히 해준다. 그러므로 카테고리의 종류에 따라서는 검토하기 어려운 경우도 있는데 이러한 경우에는 정서가치를 상세히 기술함으로써 구조화를 도모한다.

이렇게 하여 결정된 브랜드의 가치는 "어떠한 속성을 기초로, 어떠한 편익(Benefit)을 고객에게 제공하여 그들을 어떠한 기분을 갖도록 만드는가"라는 형태로 정리해볼 수 있다. 이러한 안을 만들어 비교검토한 후, 가능한 한 오랫동안 사용할 수 있고 보편적 가치를 지닌 것을 선택하는 것이 좋다. 여기에서 기술된 내용은 고객과의 약속을 바탕으로 하는 것이다. 이 부분이 너무나 빈번하게 변경될 경우, 브랜드 구축의 의미가 약해진다. 기업도 브랜드 구축 작업을 기업의 헌법을 만든다는 자세로 만들어갈 필요가 있다.

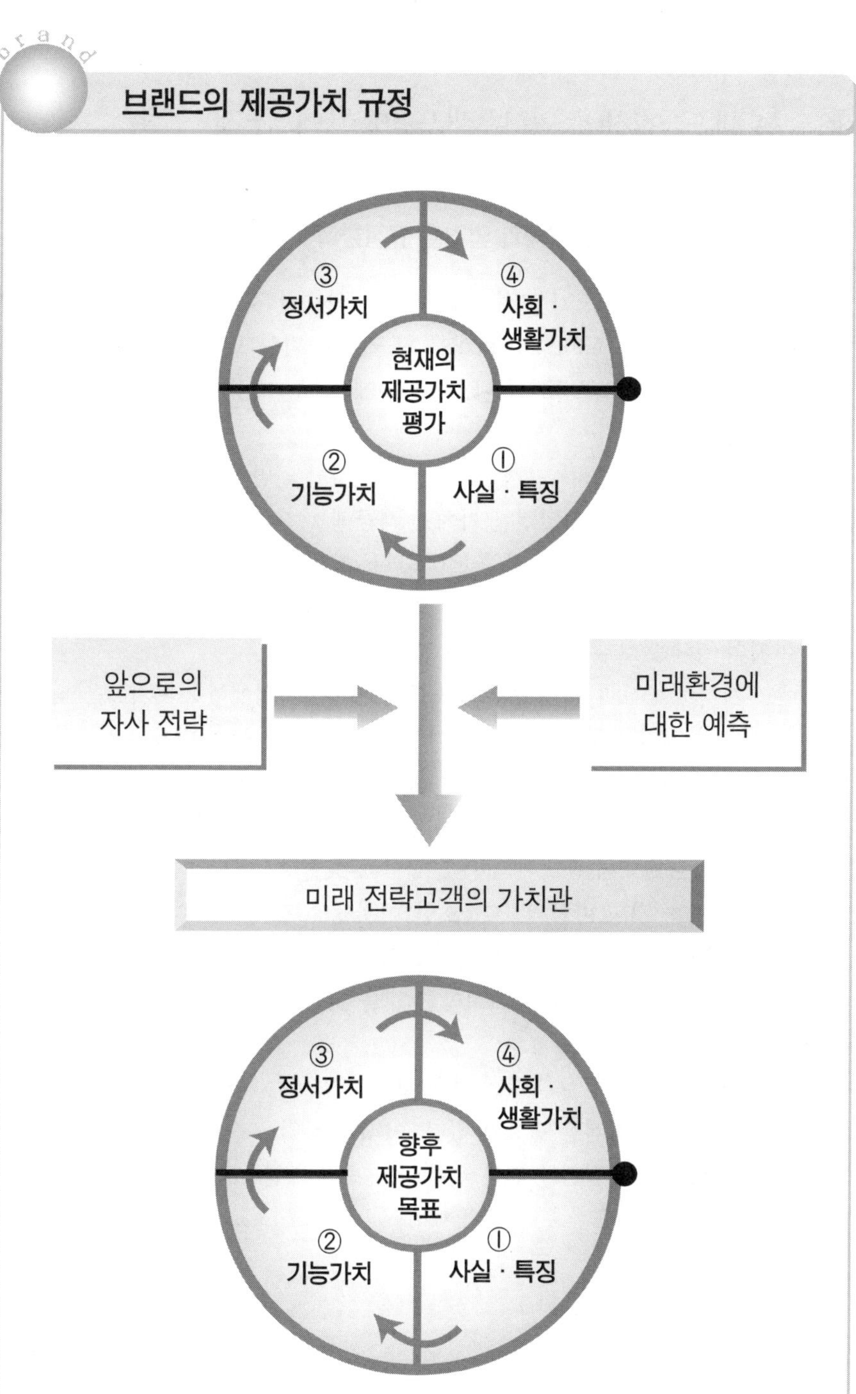
③ 정서가치
④ 사회 · 생활가치
현재의 제공가치 평가
② 기능가치
① 사실 · 특징
앞으로의 자사 전략
미래환경에 대한 예측
미래 전략고객의 가치관
③ 정서가치
④ 사회 · 생활가치
향후 제공가치 목표
② 기능가치
① 사실 · 특징

25 브랜드 에센스와 브랜드 개성의 규정

| 브랜드의 변하지 않는 약속과 인격을 규정한다 |

제공가치 중에서 브랜드가 고객에게 "무엇을 약속할 것인가?"라는 관점에서 한 마디로 브랜드 에센스(Brand Essence)를 기술한다. 키워드나 문장으로 무엇을 약속할 것인가를 직접적으로 표현한다. 브랜드 에센스는 제공가치의 집약이며 모든 활동의 중심이다.

주로 형용사로 브랜드의 '인격'을 규정하는 것이 일반적인 브랜드 개성(Brand Personality)이다. 브랜드가 일정한 가치를 제공해 나갈 때, 고객은 브랜드에 대해 다양한 감정을 갖게 되면서, 소위 '인격화(Personification)'라는 과정이 진행된다. 또한, 경쟁이 격화됨에 따라 '이미지에 의한 차별화'가 진행되는데, 바로 여기서의 이미지의 정체를 브랜드 개성이라고 한다.

브랜드 개성이 중요한 것은 브랜드 커뮤니케이션 과정에서 가치가 분산되지 않도록 할 필요가 있기 때문이다. 광고제작, 패키지와 공간 등의 디자인 개발이 필요한 경우에도 지침이 명확해져서 크리에이터에게 설명할 때 매우 유용하다.

브랜드 에센스와 브랜드 개성을 결정하기 위해서는 지금까지의 고객조사와 사내로부터 얻은 브랜드에 관계된 내용을 집약해야 한다. 이 단계를 위해 사전에 질문을 준비해 보는 것도 바람직하다. 또한 이것들을 정리하는 워크숍의 진행에도 몇 가지 준비가 필요하다. 워크시트에 브랜드에 관계된 내용을 기입하거나 가능한 한 사진을 많이 준비하여 가장 적합한 것을 찾아내 여기에서 키워드를 추출하는 방법 등이 있다.

또한 브랜드 에센스와 브랜드 개성을 결정할 때에는 영어로 번역했을 때 어떠한 인상을 주는가도 점검할 필요가 있다. 이러한 작업을 순조롭게 도와줄 데이터베이스 등도 있으므로 적절한 전문 외부 스태프의 조언을 받는 것이 효율적일 것이다.

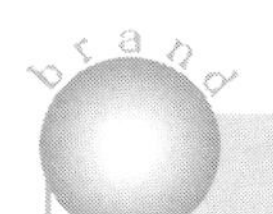

브랜드 에센스와 브랜드 개성의 규정

브랜드 에센스와 브랜드 개성의 기술(記述)

브랜드 에센스를 생각하는 구성

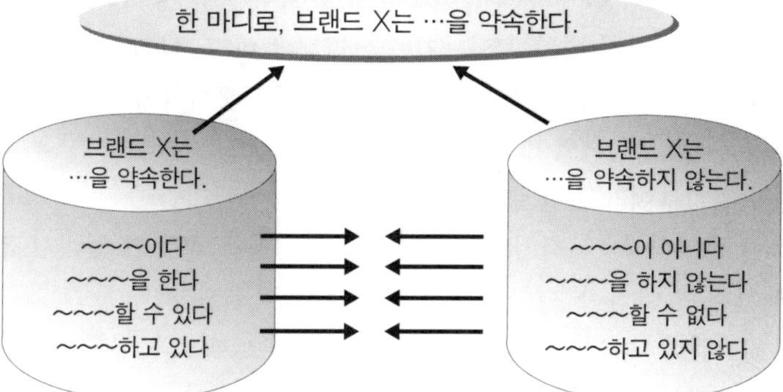

브랜드 개성을 생각하는 구성

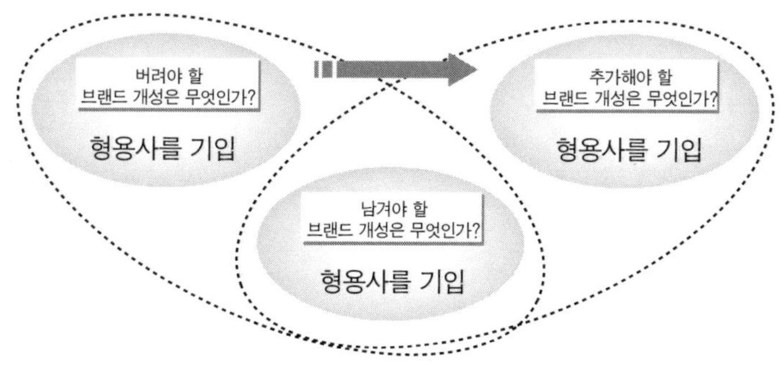

26 통합적 실행 계획의 책정

브랜드의 기본설계 후 계획, 실행단계로 이행한다. 계획, 실행의 단계를 밟아 나가는데 있어 우선 가장 먼저 스태프의 재구성을 실시할 것인가를 검토한다. 브랜드 계획의 실행에 있어서는 상품개발 부문과 광고 · 홍보 부문 등의 비중이 높다. 또한 광고와 디자인에 관한 외부 스태프도 포함된다. 여기에 새로운 스태프를 추가하여 기본설계의 프로세스를 한 번 더 공유하는 실행단계를 갖는 것이 바람직하다. 그리고 새롭게 규정한 브랜드 가치를 기점으로 한 플래닝을 시작한다.

이를 위해 시장에서의 전략 시나리오를 재검토하여 정리할 필요가 있다. 브랜드의 가치를 기본으로 유지하면서 어떤 요소를 부가하면 강력해지는가, 어떠한 방향으로 강조하는 것이 이득이 되는지를 고려해야 한다. 이러한 검토를 마친 후에 비로소 커뮤니케이션을 중심으로 한 통합적인 실행계획에 착수한다. 브랜드 가치를 결정하는 것이 헌법이라면, 실행계획은 브랜드 가치의 이상을 실현하기 위한 절차와 위치부여라고 할 수 있다.

그리고 한 국가와 특정 시기뿐만이 아니라 해당상품 분야에 있어서 경쟁력과 브랜드 가치를 최대화하는 구체적인 장치로서 브랜드 핵심동인(Brand Key Driver)을 찾아간다. 여기에서 다시 한 번 오늘날의 트렌드와 경쟁상황을 포함한 업계의 동향, 자사내 상품과 기술 개발동향 가운데 고객이 브랜드 가치를 '이것'이라고 이해하는 상징적인 마케팅 활동을 발견할 수 있다. 이러한 브랜드 핵심동인을 축으로 시장을 공격할 시나리오를 만든 후 종합적인 마케팅 계획을 실행한다.

통합적 실행 계획의 책정

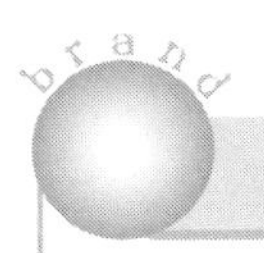

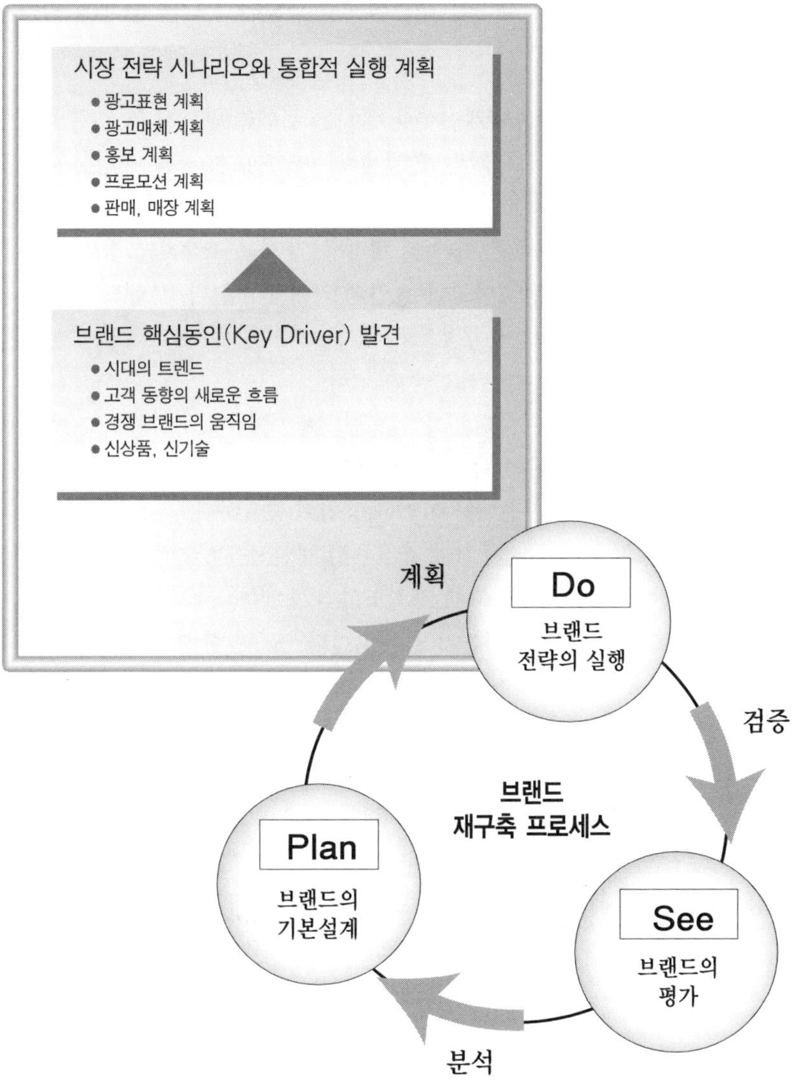

시장 전략 시나리오와 통합적 실행 계획
● 광고표현 계획
● 광고매체 계획
● 홍보 계획
● 프로모션 계획
● 판매, 매장 계획
브랜드 핵심동인(Key Driver) 발견
● 시대의 트렌드
● 고객 동향의 새로운 흐름
● 경쟁 브랜드의 움직임
● 신상품, 신기술
계획
Do
브랜드
전략의 실행
검증
브랜드
재구축 프로세스
Plan
브랜드의
기본설계
See
브랜드의
평가
분석

브랜드 구축의 효과 측정과 평가

| 브랜드 커뮤니케이션의 효과를 객관적으로 파악하여 다음 단계에 반영시킨다 |

브랜드 가치를 기초로 커뮤니케이션을 실시한 뒤에는 반드시 그 효과의 검증이 필요하다. 이를 위해서는 최초 작업 단계에서 무엇으로 효과를 측정할지를 결정해둘 필요가 있다.

첫번째는 결과 수치인 매출과 수익의 향상을 가지고 파악하는 방법이다. 그러나 이러한 수치는 항상 시장의 다양한 요인에 의해 변화한다. 브랜드 구축은 중장기적인 시점에서의 수익확보를 목적으로 설계되기 때문에, 단기적인 수치 변동에 좌우되는 것은 그다지 바람직하다고 할 수 없다.

두 번째는 생활자의 심리 상태에서의 브랜드에 대한 태도 변화를 기준으로 삼는 방법이다. 심리적인 변화의 축적 결과 시장에서 지지 받는 브랜드가 만들어지기 때문에 이를 위한 경과 측정에는 이러한 방법이 중요하다.

이를 위한 방법의 하나로 전체적인 관점에서 개선점을 발견하기 위한 정성조사가 있다. 분석 단계에서 실시한 고객 가치조사의 포맷(Format)을 그대로 유지하여 목표하는 방향으로 움직이고 있는가를 파악한다. 또 다른 하나는 브랜드 파워에 대한 정량조사를 실시하는 것이다. 경쟁 브랜드와의 비교, 타 업종과의 비교, 또한 타깃별 분석, 시계열 분석 등 다각적인 측면의 브랜드 파워 평가를 실시한다.

광고회사나 조사회사에서도 정점조사를 실시하며, 하쿠호도에서도 'HABIT' 이라는 패널 조사에 의한 브랜드 파워를 VOICE와 BONDING이라는 2가지 척도로 측정하고 있다. 이러한 데이터를 이용하는 것도 하나의 방법이라고 할 수 있다.[4]

이상의 평가 데이터를 기초로 하여, 일정 기간 동안의 전략을 객관적으로 재점검한 다음 이 기간에 실시한 전략이 목표를 달성했는가, 어떠한 활동을 계속하면 좋은가, 개선점과 강화 포인트는 무엇인가 등 차기 전략에 대한 제안을 실시한다.

---

4) 국내의 경우 제일기획에서는 브랜드의 위상진단 및 평가 모델인 Brand Value-Up Model이 있어 현재 많은 기업들의 브랜드 전략 수립에 활용되고 있다.

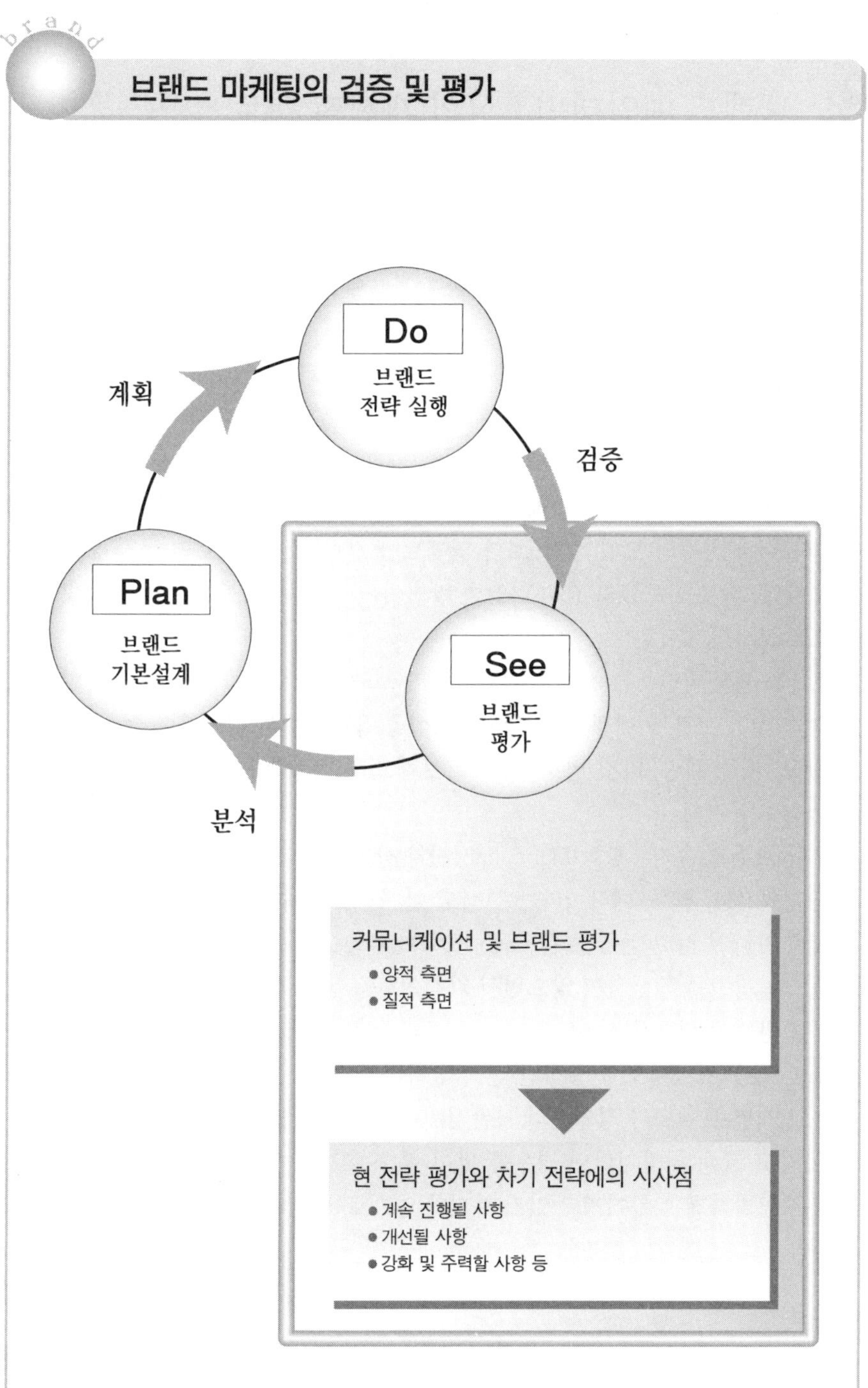
Do
브랜드
전략 실행
계획
검증
Plan
브랜드
기본설계
See
브랜드
평가
분석
커뮤니케이션 및 브랜드 평가
●양적 측면
●질적 측면
현 전략 평가와 차기 전략에의 시사점
●계속 진행될 사항
●개선될 사항
●강화 및 주력할 사항 등

28 브랜드 메인테넌스상의 개선점 검토

| 검증 평가를 바탕으로 브랜드 개선을 실시한다 |

앞에서 논의한 검증과 평가를 바탕으로 경우에 따라 브랜드의 개선책을 고려할 필요가 있다.

시장에 있어 제품과 서비스의 라이프 사이클 변화와 경쟁 형태의 변화에 대응하여 특정 계층의 시장침투를 도모하기 위한 전략을 검토한다.

시장에서 브랜드의 위치부여를 변경할 재포지셔닝(Repositioning), 새로운 제품과 서비스의 아이템을 추가해가는 아이템 확충(맛이나 사이즈의 변화추가), 제품이나 디자인 등의 모델 변경, 보다 임팩트가 강력한 브랜드로의 변경 등이 대표적인 예다. 다음의 도표와 같이 다양한 방법이 있지만, 이것들은 단독이 아닌 복합적으로 실시되기도 한다.

브랜드 메인테넌스는 롱셀러 브랜드를 만드는데 있어서 가장 기본적이며 중요한 전략이다. 브랜드 에센스와 브랜드 개성을 유지하면서 어떤 시기에, 어떠한 방법(광고, 제품 개량, 타깃 변경 등)으로 브랜드를 조정할 것인가는 미묘하며 상당히 어려운 문제다.

또한 브랜드 유지 · 강화(Maintenance)가 잘 이루어지지 않을 경우, 최종적으로는 수확(收穫), 철수, 매각이라는 선택도 할 수 있다. 수확(收穫)이라는 것은 브랜드에 투자하지 않고 현금 흐름(Cash Flow)을 확보하기 위한 선택이다. 한때 주요 브랜드가 광고를 집행하지 않으면서 가격인하를 통해 매출을 증대시켰던 예 등이 이러한 방법에 해당한다.

또한 철수나 매각도 최종적인 선택의 하나가 될 수 있다. 일본기업의 경우, 대부분의 개별 브랜드가 경영자의 자존심이나 집착으로 인해 적절한 시기에 철수하지 못하고 끝내 사라져버린 경우를 많이 볼 수 있다. 개별 브랜드 단위의 매각도 아직은 활발하게 이루어지고 있지 않지만 앞으로는 증가할 것으로 예상된다.

■ 리포지셔닝

실제로의 변경은 없으면서 단지 위치 부여만의 변경

〈타깃의 변경〉
〈용도의 변경〉
〈이용상황의 변경〉
〈광고/프로모션의 변경〉

■ 심벌 변경(브랜드명, 로고, 마크)

〈직접 변경〉 OO → XX
〈2단 로케트형 변경〉OO → OOXX → XX[5]
〈개량형 변경〉 OO →New OO, Ultra O, Super OO

■ 모델 변경

이전 모델의 폐지/개량 후 새로운 모델로의 교체

〈디자인 변경〉   〈방법, 기능 변경〉
〈성분 변경〉   〈가격/등급 변경〉
〈용량 변경〉

■ 아이템의 확충

현 제품과 서비스의 아이템은 유지하면서 동일 브랜드를 기초로 하여
변화를 준다.

〈디자인 변경〉   〈방법, 기능 변경〉
〈성분 변경〉   〈가격/등급 변경〉
〈용량 변경〉

---

5) 2단 로케트형 변경: 브랜드의 경우 삼성 핸드폰의 예를 들어보면, 삼성 → 삼성애니콜 → 애니콜로 발전해 왔는데, 기업 브랜드와 개별 브랜드를 함께 붙여 사용하다가 개별 브랜드의 힘이 강해지면 자연스럽게 기업 브랜드 부각을 서서히 줄이면서 개별 브랜드 파워를 강화해 나갈 수 있다.

브랜드 확장 검토

| 정착한 브랜드 파워를 활용하여 카테고리 확장이 가능한가를 검토한다 |

브랜드 메인테넌스 작업의 일환으로 브랜드 확장에 대한 문제가 있다. 단순히 생각해보면 브랜드 확장(Extension)은 매우 매력적인 전술이라고 생각될 수도 있다. 일단 강력한 브랜드로 성장한 브랜드의 이름과 마크를 이용하면 여러 면에서 판매 효과가 상승한다. 그러나 실제 브랜드의 확장작업은 간단하게 생각할 일만은 아니다. 확장을 시도할 때에는 무엇보다도 브랜드 에센스를 지키는 것이 전제되어야 한다.

상품 브랜드의 확장을 시도할 경우에는 주변 카테고리에 적용하는 것을 우선 검토한다. 라이온(LION)의 식물이야기(植物物語)(역자 註; Case study 참조)는 이러한 확장에 의해 패밀리 브랜드(Family Brand)화한 사례 중의 하나다.

사업 브랜드의 경우에는 새로운 분야로 진출할 때 검토 대상이 된다. 마츠시다 전기(松下電器)의 경우, 주로 AV 분야[6]의 사업 브랜드인 파나소닉(Panasonic)을 PC 분야에 있어서도 사용하고 있다. 기업 브랜드의 경우에는 관련회사 설립 시에 어떠한 이름 심벌을 결정할 것인가가 곧 브랜드 확장이 되기도 한다. 소니는 게임이나 통신, 음악, 영화 등의 관련 회사에도 소니를 사용하고 있으나, 로고나 마크 등에 관해서는 별도규정을 두어 관리하고 있다.

성공한 브랜드일수록 사내의 다른 분야로부터 브랜드를 공동이용하자는 제안이 있으며, 신제품을 개발하여 브랜드명을 결정할 때 특히 두드러지는 경향이 있다. 예전에는 성공한 브랜드의 네이밍을 '안심할 수 있어서'라는 이유로 많은 타 제품의 브랜드로 사용했지만, 이렇게 안이하게 진행된 확장은 오늘날에는 오히려 브랜드(제품)의 수명을 단축시키는 결과를 초래하기도 한다. 서구에서는 "기본적으로 확장을 해서는 안 된다"고 주장하는 학자도 있을 정도다. 만약 브랜드의 확장을 실시할 경우, 무엇보다도 기본이 되는 판단사항은 브랜드 가치와 확장할 카테고리가 일치하는가이며, 또한 이를 위한 체크리스트(Check List)가 필요하다.

---

6) AV 분야: 오디오(Audio), 비디오(Video) 제품 분야

브랜드 확장의 검토

브랜드 확장의 장·단점

장점
- 오리지널 브랜드의 인지도가 한층 상승되며, 이미지도 확실하게 구축된다
- 신제품이면서 짧은 시간에 인지도 획득이 가능하며, 초기구입 비율이 높다
- 유통채널 확보에 유리하게 작용한다

단점
- 오리지널 브랜드와 확장 카테고리의 적합도가 낮을 경우, 신상품과의 시너지가 오히려 마이너스 효과를 발생한다
- 새로운 카테고리 상품에 의해 오리지널 브랜드의 연상이 약해지거나, 품질 이미지가 저하되어 시장에서 함께 사라지게 된다
- 새로운 브랜드 자산을 확립할 수 있는 기회를 상실한다

브랜드 확장에 있어서 체크포인트

브랜드 특성에 관한 항목
- 오리지널 브랜드의 인지도
- 오리지널 브랜드의 품질 이미지
- 오리지널 브랜드의 연상
- 오리지널 브랜드의 고객 기반

카테고리 특성에 관한 항목
- 카테고리의 유사성(오리지널 브랜드와 확장 브랜드 사이의 유사성)
  - → 효용의 공통성
  - → 타깃의 공통성
  - → 사용장면(장소와 시간)의 공통성
  - → 의미, 상징의 공통성
  - → 제조공법, 성분, 기술의 공통성
  - → 매장의 공통성
- 확장하려는 카테고리에 있어서 고객의 브랜드 관여도

|최대·최고가 최강이라고 할 수 없다|

'강력한 브랜드' 라는 것과 '매출이 높다/셰어가 크다' 라는 것과의 관계는 자주 논란거리가 된다. 물론 강력한 브랜드는 시장에서도 강하지만, 시장에서의 수치가 크다는 점과 브랜드 파워의 강약은 별도로 고려되어야 할 사항이다.

비와호(琵琶湖)[7]와 후지산(富士山)을 떠올려 보라. 양쪽 모두 수치상으로는 일본 최대/최고다. 그러나 브랜드라는 관점에서 보면 어떠한가? 아마 브랜드로 강력한 것은 역시 후지산일 것이다. 유명한 기업의 이름에도 후지라는 이름은 자주 사용되고 있다. 단순히 산의 높이만이 아닌, 이름으로부터 오는 정서적/정신적인 가치가 풍부하기 때문이다.

또한 여러 마크에도 있듯이 형태가 개성적이며 명쾌하다. 즉 비주얼적인 심벌 면에서도 강력한 매력이 있어 사람들의 마음과 눈을 유인하는 것이다. 단순히 '최고봉' 이라는 속성 이상의 가치가 있다는 의미에서 브랜드로도 강력하다고 할 수 있다.

---

7) 비와호(琵琶湖): 일본 시가현에 있는 수백만 년의 역사를 지닌 낡은 호수지만 지학·생물학적으로 귀중함. 긴키(近畿) 주민 1,400만 명에게 물을 공급하고 있는 일본 최대의 수자원이기도 함.

제3장

어떻게 새로운 브랜드를 개발할 것인가?

30 새로운 브랜드 개발의 필요성

| 전략의 변혁기에는 새로운 브랜드의 런칭이 언제나 요구된다 |

기업 브랜드로부터 각각의 상품 브랜드에 이르기까지 가지각색의 목표 아래 수많은 새로운 브랜드가 개발되어 시장에 출시된다. 물론 기업의 입장에서는 새로운 브랜드의 개발을 늘 일상적인 업무의 일환으로 받아들이는 경향이 있지만, 여기서는 이러한 업무가 어떠한 과정을 통해 이루어지는가를 다시 한 번 검토하기로 한다.

우선 기업 브랜드의 경우, 경영 환경 자체가 변화할 때에 새로운 브랜드의 개발이 요구된다. 경쟁이 심화되고 있는 오늘날에 있어서는 합병이나 새로운 회사의 설립은 물론, 법 개정에 따른 지주회사의 설립 등이 빈번히 이루어진다. 또한 국경·업종을 초월하여 다양한 제휴가 이루어지고 있기 때문에, 이러한 변화는 당연히 브랜드에도 영향을 미친다.

사업 브랜드는 기업이 새로운 분야에 진입하는 경우에 해당된다. 즉 기존 브랜드의 가치 구조가 기존 시장에서 수용되지 않는 경우와 목표 타깃이 크게 달라져 새로운 이미지의 구축이 필요할 경우가 여기에 해당된다.

패밀리 브랜드(Family Brand)의 경우는 기존에 있던 카테고리를 극복하여 새로운 비즈니스 기회를 창조할 때에 매우 유효하다. 이 경우 중장기적인 계획을 바탕으로 카테고리를 서서히 확대할 것인가, 처음부터 집중적으로 특정 카테고리에 상품을 투입할 것인가 등의 판단이 필요하다. 최근에는 업종을 초월하여 개발한 공통 브랜드의 성공사례도 있다.

개별 브랜드의 경우에는 새로운 카테고리로의 진입이 하나의 계기가 되곤 한다. 또한 실적이 부진한 상품을 재정비하기 위해서 전격적으로 브랜드를 변경하는 경우도 있다.

결론적으로 새로운 브랜드 개발이 성공하면 기업 전체에 미치는 긍정적인 영향이 크지만, 제로에서 출발하는 것이기 때문에 뛰어난 기획력(Creativity)이 필요하다.

1) UFJ(United Financial of Japan): 2001년 4월 2일 三和銀行, 東海銀行, 東洋信託銀行이 합병하여 탄생한 은행으로 앞의 두 은행은 UFJ은행으로, 마지막 은행은 UFJ신탁은행으로 새롭게 출발하였다.
2) WiLL: 일본에서 서로 다른 복수의 카테고리 제품이 연합하여 만든 공동브랜드로 각 업종의 선도제품 참여.
3) So-net: 초고속인터넷을 제공하면서 다양한 서비스를 인터넷 사이트를 통해 제공하는 신개념의 사업으로 이메일, 게임뿐만 아니라 다양한 컨텐츠를 제공해주고 있다.

새로운 브랜드 개발의 필요성

기업 브랜드:
합병, 신회사의 설립, 지주회사의 설립

"미즈호, 츠바사, UFJ[1]"
"NTT그룹"
 (NTT동일본, NTT서일본,
  NTT도코모, NTT 커뮤니케이션)

패밀리 브랜드: 기존 카테고리의 재정립

"WiLL[2]~서로 다른 업종 연합"
(도요타(자동차)＋아사히(맥주)＋가오(생필품)＋마츠시다(전기ㆍ전자)＋
긴키(일본여행)＋글리코(제과)＋고쿠요(문구점))

사업 브랜드:신사업 분야로의 진입

SONY → "플레이스테이션(게임)
        "So-net[3]
         (초고속 인터넷 및 포털서비스 제공)"
        "SME(음악)"
미츠이(三井)부동산 판매 → "미츠이 리하우스"

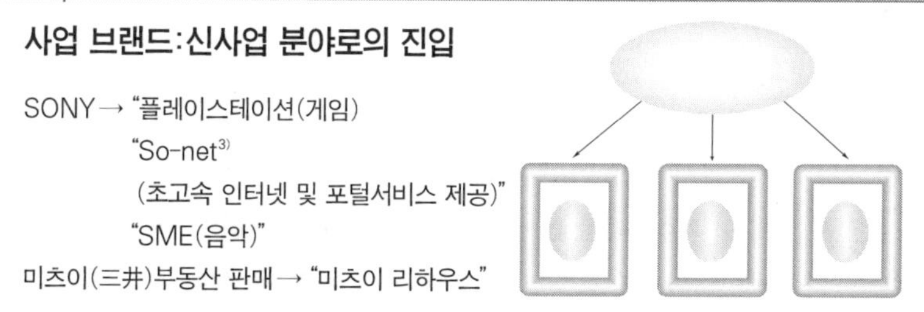

개별 브랜드

● 새로운 카테고리 상품의 도입
  SONY의 컴퓨터〔바이오(VAIO)〕
● 부진한 상품의 재강화
  산토리의 캔커피〔WEST → BOSS〕

31 새로운 브랜드 개발 단계

보다 생활자에게 어필할 수 있고 기업에게도 이익을 줄 수 있는 신상품 및 서비스의 개발과 브랜드 개발은 기본적으로는 같은 목적을 가진 작업이며 따라서 공통점도 많다. 그러나 브랜드 개발 업무 나름대로의 중요한 포인트가 몇 가지 있다.

첫번째는 제조회사가 처음 갖게 되는 의지나 의도를 한 번 검토해야 한다. 이를 위해서는 처음부터 신중한 가설 수립이 필요하다. 이후 단계에서 수용성이 낮더라도 처음의 가설 수립이 확실하다면 약간의 수정만으로 가능하게 된다. 그렇지 않으면 첫 단계부터의 재작업이 불가피하게 된다.

두번째는 생활자의 심리를 깊이 있게 파악하는 것이다. 새로운 브랜드를 받아들일 사람이 얼마나 있을까라는 양적 기준으로 판단하는 것이 아니라, 어떻게 해야 받아들일 것인가라는 관점에서 잠재적인 수요를 예측한다.

세번째는 이런 과정을 거쳐 단어로 된 브랜드 에센스가 만들어지면 다음으로 심벌 프레임을 설계하는 것이다. 많은 회의와 토론 시간을 갖고서도 역시 중요한 것은 결과적으로 "유행하고 있기 때문에", "귀엽기 때문에"라는 이유로 시장에 출시하는 경우가 있다. 이러한 과정은 브랜드 개발이라 할 수 없다. 첫번째와 두 번째 단계는 앞 장의 브랜드 유지 · 강화 (Maintenance)의 방법을 응용할 수 있으므로 본 장에서는 세 번째 단계의 심벌 프레임 개발을 중심으로 설명한다.

중요한 것은 제조회사측의 의지를 확인하면서 생활자의 마음을 읽는 것이다. 이러한 프로세스를 거쳐야 비로소 강력한 브랜드가 탄생하게 된다. 브랜드는 기업과 생활자의 약속을 바탕으로 완성되어가는 것이기 때문에, 개발 단계는 이러한 약속의 내용을 만들어가는 과정이다.

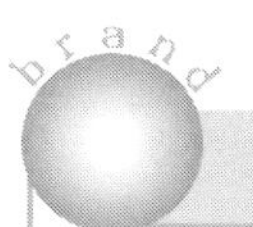

새로운 브랜드 개발의 단계

1단계: 브랜딩의 가설구축

장기적으로 목표로 하는 브랜드의 본질가치와 심벌 프레임 가설을 구축

1. 브랜드의 자기확인
● 사업전략, 상품전략의 분석 ● 신사업, 신상품의 고객분석 ● 신사업, 신상품의 강점분석(기존데이터, 자료분석 중심)

2. 브랜드의 미래상 파악
● 앞으로의 기업환경, 사업환경 ● 앞으로의 기업전략/사업비전(기업내부 인터뷰 중심)

3. 브랜드 에센스 가설의 구축

4. 브랜드 심벌 패턴 가설의 구축

2단계: 브랜딩 가설의 검증

1단계에서 구축된 브랜드 에센스 가설과 심벌 프레임 가설을 객관적으로 검증하고 최적의 브랜드 에센스와 심벌 프레임을 선택한다.

5. 브랜드 에센스 가설의 검증
● 기업내부 수용성 평가 ● 고객의 수용성 평가

6. 브랜드 에센스의 결정

7. 브랜드 심벌 패턴 가설의 검증
● 기업내부 수용성 평가 ● 고객의 수용성 평가

8. 브랜드 심벌 패턴의 결정

3단계: 심벌 프레임의 개발

결정된 브랜드 에센스와 심벌 프레임 설계에 기초하여, 구체적인 브랜드 심벌 개발과 커뮤니케이션 계획 입안을 실시한다.

9. 기본 심벌의 개발
● 브랜드 명/로고(국문, 영문) ● 브랜드 VI(Visual Identity) 마크 ● 브랜드 슬로건 등

10. 기본 심벌의 체크
● 상표 체크/디자인 조사

11. 심벌 프레임의 개발
● 표현 요소마다 심벌 개발(광고, 명함, 문구, 카달로그, 간판, 웹, 쇼핑백 등)

12. 브랜드 커뮤니케이션 계획 입안
● 내부 커뮤니케이션 ● 대고객 커뮤니케이션

32 심벌 프레임의 체계화

| 생활자의 오감(五感)을 통해 인지된 정보를 종합적으로 제어하는 것이 중요 |

브랜드의 이미지는 생활자의 브랜드에 대한 경험과 정보가 계속 쌓여 마음 속에 축적된다. 이러한 정보는 기업이 의도한 것과는 반대의 형태로 생활자에게 전달되는 경우도 있으므로 브랜드를 구축할 때에는 우선 통제 가능한 정보를 대상으로 철저한 매니지먼트를 실시하는 것이 중요하다.

다음의 그림은 생활자 측에서의 브랜드의 심벌을 체계화한 것이다. 오감 중에서도 실제로 매스 미디어 등을 통해 제어 가능한 것은 시각과 청각에 의한 것이다. 그 밖의 감각은 상품 자체에서 느낄 수 있는 질감(質感)도 있으나 여기에서는 정보 전략상 중요한 것을 생각해보기로 한다.

안쪽 원 속의 요소는 기본 심벌이며 상품·서비스 그 자체에 부가되어 사용되는 것이다. 또한 바깥쪽에 있는 것은 광고, 매장 또는 프로모션 활동 등을 통해서 인지된 것이다.

바깥쪽에 있는 표현요소의 체계가 주로 광고대행사와 디자인 회사 등의 공동작업을 통해 이루어지는 반면, 기본 심벌의 경우는 대부분 기업 자체 내에서 기획하여 실시된다. 그러나 상품 설계의 경우, 외부 컨설팅 회사를 활용하는 경우도 늘어나고 있으며, 광고 등의 커뮤니케이션 전략에 브랜드 개발자가 깊게 관여하는 경우도 많다. 즉, 브랜드의 기본 설계와 커뮤니케이션 전략은 분리하여 생각하기보다는 통합적으로 실행해야 한다는 사고가 일반화되고 있다고 할 수 있다.

즉 이를 위해서는 다양한 분야의 전문가를 적극 활용하는 프로듀서적인 발상이 현재 브랜드 매니저에게 필요하다고 할 수 있다

브랜드 프레임의 체계

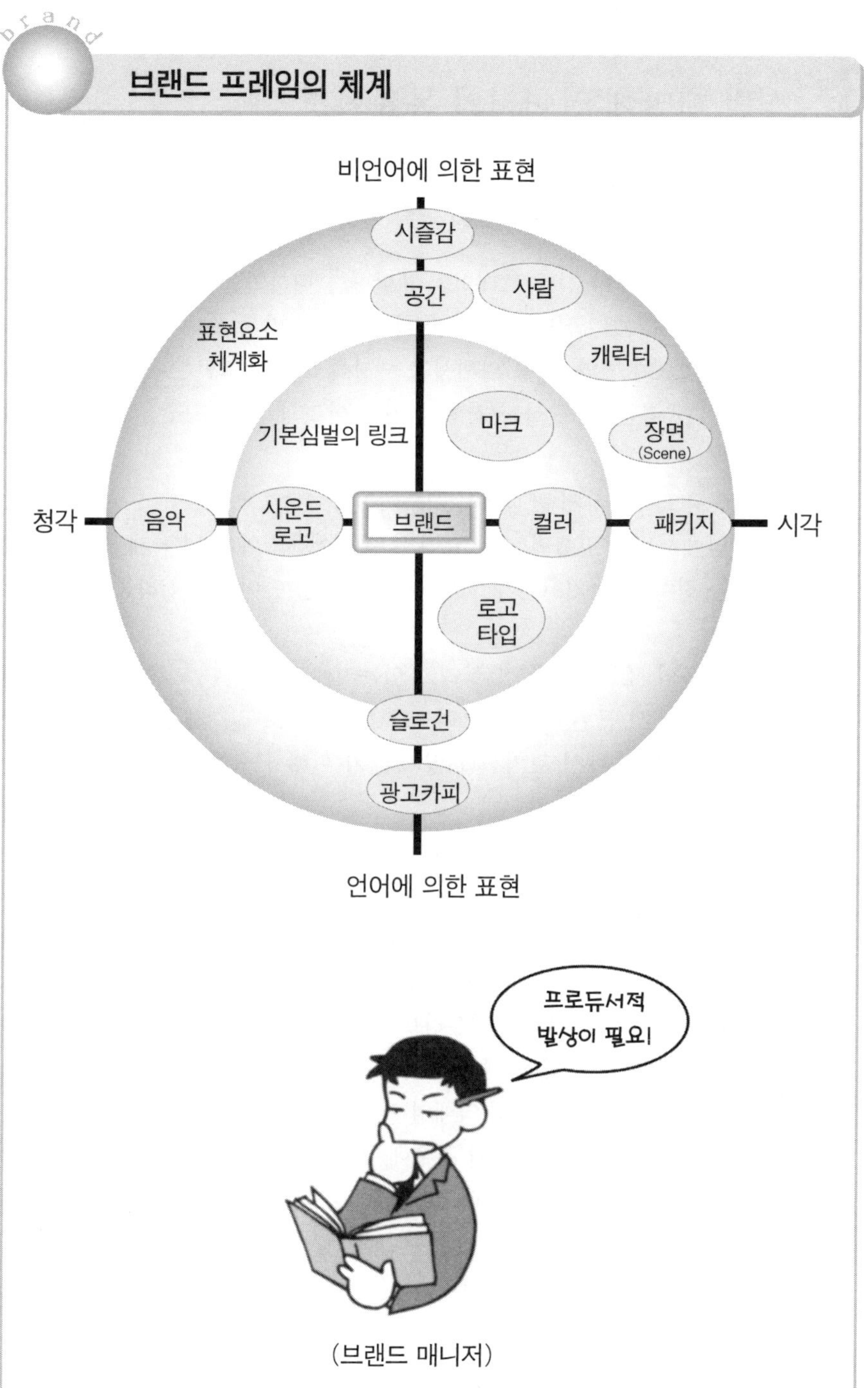

(브랜드 매니저)

33 심벌 개발에 있어서의 목표설정

| 새로운 심벌이 달성해야 할 목표를 명확히 하여 출발한다 |

앞에서 말한 것과 같이 심벌 프레임의 개발에는 디자인을 비롯한 여러 분야의 전문 스태프가 필요하다. 심벌의 내용에 따라서는 수많은 스태프를 통제하면서 작업을 관리할 필요가 있다. 이를 위해서는 사전에 작업할 심벌 프레임이 "무엇을 달성해야 하는가?"라는 목표 설정 작업을 거쳐 이것의 기준을 규정해 둘 필요가 있다.

이것의 기준은 크게 3가지 관점에서 이루어진다.

첫번째는 앞에서도 설명했던 것과 같이 브랜드 에센스와 브랜드 개성을 구현하고 있는가라는 점이다. 여기서는 몇 가지 기준이 되는 단어를 결정하는 것이 중요하다.

두번째는 고유의 표현소재를 잘 살리고 있는지에 대한 판단 기준이다. 즉 심벌을 개발하는데 있어서 근원이 되는 모티브를 효과적으로 전개해가는 것이 유효하다. 치열한 경쟁시장 속에서 포지션을 잃지 않기 위해서는 확인해야 할 출발점을 심벌에 내재시키는 것이 중요하다.

세번째는 심벌의 사용 용이성이나 전개성에 의한 판단 기준이다. 아무리 훌륭한 브랜드 가치를 표현하고 세계관을 반영했다 해도 기능성에 있어서 결함이 있는 심벌은 아무런 의미도 표현할 수 없다. 그러나 모든 기능을 충족시키는 심벌을 만들기란 매우 어렵기 때문에 경우에 따라서는 중점 항목을 설정하는 것이 좋다. 예를 들면 젊은 층을 타깃으로 한 경우라면 조금은 이해하기 어려워도 이것이 화제를 불러일으킬 가능성이 있기 때문에 기존에 중요시되어 왔던 보기에 좋은 즉 아름다움의 시각(밸런스)에 그다지 얽매일 필요는 없다.

한편 브랜드가 글로벌하게 전개될 경우에는 각국의 언어는 물론, 색과 형태 등에 대한 선입관이 없는지 또는 유사한 것은 없는지 등의 여러 가지 판단 기준도 필요하다.

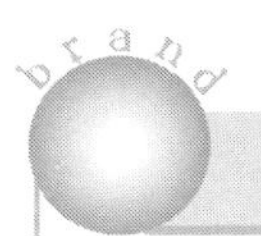

심벌 개발에 있어서의 3가지 선정 기준

심벌을 제작하고 검토/선정할 때에는
다음의 3가지 판단 기준이 있다.

①브랜드 에센스나 브랜드 개성을 구현하고 있는가?
　예: 지적, 선진성, 신뢰감, 세련, 약동감, 국제성, 건강, 즐거움,
　　　자연스러움, 인간성 등

②고유의 표현소재(모티브 등)를 살렸는가?
　예: 회사명, 창업자, 국가, 원산지, 고유기술 등

③심벌로 사용/전개하기 용이한가?

● 가독성(읽기 쉽다)

● 시인성(視認性)(보기 쉽다)

● 기억성(기억하기 쉽다)

● 심미성(아름답다, 정교)

● 독자성(다른 것에 비해 개성적)

● 전개성(유연하게 사용할 수 있다)

● 보편성(국가와 민족을 불문하고 수용 가능하다)

● 항구성(시간이 경과되어도 느낌이 신선하다)

34 심벌 개발의 구체적 단계

| 개발 내용에 따른 스태프 구성과 스케줄 · 비용 등의 매니지먼트가 중요 |

심벌 개발의 목표설정에 대응하여 구체적인 작업을 시작하기로 한다. 작업 절차에 관해서는 뒤에서 자세히 설명할 예정이므로 여기에서는 브랜드 매니저의 관점에서 "어떠한 점에 주의를 기울여 계획을 입안하고 관리해야 하는가?"라는 점을 설명하고자 한다.

작업과정은 네이밍과 같이 단어 개발에서 디자인 개발로 이행하는 것이 전문성을 높이는 길이다. 네이밍, 특히 기업 내에서 사용할 사업부 명칭이라면 사내에서의 개발도 가능하고, 경우에 따라서는 폭 넓게 공모하는 방법도 있다. 그러나 디자인에 있어서는 전문 인력을 활용하는 것이 좋다. 디자이너의 활용에 관해서는 뒤에서도 설명하겠지만 다양한 방법이 있으며, 디자인의 판단기준 또한 어렵고 복잡하다.

또한 광고, 웹, 그 밖에 응용되는 아이템마다의 개발은 한층 더 높은 전문성이 필요하기 때문에 각각의 미디어 특성을 파악하고 있는 인력을 활용할 필요가 있다. 이 경우 중요한 것은 기본심벌을 개발하는 제작 파트너의 브랜드에 대한 이해도를 향상시키는 작업이다. 이 작업의 방향성이 정확하다면 향후 표현이 달라지는 것을 상당부분 제어할 수 있다. 작업 파트너인 제작자는 아트디렉터(Art Director)가 될 수도 있고, 또는 광고대행사의 AE(기획담당)가 프로듀서로서 역할을 담당하는 경우도 있다. 가능하다면 브랜드 가치규정 단계부터 작업 인력으로 참여하는 것이 심벌 개발에 도움이 된다.

개발 범위는 브랜드의 전개 규모에 따라서도 다르다. 해외로의 전개를 전제로 할 경우에는 스태프 구성도 국내외를 망라하는 경우도 점차 늘고 있다. 그러나 이 경우에도 파트너의 선정이 무엇보다 중요하다.

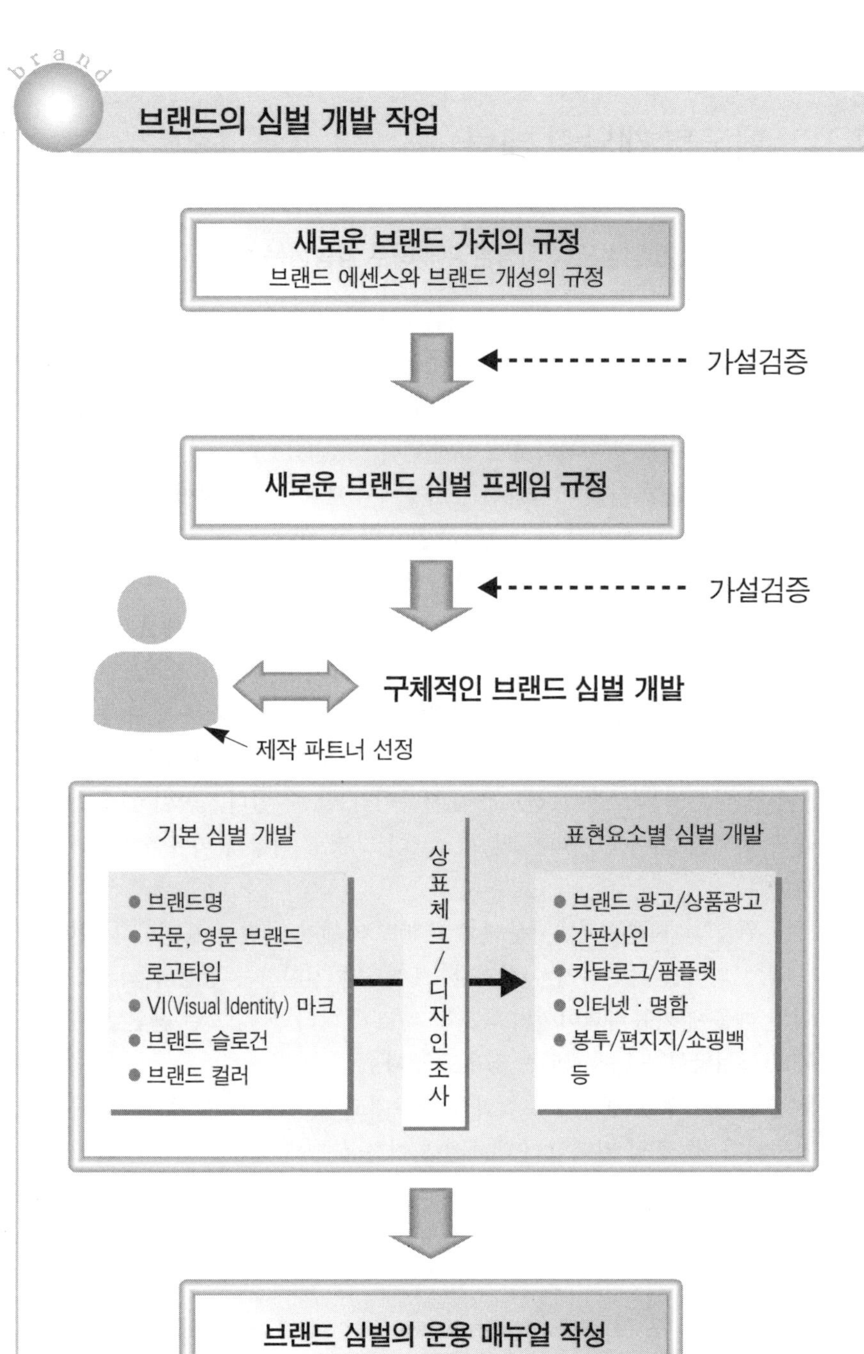

브랜드의 심벌 개발 작업
새로운 브랜드 가치의 규정
브랜드 에센스와 브랜드 개성의 규정
가설검증
새로운 브랜드 심벌 프레임 규정
가설검증
구체적인 브랜드 심벌 개발
제작 파트너 선정
기본 심벌 개발
표현요소별 심벌 개발
상표체크/디자인조사
브랜드명
국문, 영문 브랜드 로고타입
VI(Visual Identity) 마크
브랜드 슬로건
브랜드 컬러
브랜드 광고/상품광고
간판사인
카달로그/팜플렛
인터넷 · 명함
봉투/편지지/쇼핑백 등
브랜드 심벌의 운용 매뉴얼 작성

35 브랜드명 개발의 패턴

브랜드 개발에서 우선 필요한 것은 이름(네이밍)이다. 네이밍은 브랜드를 대표하는 것이며 심벌의 핵심이다. 파워 브랜드의 네이밍에는 창업자의 인명 등도 많이 존재하는데, 처음에는 어느 한 개인의 이름에 불과했지만, 일단 브랜드로 인지되면 차별성이 생겨 경쟁 우위를 확보하게 된다.

그러나 현재와 같이 경쟁이 심화되는 시장에서 브랜드를 개발할 경우에는 경쟁관계나 네이밍 패턴의 특징을 파악해두지 않으면 안 된다.

기업브랜드를 다음의 그림과 같이 방향성–식별기호라는 y축과 무의미어(無意味語)·조어(造語)·고유명사–의미어라는 x축으로 포지셔닝을 해보자. 소위 창업자명은 3사분면의 영역에 포함된다. 시간이 경과되면 강력한 브랜드로 성장할 가능성도 있지만, 이 경우 세계적으로 읽기 쉽고, 발음하기 좋은 점이 중요하다. 단어 자체에는 의미가 없어도 브랜드의 구조 안에 가치를 내포하고 있는 그룹이 2사분면이다. 비교적 새로운 브랜드가 대부분이라 할 수 있다. 즉 이 경우 브랜드 그 자체가 특별한 의미를 지니지 않으므로 어느 정도 이상의 커뮤니케이션 비용이 발생한다.

하지만 우측의 1사분면과 4사분면은 브랜드 자체가 가치를 표명하고 있다. 외국어는 쉽게 의미를 파악하기 어렵지만, 브랜드가 지향하는 방향과 의지를 내포하고 있기 때문에 커뮤니케이션의 속도는 빠르게 나타난다. 그런 반면 포기 가능성이 높고 사업방향을 한정시키는 경우도 있다.

다음 그림은 기업 브랜드의 도식화를 나타내고 있으나, 상품 브랜드의 경우도 적용 가능하다. 즉 해당 카테고리 내에서 도식화를 통해 목표로 삼아야 할 위치를 결정하는 것이다.

---

4) NTT DoCoMo: i-mode라는 무선인터넷을 제공하는 것으로도 유명한 일본 최고의 이동통신업체
5) JOMO: 일본에너지(Japan Energy)의 주유소 브랜드
6) AXA: 1984년 현재의 브랜드로 변경한 보험회사. 일본어로는 아쿠사로 읽는다.
7) 베넷세(Benesse): 다양한 교육사업을 펼치는 회사

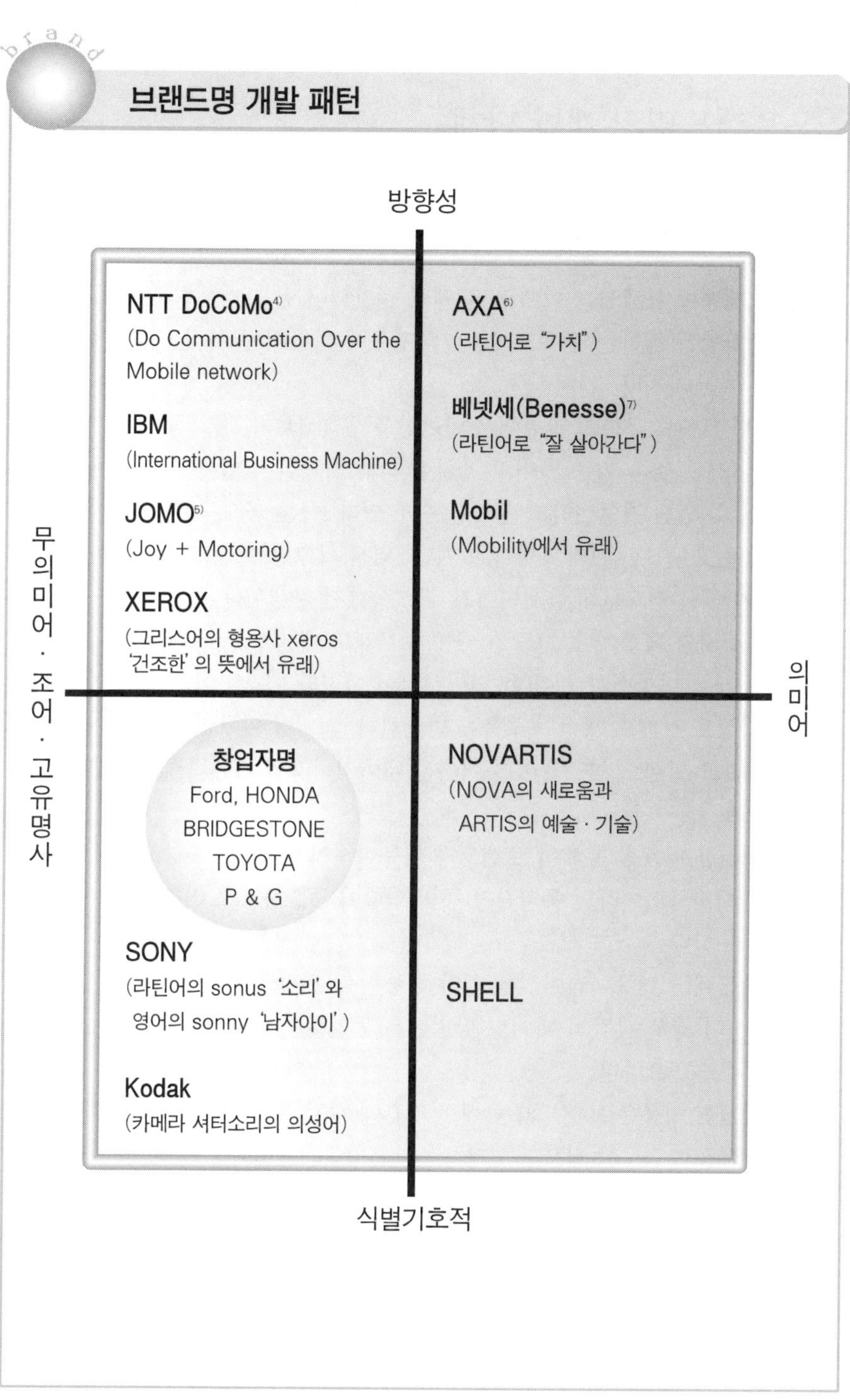
방향성
무의미어 · 조어 · 고유명사
의미어
NTT DoCoMo4)
(Do Communication Over the Mobile network)
IBM
(International Business Machine)
JOMO5)
(Joy + Motoring)
XEROX
(그리스어의 형용사 xeros '건조한' 의 뜻에서 유래)
AXA6)
(라틴어로 "가치")
베넷세(Benesse)7)
(라틴어로 "잘 살아간다")
Mobil
(Mobility에서 유래)
창업자명
Ford, HONDA
BRIDGESTONE
TOYOTA
P & G
NOVARTIS
(NOVA의 새로움과 ARTIS의 예술 · 기술)
SONY
(라틴어의 sonus '소리' 와 영어의 sonny '남자아이')
SHELL
Kodak
(카메라 셔터소리의 의성어)
식별기호적

36 브랜드명의 개발 단계

| 브랜드의 출발점으로부터 여러 면에서의 점검이 필요 |

네이밍 개발에 관해서는 이미 많은 책이 출판되어 있고 전문회사도 있다. 광고대행사가 작업을 행하는 경우도 있지만, 경우에 따라서는 사내공모를 이용하는 등 방법은 여러 가지다.

그렇다면 브랜드 구축의 관점에서 네이밍을 생각해보자.

네이밍이라는 것은 기존 언어의 조합에 의해 가능한 작업이다. 때문에 누구라도 쉽게 할 수 있는 작업이라고 생각할 수도 있다. 물론 공모를 통해 제안된 이름에서도 종종 유니크한 브랜드명이 있지만, 역시 확고한 브랜드명은 문득 떠오른 아이디어가 아닌 정교하게 설계되어진 구조 속에서 탄생된다.

네임은 심벌의 핵심이다. 그렇기 때문에 브랜드 에센스(Brand Essence)가 확고히 반영된 것이 이상적이다. 또한 의미뿐만이 아니라 어감·여운, 문자의 순서에서 받는 인상도 브랜드 개성의 구축에 반영한다. 의미상 아무리 브랜드 가치를 정확히 표현하고 있어도 친근해지기 어려운 네이밍이라면 커뮤니케이션 효과는 떨어지고 만다.

또한 어떠한 매체를 통해서 브랜드가 커뮤니케이션되는가도 중요하다. 네트워크를 가진 서비스업이라면 옥외간판 등의 역할이 중요하므로 거리의 이미지를 고려할 필요가 있다.

한편 최근에는 커뮤니케이션을 인터넷 중심으로 개발하는 브랜드도 등장하고 있다. 물론 이 경우 각각의 네이밍 방법론은 동일하지 않다. 또한 상표조사 등의 법적인 점검도 필요하다.

한번 결정된 이름은 브랜드와 함께 장기간에 걸쳐 육성되어가기 때문에 신중을 기해 다각적으로 검토할 필요가 있다.

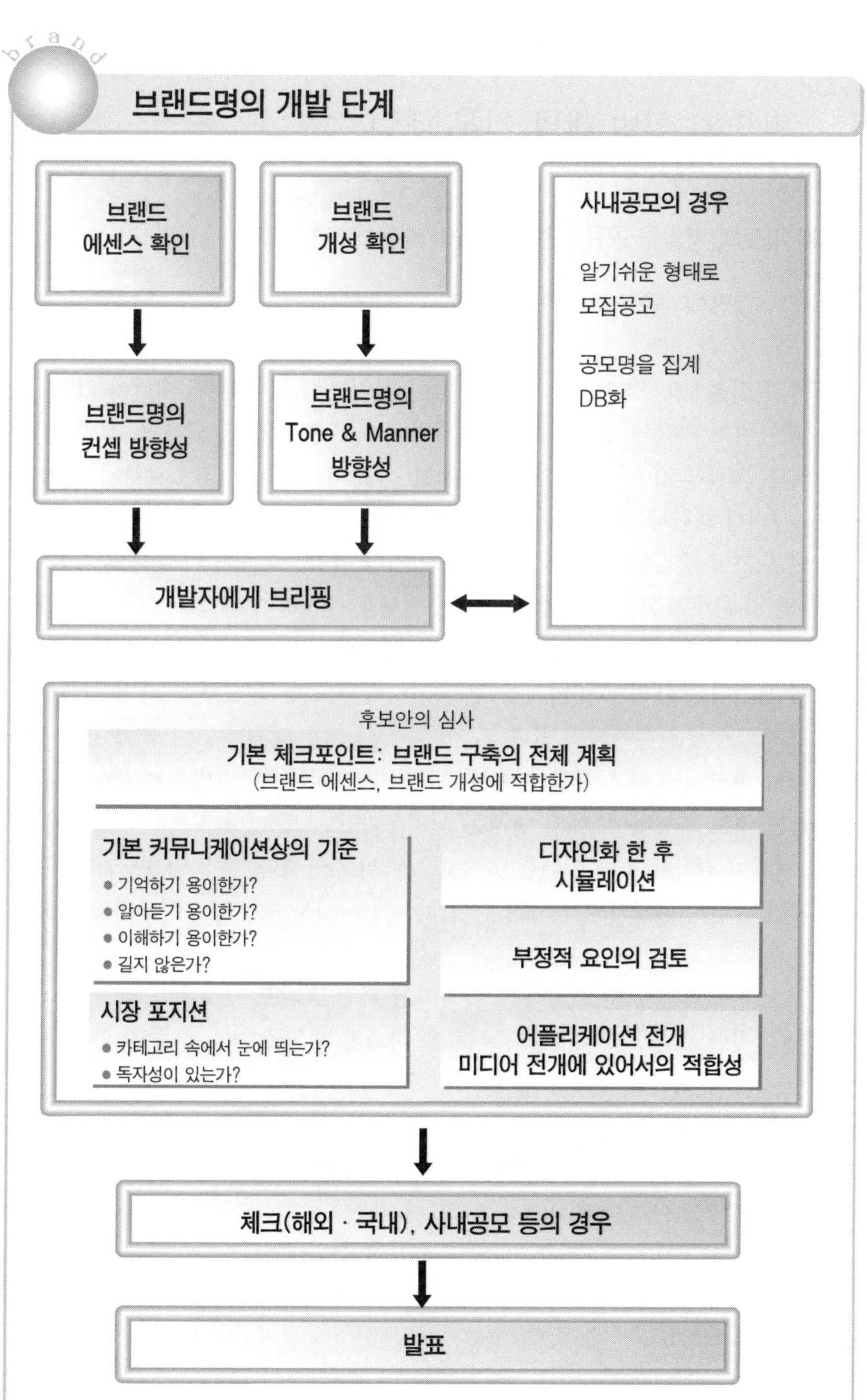
브랜드명의 개발 단계
브랜드 에센스 확인
브랜드 개성 확인
사내공모의 경우
알기쉬운 형태로 모집공고
공모명을 집계 DB화
브랜드명의 컨셉 방향성
브랜드명의 Tone & Manner 방향성
개발자에게 브리핑
후보안의 심사
기본 체크포인트: 브랜드 구축의 전체 계획
(브랜드 에센스, 브랜드 개성에 적합한가)
기본 커뮤니케이션상의 기준
● 기억하기 용이한가?
● 알아듣기 용이한가?
● 이해하기 용이한가?
● 길지 않은가?
시장 포지션
● 카테고리 속에서 눈에 띄는가?
● 독자성이 있는가?
디자인화 한 후 시뮬레이션
부정적 요인의 검토
어플리케이션 전개 미디어 전개에 있어서의 적합성
체크(해외 · 국내), 사내공모 등의 경우
발표

37 비주얼 심벌 개발 기본 패턴

| 각 파트의 역할을 공유하면서 최적의 패턴을 개발한다 |

브랜드 개발에 있어서 네이밍 이상으로 중요한 작업이 마크 등의 비주얼 개발이다.

비주얼 심벌에도 몇 가지의 요소가 있어 이러한 조합에 따른 패턴이 있다. 즉 다음 페이지의 위쪽에 정리되어 있는 심벌마크, 로고타입, 로고마크, 심벌 컬러, 사용서체, 그래픽 요소 등으로 구성되어 있다. 그러면 이러한 요소로부터 개발 가능한 4가지의 패턴에 대해서 자세히 설명하기로 한다.

우선 로고만 생각해 보자. 당연한 이야기지만 로고는 판독성이 높다고 할 수 있다. 반면 경쟁이 격심한 시장 환경에서는 개성을 유지하기 어렵다. 그러나 사례를 통해서 보는 것처럼 파워브랜드도 많이 존재한다. 전통적 방법인만큼 자신감을 느끼게 하거나 구체적인 이미지가 부가되는 경우도 있다. 또한 매체에 상관없이 이미지의 공통성을 유지하기 쉽다.

로고와 마크의 조합은 가장 자주 이용되는 패턴이다. 이 방법으로 이미지를 부가시키는 것도 가능하며, 네임 변경은 어려우나 브랜드 이미지는 바꾸고 싶을 경우 등 제약이 있을 경우에 이러한 마크로 보완이 가능하다. 가장 자유도가 높은 조합이지만 경쟁 브랜드와의 유사점을 피해야 하며 사용 매뉴얼도 정교화할 필요가 있다.

로고의 마크화는 단순화를 통한 이미지의 확장 효과도 가져온다. 비교적 새로운 방법이지만 브랜드명 자체를 용이하게 이해할 수 있는가가 중요하다. 또한 지나친 이미지의 혁신을 추구한 결과 이름이라는 가장 기본적인 이미지 자산을 훼손하지 않는 주의가 필요하다.

로고와 패턴 등의 그래픽 요인의 여러 가지 조합도 가능하다. 하지만 이 경우 지나친 색채에의 의존은 주의해야 한다. 색채에의 의존이 커지면 매체에 따라 전혀 상이한 이미지가 생길 수 있으므로 주의가 필요하다.

8) JTB(Japan Tourist Bureau): 여행사
9) 모리나가(Morinaga): 제과업체

비주얼 심벌의 기본 패턴

심벌마크

브랜드를 바라보는 시각, 소구해야 할 이미지를 시각 기호화한 것

로고마크

심벌마크와 로고타입을 일체화하여 디자인한 것

사용서체

심벌마크, 로고타입 등의 디자인 요소와 조합하여 성명, 주소 등을 표기할 때 이미지를 통일하기 위해 선정, 사용하는 서체

로고타입

브랜드의 명칭이나 약칭 등을 디자인한 오리지널 서체

심벌컬러

브랜드의 이미지를 특정 컬러로 표현하여 의도적 · 계획적으로 사용함으로써 강하게 어필하는 디자인 수법

그래픽 요소

사인이나 각종 인쇄물 등에 연출을 목적으로 사용되는 선이나 패턴 등

개발의 주요 4 패턴

로고: 로고타입으로만 심벌화를 도모한다

판독성은 높지만, 개성표현의 어려움

로고와 마크의 조합

심벌마크에 로고타입을 조화시킴 심벌의 다면적인 전개 도모 가능

로고의 마크화

특징 부여와 전개력의 두 방향을 강화할 수가 있다

로고+그래픽 요소

로고타입에 패턴 등의 요소를 추가한 것 폭 넓은 전개력을 기대할 수 있지만 지나친 패턴화는 번잡해질 우려

38 브랜드 심벌과 컬러

거리에서 자신의 거래 은행을 찾고 있을 때, 또는 슈퍼마켓이나 편의점에서 늘 애용하는 음료수를 찾고 있을 때, 사람들은 우선 색으로 찾는다고 한다. 즉 "녹색 간판은…" "빨간 패키지는…" 어디에 있는지 색으로 위치를 파악하는 것이다. 그러므로 브랜드에서 색은 다른 것과 구별하여 자신만의 고유 이미지를 지니기 위한 하나의 중요한 요소가 된다.

컬러가 지니는 이미지 확장은 어느 의미에서는 국경을 초월하는 공통성이 존재한다고 할 수 있다. 주요한 컬러와 이미지, 또한 이러한 컬러를 심벌화하는 브랜드를 다음 페이지에 도표로 정리하였다.

브랜드의 심벌컬러를 선택할 경우, 각각의 컬러 이미지와 브랜드 에센스와의 관련성이 중요하다는 것은 말할 필요도 없다. 다만, 이 경우에는 같은 카테고리 내에서 유사한 색에 집중할 위험도 있다.

한편 색상의 선택에 있어서는 업계마다 여러 가지 경험과 규칙이 있다고 한다. 예를 들어 "식품에는 검정색을 메인 컬러로 사용해서는 안 된다", "증권은 빨간색이 효과적이다"와 같은 것들이다. 그러나 철저히 설계된 브랜드를 살펴보면, 이와 같은 선입관을 없애고 결과적으로 새로운 포지셔닝을 창출하는 예도 적지 않다.

따라서 이를 위해서는 사전에 철저하게 시뮬레이션해 볼 필요가 있다. 최근에는 컴퓨터 화면을 이용하여 거리 속에 간판을 직접 설치하거나, 매장 안 진열대에 직접 패키지를 놓아보거나, 또는 이것들을 이용한 자체 조사도 가능하다. 다만 패키지나 간판 등의 경우에는 대상물의 소재에 따라 빛을 발하는 것도 있는데 이 경우는 추가 비용이 발생하기도 하므로 주의할 필요가 있다.

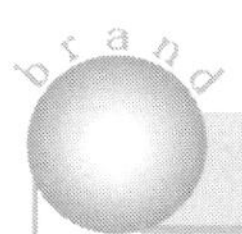

브랜드 컬러의 요소

색채의 상징성과 심벌컬러의 사례

- 빨강: 정열, 환희, 사랑, 파워(시각성이 뛰어나 국기에도 많이 사용됨)
  → JAL, 말보로, 코카콜라, 페라리

- 주황: 쾌적, 기쁨, 따뜻함, 활발함
  → WiLL, JAS, 에르메스, glico

- 노랑: 발전, 명랑, 빛남, 쾌활
  → 코닥

- 녹색: 젊음, 희망, 편안함, 느긋함(무지개 중 가운데 색)
  → 베네통, 후지필름, 닛코 빈즈(역자 註; Case study 참조)

- 파랑: 침착함, 성숙, 순수, 청량, 안심
  → ANA, 니베아, 마일드세븐, 골드만삭스

- 보라: 엄숙, 지혜, 신비, 고귀(일본)
  → 시세이도, 도쿄 오페라시티

39 비주얼 심벌 개발 단계

| 말로 결정된 내용을 정확한 형태로 변환할 필요가 있다 |

동서양을 막론하고 가문을 상징하는 '문장(紋章)'이라는 것이 존재할 정도로 마크의 역사 자체는 꽤 오래 전으로 거슬러 올라간다. 오늘날도 기업가의 문장을 심벌로 사용하는 기업도 있으며, 특히 일본의 백화점 등에 이러한 경우가 많이 있다.

80년대에 들어서면서 CI(Corporate Identity)의 중요성이 대두됨에 따라 실제 많은 기업이 CI작업을 실시하면서 기업마크에 있어서도 다각적인 접근이 시도되었다. 또한 브랜드 관리의 중요성이 강조되면서 상품 브랜드와 사업 브랜드의 마크도 관리하게 되었다.

하지만, 그 결과 너무나 많은 마크가 시장에 쏟아져 나왔다. 이러한 정보환경 속에서 브랜드 구축에 공헌할 수 있는 마크를 개발하기 위해서는, 설계과정을 보다 정교화할 필요가 있다. 마크의 개발도 네이밍 개발과 동일하게 브랜드 에센스와 브랜드 개성의 확인 작업에서부터 시작한다

하지만 네이밍과의 차이는 '단어'로 쓰여진 브랜드 에센스와 브랜드 개성을 단어 이외의 '형태'로 변환하는 프로세스가 들어간다는 것이다. 가이드라인 없는 수많은 아이디어의 경우, 최종 작업에는 더 많은 노력이 필요하다. 때문에 작업 전에 조건을 명쾌하고 확실하게 정리할 필요가 있다.

· 경쟁 브랜드와 비교하여 독창성이 있는가?
· 전개할 매체는 무엇이 중심인가? 이용할 매체 속에서의 선명도는 어떠한가?
· 유사성과 관련하여 법적인 부분도 점검하였는가?
· 디자인의 흐름 속에서 위치 부여는 어떠한가?

이러한 작업은 광고대행사와 디자인회사의 노하우 부분에 해당되기 때문에, 최근에는 워크숍의 형태를 이용하여 관계자가 참가한 후 다양한 의견을 나누면서 결정해가는 스타일도 늘어나고 있다.

비주얼 심벌 개발의 단계

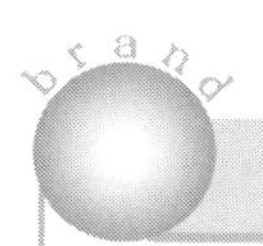

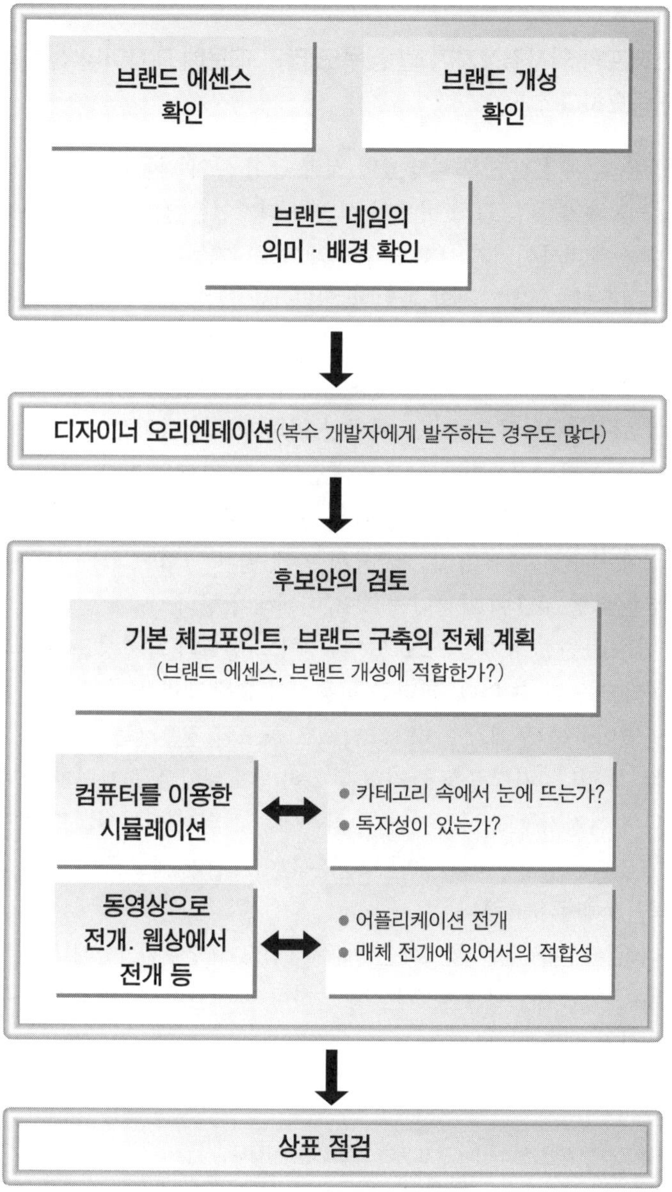
브랜드 에센스 확인
브랜드 개성 확인
브랜드 네임의 의미 · 배경 확인
디자이너 오리엔테이션(복수 개발자에게 발주하는 경우도 많다)
후보안의 검토
기본 체크포인트, 브랜드 구축의 전체 계획
(브랜드 에센스, 브랜드 개성에 적합한가?)
컴퓨터를 이용한 시뮬레이션
● 카테고리 속에서 눈에 뜨는가?
● 독자성이 있는가?
동영상으로 전개. 웹상에서 전개 등
● 어플리케이션 전개
● 매체 전개에 있어서의 적합성
상표 점검

40 심벌개발에 있어서 디자이너의 활용

| 개발 스태프의 의사결정자가 될 경우도 많기 때문에 디자이너 선정은 그만큼 중요하다 |

심벌 개발은 앞에서 간단히 설명했던 것과 같이 사외 전문 인력을 선정하는 방법이 큰 비중을 차지한다. 특히 비주얼 심벌의 디자인은 앞으로의 심벌 전개의 핵심이 되기 때문에 디자이너가 브랜드 구축의 파트너가 되는 경우도 있다.

디자이너 활용에는 몇 가지의 패턴이 있다. 우선 한 곳을 지명할 것인가 혹은 몇 개 회사의 경쟁 PT[10])를 통해 선정할 것인가를 선택한다. 지명하는 경우도 사내·사외가 있으며, 사외의 경우도 국내·해외라는 선택 대안이 있다. 또한 주로 특정 분야의 일을 해온 사람보다는 다양한 카테고리의 경험을 쌓은 사람이 브랜드의 모습을 보다 혁신적이며 신선하게 제공해주는 경향이 있다. 반면, 상품 브랜드의 경우에는 상품 카테고리에 대해 매우 정통한 사람이 더 좋을 수도 있다. 결국 과거에 실적이 부진한 사람이나 지금까지 함께 일한 경험이 없는 사람을 갑자기 선정하는 것은 위험 부담이 따른다는 것을 이해해야 한다.

경쟁 PT에는 완전한 공개 공모도 있지만, 어느 정도의 화제성을 원한다면 일반적인 방법이라고는 할 수 없다. 과다한 비용이 소요될 뿐만 아니라 공모 수준의 폭 역시 천차만별이라는 문제가 있다. 그러므로 공모의 경우에는 지명 공모가 일반적이라고 할 수 있다. 지명수를 늘리면 확실히 검토대안은 증가하지만 막대한 비용이 소요되며 선정기준도 어려워진다. 최근에는 해외의 디자이너도 공모에 참여하는 경우가 있다. 이 경우 시간적인 비용은 들어가지만 새로운 시각과 대안을 넓힐 수 있다는 점에서 유효하다.

다만 이러한 경쟁을 통한 공모에는 채용 경험도 요구된다. 이때 사무국 역할을 하는 코디네이터를 외부에 위탁하는 것도 하나의 대안이며, 해외의 경우에는 이 방법이 효율적일 수도 있다.

---

10) 경쟁PT: 경쟁 프리젠테이션은 기업이 광고 등의 프로젝트를 진행하고자 할 때 다양한 전문회사가 참여하여 공개경쟁 발표를 통해 해당업체를 선정하게 된다. 최근 경쟁을 통해 공개적으로 선정하기 위해 일반적으로 사용되고 있는 방법이다.

비주얼 심벌 개발에 있어 디자이너 브리핑

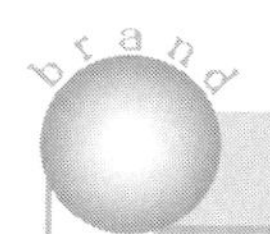

새로운 브랜드를 비주얼적으로 상징하는 베이직 디자인의 개발은 "누가 행할 것인가"라는 점이며, 다음과 같은 개발 방법을 생각할 수 있다.

지명개발
특정 디자이너 혹은 디자인 회사에서 개발

→

파트너는 안정적으로 작업을 진행시킬 수 있지만 선택의 폭이 좁다

→

자사 내 개발
비용은 최저지만 뛰어난 질을 기대하기 어렵다

국내
광고대행사나 디자인 프로덕션의 발주가 일반적 발주처에 따라 비용은 크게 변한다

해외
국제 수준의 디자인을 기대할 수 있다

지명공모
복수의 디자이너 혹은 복수의 디자인 회사의 지명 공모

→

파트너형의 작업이 어려우며 선택의 폭이 많고 비용이 소요되

→

포인트
- 대상은 몇 개사(몇 사람)인가?
- 국내만 한정할 것인가?
  국외를 포함할 것인가?

해외만의 경우
- 국내 사무소를 프로듀서로 활용할 것인가?
- 직접 발주할 것인가?
- 스케줄의 장기적 관리

공개 공모
완전한 공개 공모

→

참신한 아이디어를 기대할 수 있고 화제성도 있지만 비용이 상당히 소요된다

→

기간, 경제적 비용이 꽤 소요된다
퍼블리시티 효과는 크지만 일류의 전문가가 응모할 가능성은 낮다

그다지 일반적이지 못하다

41 새로운 브랜드의 상표관리 포인트

| 새로운 브랜드의 가치를 유지하기 위해 법률적으로 대응한다 |

새로운 브랜드를 개발함에 있어 잊어서는 안 되는 것이 상표를 조사하는 일이다. 훌륭한 네이밍도 상표등록법상 사용할 수 없다면 지금까지의 작업은 쓸모없게 되어버린다. 특히 국제상표조사 등에서는 막대한 비용과 시간이 걸리는 경우도 있다. 이러한 조사 자체는 전문가에게 위임하더라도 브랜드 개발에 관여하는 조직원들에게도 최소한의 상표지식은 필요하다

상표등록은 상품이나 서비스에 따라 총 42개의 구분으로 나뉘며(일본의 경우), 어느 분야로 신청할 것인가가 중요하다. 누구나가 생각할 수 있는 좋은 네이밍의 대부분은 이미 등록되어 있기 때문에 복수 분야로 등록하는 것은 쉽지 않다. 또한 국가마다 상표제도나 등록방식이 다르기 때문에 전세계에서 상표로 사용하기 위해서는 더욱 많은 노력이 요구된다. 다만, 한번 등록을 마치면 유사상표에 대해 사용금지 청구나 손해배상 청구가 가능하며 독점적으로 해당 브랜드를 사용할 권리를 획득할 수 있다.

무엇이든 상표등록이 가능한 것은 아니다. 일반적인 명칭이나 장소의 이름 등은 상표권의 취득이 불가능하다. 기업명과 보통명사로 조합된 브랜드는 히트상품이 되어도 상표 취득이 불가능하므로, 타사로부터 많은 유사상품이 출시되어 가격경쟁에 휘말린 경우도 흔하게 발생한다. 밴드 에이드(Band Aid), 탁규빈(宅急便), 제록스(XEROX), 포스트 잇(Post-it) 등이 강력한 브랜드인 것은 이러한 이유 때문이다.

다만 상표조사나 특허청의 심사가 전부는 아니다. 인간의 판단이 절대적이라고 할 수는 없기 때문이다. 특히 도형을 이용한 상표의 경우, 엄밀한 평가가 요구되면 시간과 경비상 상당한 노력이 요구된다. 나아가 최근에는 부정경쟁방지법에 의해서 상표법에 의존하지 않는 소송도 증가하고 있다.

이처럼 상표등록만 마치면 모든 것이 완전하다고 할 수 없기 때문에 신규 브랜드를 개발할 경우, 가능하면 등록상표로 하는 것이 좋다.

상표조사의 포인트와 방법

■ 표기법상 상표란?

"상표"란 문학, 도형, 기호, 입체적 형태 혹은 이것들의 결합 또는 이것의 색채의 결합으로, 다음과 같은 것을 말한다.
1. 사업으로 상품을 생산하고, 증명하고, 또는 양도하는 자가 상품과 관련하여 사용하는것
2. 사업으로 업무를 제공하고, 또는 증명하는 자가 업무에 있어서 사용하는 것

■ 상표와 상호의 차이(일본)

	상 표	상 호
기 능	자기 상품이나 서비스 표시	영업상의 활동에 있어 자기 표시
권리가 미치는 지역	일본 전국	최소행정구역(시, 군, 구)
형 태	문자, 디자인, 형태, 기호 등	문자(로마자는 불가)
기 간	10년간(갱신가능)	무제한

■ R표기와 TM, SM

R마크는 해당상표가 등록상표인 것을 의미하는 표시다. 이것을 표시할 의무는 없지만, 해당상표와 자사와의 관계를 알리거나, 유사상표와의 견제를 목적으로 사용한다. 그러나 등록상표가 아닌 것에 R마크를 표시하는 것은 금지되어 있다. 또한 TM(Trade Mark의 약자)이나 SM(Service Mark의 약자)은 등록상표가 아니라도 표시 가능하며, 해당상표의 출처를 분명히 하거나, 해당상표와 상표사용자의 관련성을 강조하는 효과를 기대할 수 있다.

■ 간단한 상표조사의 절차

1. 상표조사의 필요성을 검토한다.

2. 조사할 네이밍, 마크를 결정한다.

3. 조사할 분야와 분야 속의 상품군을 결정한다.

4. 특허사무소에 조사를 의뢰한다.

5. 동일성 조사의 실시(동일 이름이 있는가를 DB 등을 사용하여 간이조사)

6. 본조사의 실시(동일 체크에 의해 정리된 자료를 세부조사)

7. 사용할 상표를 결정한다.

42 외부로부터의 브랜드 획득

| 라이센스, 제휴, 인수 · 합병에 의해 브랜드를 획득한다 |

자사가 직접 브랜드를 개발하지 않고 다른 방법으로 브랜드를 개발하는 방식을 설명하려 한다. 원칙적으로 마케팅 활동은 자사 브랜드의 자산육성을 목표로 이루어지지만, 경우에 따라서는 외부 브랜드 자산을 사용하여 시간과 비용을 경감하는 것도 선택할 만한 대안의 하나다.

첫번째로 생각할 수 있는 것이 강력한 브랜드의 라이센스를 획득하는 방법이다. 소위 라이센스 브랜드는 매출 증가뿐만이 아니라, 자사의 지위상승과 새로운 고객창출과도 연결된다. 한편 카테고리를 지나치게 확장한 브랜드는 순간적으로 가치가 하락하는 경우도 있다. 또한 라이센스에는 매출은 증가하는데 이익이 발생하지 않는 문제점도 있다.

두번째는 타사와 제휴하여 브랜드를 함께 이용하는 방법이 있다. 제휴한 브랜드의 가치가 자사 브랜드를 보완하며 부가가치를 창출할 수 있다. 미국에서는 스타벅스의 점포가 들어 있는 서점, 은행들이 증가하고 있다. 또한 ANA(전일본항공)가 글로벌 이미지의 획득을 위해 Star Alliance[11]의 산하에 들어간 것도 이러한 움직임의 일례다. 앞으로는 한층 더 나아가 메이커와 유통업자의 브랜드에 의한 제휴 가능성도 전망해볼 수 있다.

세번째로는 타사로부터 브랜드를 인수 · 합병(M&A)하는 방법이다. 1980년대 말에 필립 모리스(Philip Morris)가 크래프트(Kraft)의 유형자산을 장부가격의 4배 이상으로, 또한 네슬레가 킷캣(KitKat) 등을 거느린 롱 트리(Long Tree)를 장부가격의 5배 이상으로 인수했다. 이것들은 상품브랜드를 포함한 기업브랜드의 자산을 평가한 결과로서의 기업인수라고 할 수 있다. 이 밖에 기꼬망(일본 간장 메이커)이 델몬트의 상표권만을 분리하여 매수한 사례도 있다.

결론적으로 유형 자산과 브랜드 자산을 분리하여 명확히 평가하는 것이 중요하다 하겠다.

11) Star Alliance: 세계 최대의 항공사 동맹.
AC(에어캐나다), AN(안셋호주항공), BD(영국항공), LH(독일항공), MX(멕시코항공), NG(오스트리아항공), NH(아나일본항공), OS(오스트리아항공), RG(브라질항공), SK(스웨덴항공), SQ(싱가포르항공), TG(타이항공), UA(유나이티드항공) 등

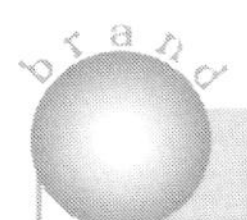

사외로부터 브랜드 획득

사외로부터 브랜드 획득의 예

□ 브랜드에 의한 제휴, 라이센스의 예

● 유키지루시: 네슬레, 게토레이, Dole
● SUNSTAR: GUM, 아쿠아 후레쉬
● 모리나가유업: Kraft, 에스키모, 스위스 에미, 썬키스트
● 아지노모토: 크노르
● 가오: 니베아
● KIRIN: 시그램
● WiLL:(TOYOTA+아사히맥주+가오(花王)+마츠시다+긴키니혼관광+glico+고쿠요)

□ 브랜드를 대상으로 한 합병·매수의 예

● Philip Morris: Kraft(플레이어즈 포함)
● Nestle: 마기, 핀더스, 로레알, 카네이션, 부이토니, 롱트리(킷캣, 폴로 포함), 페리에, 아르포
● 기꼬망: 델몬트(아시아, 오세아니아에 있어 영구사용권)
● 베넷세: 벨릿츠
● 쿄세라: 야시카, MITA
● 후지츠: 제네랄
● 일본레버: 마림
● 롯데: 보덴
● 아지노모토: 칼피스
● 일본제화: Regal (그 후 Regal Corporation으로)

메이커와 유통업 관계에 있어 브랜드의 정의

〈National Brand=NB〉
―전국 단위의 브랜드 파워와 유통 지배력을 가진 메이커 브랜드

〈Packer Brand=PCB〉
―원래 유통업 산하의 제조업자 브랜드로 전국적으로 유통은 되지만, 광고를 집행하지 않는 브랜드
　최근 메이커와 유통업자간의 거래체계의 재인식과 함께 등장한 Open Price 상품의 대다수가 여기에 해당한다

〈Controled Brand=CB〉
―소매업자와 제조판매업자로 역할을 분리한 브랜드. 양측의 브랜드명을 사용할 경우는 Double Chop(DC)이라고도
　불린다. 소매의 통제하에서 NB의 지명도나 신뢰성을 효과적으로 활용하는 방식

〈Generic Brand=GB〉
―상품 본래의 기능만을 추구하는 반면, 필요 없는 장식 부분을 제외시킨 브랜드. No Brand라고도 불린다

〈Private Brand=PB〉
―유통업자의 목적, 기획에 따라 메이커가 제조한 브랜드. 유통 단독의 이름을 사용한다
―PB 중 소매업자의 형태에 따라 브랜드를 Store Brand(SB)라고 부르며 구별하는 경우도 있다

〈OEM〉
―다른 메이커로의 제품공급

| 연예계의 브랜드화 |

가수나 배우, 탤런트 등은 각 개인이나 그룹의 이름이 말하자면 상품으로 취급되고 있다. 팬은 개인이나 그룹의 고객이었던 것이다.

그러나 최근에는 조금 상황이 달라졌다. 특정인이나 그룹뿐만이 아니라 연예 프로덕션과 프로듀서가 팬으로부터의 인지도를 높여 'OO계' '×× 프로듀스'라는 소속사가 데뷔와 동시에 큰 뉴스거리가 되고 있는 것이다. OO 기획(역자 註; 예를 들면 한국의 SM기획)이라는 것만으로 어느 정도의 인기를 모을 수 있기 때문에, 이러한 현상은 마치 연예 프로덕션이 브랜드화하고 있다고 볼 수 있다.

브랜드 체계라는 점에서 생각해보면 고객의 브랜드 인지가 상품 수준에서 사업·기업 수준으로 이동하여 경쟁 국면이 변화한 것이다. 이러한 배경에는 미디어의 발전과 함께 모두가 정보통이 되었다는 점을 들 수 있다. 고객의 정보환경이 브랜드의 경쟁축을 변경시킨 예라고 할 수 있다.

제 4 장

브랜드 체계를 어떻게 구축할 것인가?

43 브랜드 계층

| 우선 자사 브랜드 계층구조를 체계적으로 점검한다 |

브랜드 체계를 고려할 때 우선 정리해야 할 작업이 자사 브랜드의 계층구조를 규정하는 일이다. 브랜드의 계층구조를 파악하는 방식은 가지각색이기 때문에 기업에 따라 각 계층에 대한 명칭은 차이가 날 수 있다. 오히려 중요한 것은 브랜드 체계에 대한 전략을 수립할 때, 자사가 갖고 있는 복수의 브랜드가 어느 계층에 위치하며 이것에 관한 의사결정자는 누구인가를 명확히 하는 것이다.

브랜드 계층을 규정하는 방법은 다양하지만, 현재 가장 널리 쓰이고 있는 것은 기업 브랜드, 사업 브랜드, 패밀리 브랜드, 개별 브랜드의 4개 구조로 정리하는 방식이다. 이 방식은 계층구조가 어떻게 되어 있는가를 우선 파악하여, 조직상의 의사결정 수준을 분명히 하기 위해 이용된다.

단지, 기업 브랜드, 사업 브랜드, 패밀리 브랜드, 개별 브랜드라고 하는 계층은 어디까지나 모형에 불과하고 현실적으로 어느 단계까지 계층구조로 표시할 수 있는지는 업종이나 사업구조에 따라 매우 다르다.

4가지 계층 외에도 기업 브랜드의 상위에 미츠비시(三菱) 스미토모(住友) 도큐(東急)라는 기업 그룹 브랜드[1]가 있다. 최근에는 합병이나 분사, 지주회사의 설립에 따른 기업과 기업그룹간에서의 브랜드 관리문제가 중요한 테마로 대두되고 있다.

또한 GOA(도요타), GDI(미츠비시 자동차), 에코 드라이브(시티즌)[2]라는 기술명칭이나 채널명, 아이템이나 모델명 등도 하나의 브랜드 계층단위로 생각할 수 있다. 따라서 기업 자체적으로 관리대상의 필요성이 생긴다면 기술명칭이나 아이템, 모델명과 같은 계층도 추가하여 브랜드 체계 내에서 관리할 필요가 있다.

---

1) 일본에서는 그룹집단이라고 부르고 있으며, 우리나라 경우 삼성그룹, LG그룹, SK그룹과 같은 경우를 말한다.
2) 에코드라이브(Eco-Drive): 시티즌(Citizen)에서 개발한 전파(電波)시계로 태양광 등의 광에너지를 태양전지(Solar cell)를 통해 전기에너지로 변환하여 이것을 2차전지로 축적하여 동력원으로 하는 충전식 발전시계. 전지교환이 불필요.

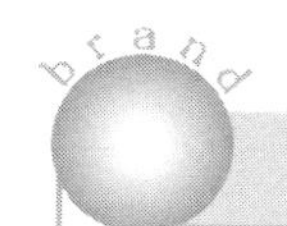

모든 브랜드 계층을 어떻게 파악할 것인가

4개의 브랜드 계층과 그 특징

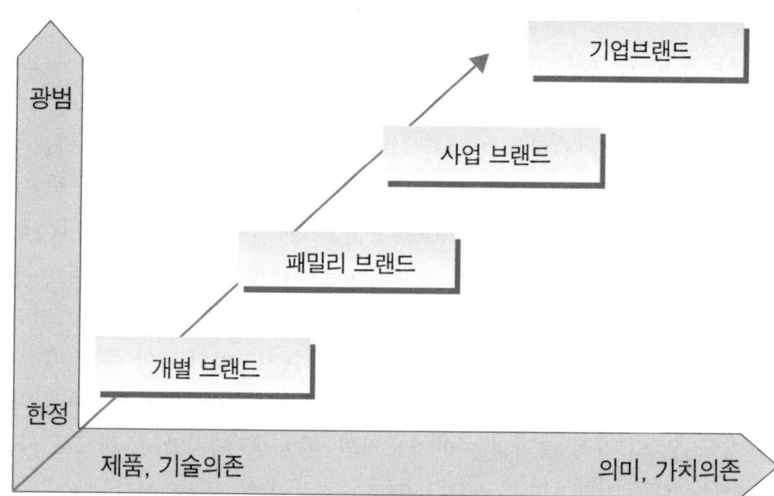

층 명	정 의	구체적 예
기 업 브 랜 드	기업의 모든 제품이나 서비스에 공통된 브랜드	IBM, 도요타, 캐논, SONY, JT, NEC, JTB, SUBARU, Mitsu-kan, JOMO, NICOS 등
사 업 브 랜 드	기업의 특정사업 제품이나 서비스 모든 것에 공통되는 브랜드	National, Panasonic, OPEL, Pontiac, Acura, Del Monte, MANNS WINES 등
패 밀 리 브 랜 드	복수의 카테고리에 속하는 제품군에 공통된 브랜드	LUX[3], 식물이야기, VO5, 소니〔man〕 시리즈, 이쿠시즈[4], WiLL 등
개 별 브 랜 드	개개 상품이나 서비스에 적용된 브랜드	메리트[5], 컵누들[6], 코카콜라, 슈퍼드라이[7], i-mac 등

3) LUX: 일본레버(Nippon Lever)에서 만드는 샴푸 등의 제품

4) 이쿠시즈[ixi:z]: 교쿠토(極東)노트(KYOKUTO)에서 만드는 학습용 노트 브랜드

5) 메리트: 가오(花王)에서 만드는 헤어케어 제품

6) 컵누들: 닛신식품에서 만드는 컵라면 7) 슈퍼드라이: 아사히맥주

기업 브랜드란 무엇인가?

| 기업의 제품과 서비스의 모든 것에 공통으로 부여되는 브랜드 |

기업 브랜드의 명칭에는 IBM이나 캐논(Canon)과 같은 기업명이 그대로 브랜드가 되어 있는 경우와 JT(일본담배)나 NEC(일본전기)와 같이 영문 기업명의 머리글자를 브랜드명으로 사용하는 기업 등이 있다. 또한 기업명과는 전혀 다른 페트네임(Pet Name)[8]이나 애칭을 대부분의 주요제품에 붙여 기업 브랜드로 이용하고 있는 사례도 증가하고 있다. SUBARU(富士重工)나 펜탁스(旭光學), KINCHO(大日本除蟲菊) 등이 그 전형이다.[9] 반대로 Maruha(大洋漁業), Konica(小西六寫眞工業), Nikon(日本光學) 등과 같이 브랜드명을 기업명으로 발전시킨 기업도 있다.

또한 로고나 마크에 있어서도 명함 등에 이용하는 기업의 CI와 주로 매장이나 광고, 패키지 등에서 브랜드로 이용하는 것을 분리하여 사용하는 경우가 있다. 일례로 아지노모토의 정식 기업명은 한자표기의 '味の素' 이지만, 브랜드로 사용할 때에는 영문으로 표기한 AJINOMOTO 라는 로고가 통상적으로 사용되고 있다. 발음은 똑같은 아지노모토이지만 듣는 이의 느낌은 매우 다르다. 도요타의 경우도 일본어 가타카나 표기인 'トヨタ'(도요타)와 자동차의 새로운 엠블램(Emblem)으로 개발한 도요타 마크를 사용할 때 각각 구분하여 사용하고 있다. 즉 매장이나 자동차에는 도요타의 마크가 사용되지만, 명함에는 TOYOTA 의 로고, 사장(社章)에는 가타카나의 'トヨタ'(도요타) 가 사용되고 있다.

이러한 전략을 구사하는 이유는 단일기업 브랜드로서 자사의 전제품을 하나의 우산 밑에 두어 전개하려는 단순한 목적과, 하위계층 브랜드를 지원하는 목적으로 2계층, 3계층의 최상위 브랜드로 이용하는 경우가 있다.

하지만 무엇보다 중요한 것은 기업 브랜드에 관한 의사결정은 최고경영자의 몫이라는 점이다. 최고경영자의 판단이나 위임이 있어야 비로소 기업 브랜드의 방향성이 결정된다는 점에 유의할 필요가 있다.

---

8) 페트네임(Pet Name): 본래 제품을 구분하기 위한 숫자 등의 수식어로 주로 쓰이지만, 수식 브랜드(modifier brand)로 기능. 브랜드 체계에서 개별 브랜드 뒤에 붙여 타깃을 달리하거나 차별적인 기능을 소구하기 위해 사용.

9) 펜탁스는 1957년 아사히펜탁스에서 Pet Name으로 사용되다가 발전한 것이며, 긴쵸우(KINCHO)는 金鳥라는 애칭에서 유래. Maruha나 Konica는 제품에 사용하던 개별브랜드가 발전된 것이며, Nikon 역시 1932년 사진 렌즈 브랜드인 Nikkor에서 1946년 소형카메라에 Nikon 브랜드를 사용하면서 기업브랜드까지 사용.

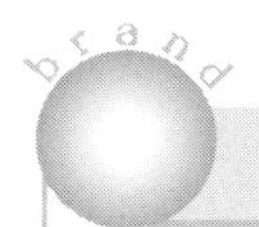

기업브랜드의 사례

기업의 모든 제품이나 서비스에 공통된 브랜드

■ 기업명

■ 생략 로마자

■ 페트네임이나 애칭의 발전

■ 브랜드명이 기업명으로 발전

45 사업 브랜드란 무엇인가?

| 기업의 특정 사업(부문, 계열회사 등)의 제품 전체에 공통으로 부여한 브랜드 |

사업 브랜드는 각 부문을 모기업과 분리한 브랜드로서 관리하는 것이 가능하며 다각화, 인수·합병, 제휴에 따라 이 형태를 취하는 경우를 많이 볼 수 있다.

전형적인 예가 마츠시다(松下電器)의 National(백색가전 사업)과 Panasonic(AVCC사업)[10]이다. 해외에서 사용해오던 Panasonic을 국내에 도입시켜 완성된 브랜드 체계지만, 2가지 사업 브랜드를 구별하여 사용함으로써 결과적으로 현재까지 폭 넓은 타깃으로부터 공감을 획득하고 있다. 또한 마츠시다의 경우는 그룹 내 타 계열사(松下電工)가 National을 일부 사업 브랜드로서 함께 사용하며 공유한다는 점이 특징이다.

GM에서는 각각 독립적으로 사업전개를 실시하고 있는 OPEL, Pontiac, Cadillac 등이 사업 브랜드이며, 기업 브랜드인 GM은 표면적으로는 나타나지 않으나 모(母)브랜드로서 보증(Endorsing) 기능을 수행하고 있다. 또한 주택 부문에서는 세키스이 화학(積水化學)의 세키스이하임, 미츠이(三井) 부동산의 미츠이 리하우스 등과 같이 메인 사업분야에서 다각화할 때 별도의 브랜드를 내세우는 경우도 있다.

또한 기꼬망(KIKKOMAN)의 델몬트(Del Monte)와 모리나가 유업(森永乳業)의 에스키모(아이스크림), 유키지루시(雪印)의 Dole 등과 같이 식품업계에서는 사업단위로 브랜드의 라이센스를 사용하는 경우를 볼 수 있다.

반면, 혼다(HONDA)가 오토바이와 자동차 사업분야에 이용하는 예와 같이, 명칭은 공통적으로 사용하면서 심벌마크를 분리하여 사용하는 경우도 있다.

최근의 NTT내에 분사화가 이루어지면서 NTT의 로고는 공유하고 있으나, 다이내믹 루프(Dynamic Loop)[11] 등과 같이 심벌마크는 공유하지 않는다.

사업 브랜드는 기업 브랜드와의 관계에서 상대적으로 위치가 정해진다. 사업 브랜드의 강화는 자회사, 사내 사업부, 어느 한 부문에 관계없이 해당사업을 담당하고 있는 책임자와의 관계에 달려 있다.

---

10) AVCC: Audio Video Computer Communication
11) 다이내믹 루프(Dynamic Loop): 첨단기술, 친근성, 생활문화의 상징, Clean & Simple이라는 디자인 정신을 반영함.

사업 브랜드의 사례

기업의 특정사업의 제품이나 서비스 모두에 공통된 브랜드

■ 마츠시다

（백색가전 사업）　　　　　（AVCC 사업）

■ 기꼬망

■ 미츠이 부동산

■ 혼다

（자동차）　　　　　（오토바이）

■ 미국 혼다

46 패밀리 브랜드란 무엇인가?

패밀리 브랜드는 대부분 개별 브랜드가 다른 카테고리로 확장된 결과 생겨난다. 패밀리 브랜드라도 브랜드 자체가 사업단위로 승격할 경우는 사업 브랜드로서 자리매김하게 된다.

라이온(LION)의 '식물이야기(植物物語)'가 전형적인 예로, 비누로부터 서서히 확장하여 바디 샴푸, 핸드 소프, 헤어 케어, 페이스 케어, 스킨 케어까지 담당하는 브랜드로 발전하게 되었다. 그 밖에 일본레버(Nippon Lever)의 럭스(LUX), 가오(花王)의 비오레(Biore) 등의 패밀리 브랜드는 세면화장품류(Toiletries)와 일반화장품 분야에서 증가하고 있다. 또한, SONY의 'man' 시리즈도 하나의 패밀리 브랜드로서, Walkman, Discman, Watchman 등과 같이 퍼스널 소형/고성능 기기의 공통 연결네임으로 'man'을 사용하고 있다. 또한 업종을 초월하여 복수의 카테고리를 공유하는 극동(極東)노트의 '이쿠시즈[ixi:z]'나 'WiLL'과 같은 케이스도 패밀리 브랜드의 일종이다.

패밀리 브랜드에서는 브랜드의 연상을 제품의 세계로부터 생활 장면(Scene), 스타일 등의 세계로 넓게 확대해갈 수 있다. 그러나 한편으로 브랜드가 담당해야 할 범위가 넓어질수록 브랜드 아이덴티티(Brand Identity)와 개별 제품에 대한 보증효과는 약해지기기 때문에 각각의 시장에서 해당제품이 주는 편익(Benefit)을 확실하게 전달할 필요가 있다. 시세이도(資生堂)의 슈퍼 마일드(Super Mild) 경우는 샴푸에서 카테고리를 확장하면서 새롭게 심벌마크를 개발한 사례이기도 하다.

패밀리 브랜드에 관한 의사결정은 대부분이 각각의 경우에 따라 다르다. 패밀리 브랜드에 대한 의사결정이 특정 사업부와 관계가 있다면 해당 사업부장이, 사업부 단위를 넘어선 의사결정시에는 최고경영자 또는 특별한 권한을 가진 브랜드 매니저 등의 관리조직이 필요하게 된다.

패밀리 브랜드의 사례

복수의 카테고리에 속하는 제품이나 서비스에 공통된 브랜드

■ 일본레버(Nippon Lever)

LUX ➡ 비누, 바디 케어, 샴푸&린스, 헤어 케어

■ 라이온(LION)

植物物語 ➡ 비누, 바디 샴푸, 핸드 소프, 헤어 케어, 스킨 케어
(쇼쿠부츠 모노카타리)

■ 썬스타(SUNSTAR)

VO5 ➡ 헤어 스타일에서 헤어 케어 종합 브랜드

■ SONY

〔man〕시리즈 ➡ Walkman, Discman,
Watchman 등 퍼스널 소형/고성능
기기 공통의 기호/연결 네임

47 개별 브랜드란 무엇인가?

| 각각의 제품(군)과 서비스에 적용된 브랜드 |

개별 브랜드는 하나하나의 제품이나 서비스에 독자적인 포지셔닝을 부여한 브랜드다. 따라서 대부분의 브랜드가 개별 제품의 물적 특성이나 서비스 내용을 대표하는 것이 특징이다.

바꾸어 말하면 시장 내에서의 특정 세그먼트나 특정제품 타입에서 포지셔닝을 선점(先点)함으로써 전체 카테고리를 대표하는 브랜드가 되는 것이 가능하다는 것이다.

단일제품만이 아니라 패키지 형태, 미각타입, 사이즈와 같은 제품라인을 가진 브랜드도 개별 브랜드의 범주 안에 포함된다. 기린(KIRIN)의 '이치방시보리(一番搾り)'는 일반적인 생맥주 제품에 추가하여 흑맥주라는 제품을 출시하고 있으나, 이치방시보리는 어디까지나 개별 브랜드다.

다만 메르세데스벤츠(Mercedes Benz)의 'S Class'는 모델명이지만 기업, 고객 모두 단일제품 브랜드로 취급하고 있어 개별 브랜드로 보는 것이 타당한 듯하다.

하나의 제품 자체를 표현할 때는 개별 브랜드가 유리하지만, 브랜드 투입시 보증효과(Endorsing Effect)를 상승시키기 위해 대부분 다른 계층과 연계시킨 2계층, 3계층의 브랜드 구성이 필요하게 된다.

또한, 제품 출시 당시에는 개별 브랜드였지만 앞으로 카테고리 확장을 고려한다면 네이밍 등의 심벌설계에 유의할 필요가 있다.

개별 브랜드의 관리에는 연구개발, 생산, 판매와 같은 기능별 조직을 뛰어넘어 관리하는 브랜드 매니저가 필요하지만, 현실적으로 이것을 운영하기 위해서는 권한과 예산의 부여가 필수적이다.

각각의 제품이나 서비스에 적용된 브랜드

■가오(花王)

메리트　➡ 노후방지 타입의 헤어 케어 제품군

■라이온

레이블록　➡ UV차단 헤어 케어 제품군

■기린맥주 제품

기린라거맥주, 기린 이치방시보리

■라이온 치아관련 제품군

White&White, 덴타T, PC크리니카,

시스테마

■닛신식품의 즉석면제품

컵누들, 라오(王)[12], 슈퍼오(王)[13], 곤부토

---

12) 라오: 라면의 왕(王)이란 뜻의 합성어
13) 슈퍼오: 슈퍼+왕(王)의 합성어

48 어느 브랜드계층으로 시장을 공략할 것인가?

| 어느 브랜드 계층을 앞세워 시장을 공략할 것인가에 따른 3가지 전략유형 |

① 단일 브랜드 전략

　자사의 전상품을 하나의 단일 브랜드(일반적으로 기업 브랜드) 체계로 통일하는 이러한 전략에서는 광범위한 카테고리에서 이미지의 통일이 용이하며, 마케팅 비용을 효율적으로 관리할 수 있다. 이와 반대로 카테고리를 지나치게 확대하여 아이덴티티가 약화되거나, 개별 상품이 실패하게 되면 기업전체 이미지를 손상시킬 위험도 따른다.

② 조합 브랜드 전략

　기업(사업) 브랜드와 개별 브랜드와의 조합전략은 개별 브랜드의 보증마크로서 기업(사업) 브랜드가 이 기능을 수행하게 된다. 즉 구매동기를 이끄는 개별브랜드와 이것을 보증하는 기업(사업) 브랜드에 의해 시장상황에 대응하는 유연한 브랜드 전개가 가능하다. 다만, 브랜드 체계가 복잡하게 되어 일관성이 결여될 우려가 있다.

③ 개별 브랜드 전략

　각각의 제품이나 서비스를 개별 브랜드로 독립시켜 프로모션을 실시하는 전략은, 카테고리를 대표하는 브랜드를 개발하는 것이 가능하며, 개별적인 실패가 기업전체에 큰 영향을 미치지 않는 장점이 있다. 이와는 반대로 새로운 브랜드를 투입할 때마다 개별적으로 마케팅 투자가 필요하게 되어, 마케팅 비용이 가중된다는 단점이 있다.

　실제로 한때 단일 브랜드 전략을 채택했던 IBM도 컴퓨터 분야에서는 APTIVA, Think Pad 등의 개별브랜드와의 연합전략으로 이행하고 있으며, 개별 브랜드 전략을 추진했던 P&G나 유니레버(Unilever)의 경우도 개별브랜드 광고의 마지막에 기업로고를 삽입하고 있다. 이런 의미에서 보면 거의 모든 기업이 브랜드를 다양하게 혼합하여 사용하는 방법이 그만큼 중요하게 인식되고 있다.

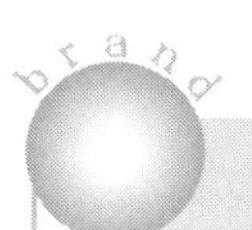

브랜드 계층에 의한 시장 접근 방법

전략 구분	단일 브랜드 전략	조합 브랜드 전략	개별 브랜드 전략
전략의 특징	자사의 모든 상품을 하나의 단일 브랜드(통상은 기업브랜드)로 통일	기업(사업) 브랜드와 개별(패밀리) 브랜드와의 조합. 개별 브랜드와 보증 마크로써 기업(사업) 브랜드가 가능.	제품이나 서비스 하나하나에 독자적인 포지셔닝과 브랜드명을 부여하고 개별적으로 독립시킨 프로모션을 실시하는 전략. 제품의 경우, 물리적 특성을 대표하는 브랜드명이 많다.
전형적인 예	필립스, BMW, IBM, 제록스 등	기업 브랜드와 개별 브랜드의 2층 구조[14]를 사용하는 경우 도요타 마크2 기린 이치방시보리 등	P&G나 필립모리스 등. 일본기업의 경우, 기업명을 숨기고, 개별 브랜드를 내세우는 경우는 적다.
전략 메리트	일관된 아이덴티티를 광범위한 카테고리로 창출 가능. 이미지의 통일이 용이하며 마케팅 비용의 효율화 가능.	구매동기가 되는 개별 브랜드와 그것을 보증하는 기업(사업) 브랜드의 시너지 효과를 활용하는 전략으로, 시장상황에 대응 가능한 유연한 브랜드 전개가 가능.	특정시장을 창조함으로써 카테고리를 대표하는 브랜드 개발이 가능하다. 개별 브랜드의 실패가 다른 브랜드나 기업 브랜드 전체에 큰 영향을 주지 않는다.
전략 리스크	품질이나 특성이 상이한 카테고리에 진출하면, 아이덴티티가 약화되며, 보증효과도 저하된다. 개별상품의 실패가 기업 전체의 브랜드 이미지에 손상을 줄 위험이 있다.	브랜드 체계가 복잡해지고, 브랜드 자산 강화의 방향성에 일관성이 사라질 위험이 있다.	새로운 브랜드를 투입할 때마다 개별적인 마케팅 투자가 필요하여 마케팅 비용이 많아진다. 개별 브랜드의 성공이 기업 이미지 전체에 기여하지 않는다.

14) 브랜드 2층 구조: 국내에서도 일반적으로 사용되는 방법으로 기업 브랜드와 개별 브랜드를 함께 혼용하여 사용하는 것이 보통이다. 예를 들어, 현대 소나타 II, 삼성애니콜, SK엔크린 등이 이에 해당된다. 이외에도 보증(Endorsing)방법에 따라 다양한 형태의 브랜드 계층 구조를 만들 수 있다.

49 브랜드 조합 방법론

| 모(기업) 브랜드와 하위(개별) 브랜드의 역할 분담을 명확히 한다 |

그렇다면 어떻게 브랜드를 조합할 것인가?

구체적으로는 상위의 모(母) 브랜드와 아래 단계에 있는 하위 브랜드(Sub Brand)의 어느 하나가 고객의 구매에 강한 영향을 주도록 설계할 것인가의 문제다. 일반적으로 모 브랜드는 기업 브랜드 또는 사업 브랜드가 되고 하위 브랜드는 패밀리 브랜드 또는 개별 브랜드가 해당된다.

주로 구매시에는 하위 브랜드가 전면에 나타나며, 모 브랜드는 신원보증 역할이나 품질보증의 기능을 수행한다. 이중구조에 있어서 많은 기업 브랜드가 이와 같은 기능을 수행하고 있다. 극단적으로 상품 라벨의 뒷부분이나 카탈로그의 마지막 부분에 기업 브랜드를 명기하는 '네슬레(Nestle)와 킷캣(KitKat)'이나 'GM과 시보레(Chevrolet)' 등이 여기에 해당하며 어느 의미에서는 개별 브랜드 전략과 매우 유사한 점도 있다.

반대로 모 브랜드가 구매요인으로 강하게 영향력을 미치는 경우가 있다. 소니는 브랜드가 이중체계 구조로 되어 있지만, 대부분의 상품분야에서 어디까지나 주역은 소니이며, 구매요인으로 커다란 역할을 수행한다고 할 수 있다.

실제로는 고객에게 어떻게 인식되고 있는가라는 점에서 모 브랜드와 하위 브랜드의 역할관계가 결정된다.

다만 믹스(Mix) 전략을 전개할 때, 신원보증과 구매요인에 영향을 미친다는 두 가지 측면에서 모 브랜드와 하위 브랜드의 역할규정을 명확히 설계하는 것이 중요하다.

또한 다음 그림과 같이 상품이나 서비스 분야에 따라 기업 브랜드가 구매에 크게 영향을 미치는 경우와 그렇지 않은 경우가 있기 때문에, 이 점을 고려하여 기업 브랜드와 개별 브랜드의 조합을 설계할 필요가 있다.

브랜드 조합 전략

모 브랜드와 하위 브랜드의 일반적인 관계

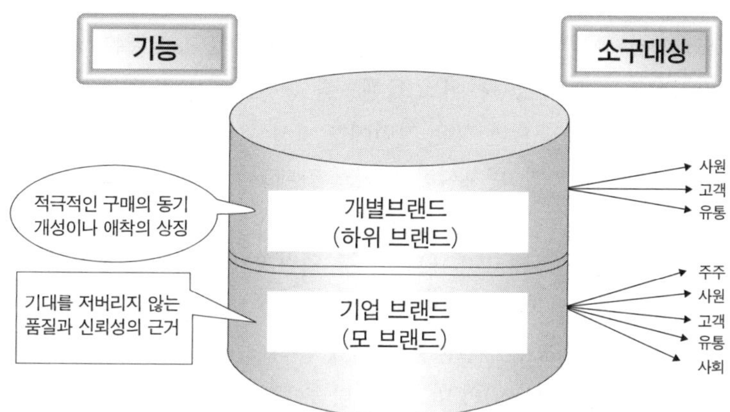

기업 브랜드와 상품구입의 관계

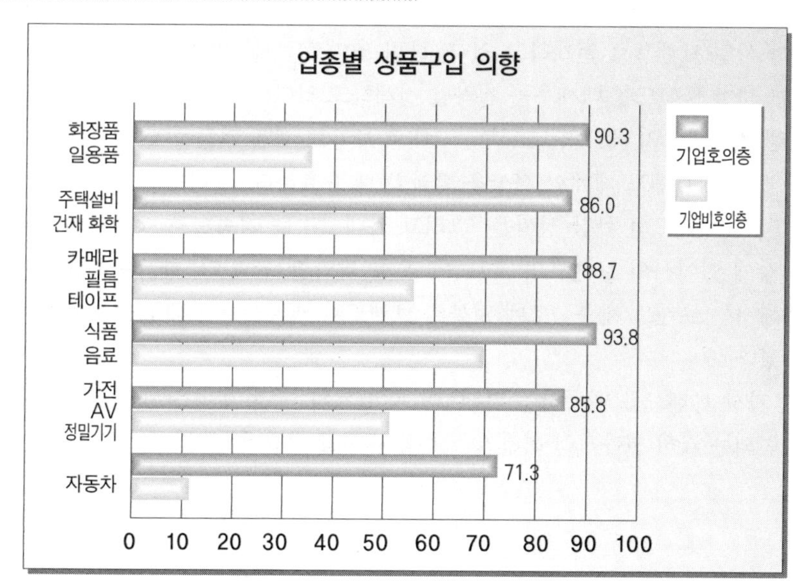

일본경제신문, 기업선호도조사 93년도, 3대도시권, 600샘플, 68사
자동차11, 가전 · AV · 정밀18, 식품 · 음료13, 카메라 · 필름 · 테이프9, 주택 · 건설 ·
화학7, 화장품 · 일용품6사

50 브랜드 체계와 카테고리

| 브랜드 계층과 대응 상품, 서비스 카테고리의 관계를 명확히 한다 |

자사 브랜드의 계층규정이 명확히 이루어지면 다음으로 중요한 것은 상품과 서비스의 카테고리별로 계층 구조 중 어느 브랜드를 중심으로 조합할 것인가 하는 문제다. 이 문제를 다룰 때 중요한 것은 전면에는 자사 브랜드를, 그리고 앞 부분에는 제품(서비스) 카테고리를 위치시킨 브랜드 카테고리 매트릭스를 작성하는 일이다.

그림은 기꼬망의 브랜드 카테고리 매트릭스를 일반자료에 의거하여 작성한 것이다. 1989년 사명을 변경한 이래, 영어 표기인 KIKKOMAN을 기업 브랜드로 채용하는 한편, 간장, 맛간장(쯔유), 일본풍 조미료 등의 카테고리에서는 종래부터 써 왔던 '거북 등 모양에 萬(MAN)의 마크'를, 맛술에는 '만죠우(万上)'를 패밀리 브랜드로 사용하고 있다. 와인에서는 '만즈와인(MANNS WINES)', 케첩과 음료 분야에서는 아시아와 오세아니아 지역에서 상표영구사용권을 획득한 '델몬트'를 자회사 사업 브랜드로 전개하고 있다. 한편 조미료, 일본 맛술(조리용 청주) 분야에서는 개별 브랜드를 내세우는 전략을 전개하고 있다.

브랜드 카테고리 매트릭스로부터 그대로 브랜드 체계 전략을 도출하는 것은 아니지만, 자사 브랜드 체계의 현상을 파악할 때 유효하다. 브랜드를 기점으로 생각해보면 이 브랜드의 확장 상황을, 그리고 카테고리를 기점으로 생각하면 카테고리 시장에 있어서의 브랜드의 포토폴리오를 파악할 수 있다. 매트릭스를 작성하기 위해서는 브랜드 계층구조에 덧붙여 브랜드가 배치되는 카테고리를 규정할 필요가 있다.

단, 자사 브랜드를 배치하는 카테고리를 규정하는 것 자체가 사업 도메인 등과도 관련되는 극히 전략적인 테마라는 것을 유의할 필요가 있다.

브랜드 카테고리 매트릭스 작성

기꼬망의 브랜드맵

기업 브랜드

사업 브랜드	

패밀리 브랜드	
	만죠우

기꼬망 간장 — 히게타 간장 혼젠	기꼬망 혼쯔유 — 히게타 맛간장	신선 야끼니꾸 빨강다래 검정다래 — 델리셔스 소스	혼미림 미림풍 조비료 곳떼린	우메노우타 시라카가 Triangle Indigo
간장	맛간장 · 다시	조미료	미림	맛술

만즈복스 몽후레르 누베릴 하베스토 뉴 하베스토	수입 와인	토마토 케찹 맛술 사루사(R) 클럽 포모도르	야채 쥬스 토마토 쥬스 후루츠사라다 캔 토마토 파스타용 토마토 캔 옥수수
와인		케찹 · 음료 · 통조림	

51 카테고리 내의 브랜드 포트폴리오

| 멀티(multi) 브랜드의 위치 설정과 역할을 명확히 한다 |

하나의 상품 카테고리 중에서 다양한 브랜드를 전개할 경우, 카테고리 내의 복수 브랜드와 제품라인의 관계나 가격, 등급 등의 상하 전개를 명확히 할 필요가 있다. 기꼬망의 간장 분야에서도 '특선간장' 이라는 품질 소구의 하위 브랜드와 '히게타간장' 이라는 본격 전통 소구형의 별도 브랜드로 상위 타깃의 개척을 도모하고 있다.

옆 그림은 1999년 기린맥주의 맥주 카테고리에 있어 브랜드 포트폴리오 맵이다. '프리미엄 vs 이코노미' 라는 가격축, '부드럽게 넘어가는 vs 마시는 기분이 나는' 이라는 기능축, '쾌적하고 즐거운 시간을 장식하는 vs 몸과 마음을 건강하게 하는' 이라는 심리축의 3차원에서 맵을 작성한 것이다.

그리고 맵에서 보면 개별 브랜드와 함께 라인전개 제품도 배치되어 있다. 그림에서 크게 표시된 것은 매출의 크기와 전략상의 중요도를 나타낸다.

아래 그림은 포드(Ford)의 글로벌 브랜드 맵이다. 포드는 인수·합병을 거듭하면서 자사 브랜드를 삼층구조로 관리하고 있다. 포드 모터 컴퍼니(Ford Motor Company)는 최상위 기업 브랜드로서 환경, 안전 등의 품질보증의 역할을 담당하고, 대표 브랜드의 포드(Ford)는 사업 브랜드의 하나로 위치하고 있다. 인수나 자본 참여로 늘어난 7개의 사업 브랜드 포트폴리오를 최적화하고, 전체적인 힘을 발휘하도록 하는 것이 현재 미국 본사의 중요한 전략이다.

포트폴리오를 구축하는 데 있어서 상위, 하위의 어느 시장을 겨냥하느냐, 카테고리 내에서 얼마나 중요한가, 경쟁상 어떤 역할을 담당하고 있는가, 투자할 때인가 회수할 때인가 등의 브랜드에 관한 투자를 결정하는 판단축은 대단히 중요하다.

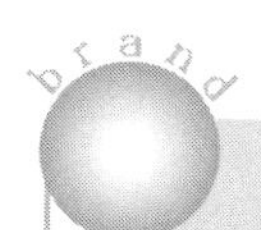

브랜드 포트폴리오의 검토

기린 맥주의 브랜드 포트폴리오(1999년 시점)

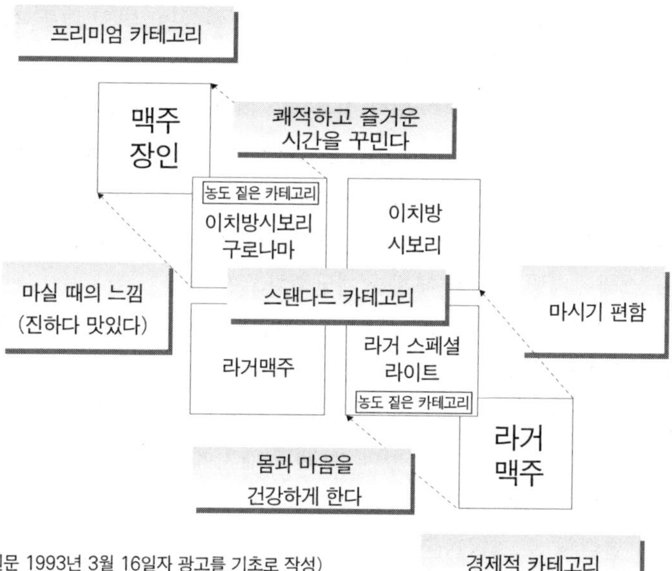

(닛케이신문 1993년 3월 16일자 광고를 기초로 작성)

포드의 브랜드 포트폴리오

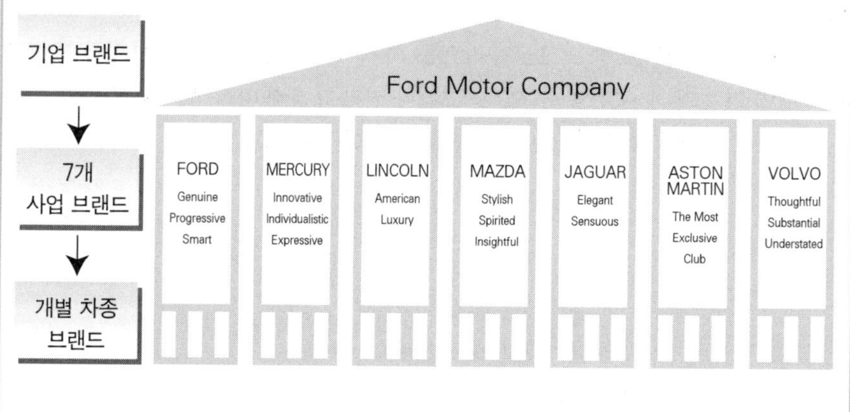

52

브랜드 체계와 타깃 그룹

| 타깃 그룹에 따라서 기업 브랜드군을 체계적으로 배치한다 |

때때로 특정 타깃을 노린 브랜드를 개발하기도 하지만, 타깃 그룹에 따라서 기업의 브랜드군을 체계적으로 배치하는 경우는 거의 없다.

한때 시세이도가 화장품 분야에서 실시했던 라이프 스테이지별 브랜드 전략은 유명하다. 화장품 사용층을 각 연령층으로 나누어, 각 연령층에 부합하는 브랜드 마케팅으로 성공을 거두었다. 그러나 자사유통에 있어서 추천형 세일즈가 곤란해지고, 세대를 뛰어넘은 기능형 상품에 대한 니즈(Needs)가 증가한 결과, 현재는 이 라이프 스테이지별 브랜드 체계를 재구축하고 있다.

옆 그림은 베넷세(Benesse)의 브랜드를 사업 분야와 라이프 스테이지별로 배치한 것이다. 95년에 사명을 후쿠다케(福武)서점에서 '잘 살아간다' 라는 의미의 베넷세로 변경하여 통신교육 회사에서 고객의 생애 단계마다 삶의 과제를 해결해가는 기업으로 전환을 시도하고 있다. 브랜드 배치에 관해서도 '진학 교실' 을 고교생에서 중학생, 초등학생까지 확대함과 동시에, 1세 아동부터 유치원 아동까지를 '어린이 챌린지' 로, 임신에서 육아, 유아교육까지를 '달걀클럽' '병아리클럽' '또래클럽' 의 3종류의 잡지로 구성된 '타마효'[15] 브랜드를 활용하였다. 또한 고령화 사회에 대비한 복지사업으로 '홈 헬퍼(Home Helper) 양성 강좌' 나 '베넷세 하우스 클라라' 등을 전개하여 라이프 스테이지 전 영역에 걸친 브랜드 배치를 도모하고 있다.

어떤 카테고리의 브랜드 포트폴리오를 가격이나 기능, 심리적 가치를 축으로 놓고 보면 타깃의 배치도 알 수 있다. 그러나 카테고리에 따라서는 우선 타깃을 축으로 함으로써 가장 효과적인 브랜드 체계화가 가능하기도 하다.

---

15) 타마효: 달걀 + 병아리의 일본식 합성어

브랜드 타깃 맵의 작성

베넷세의 브랜드 체계

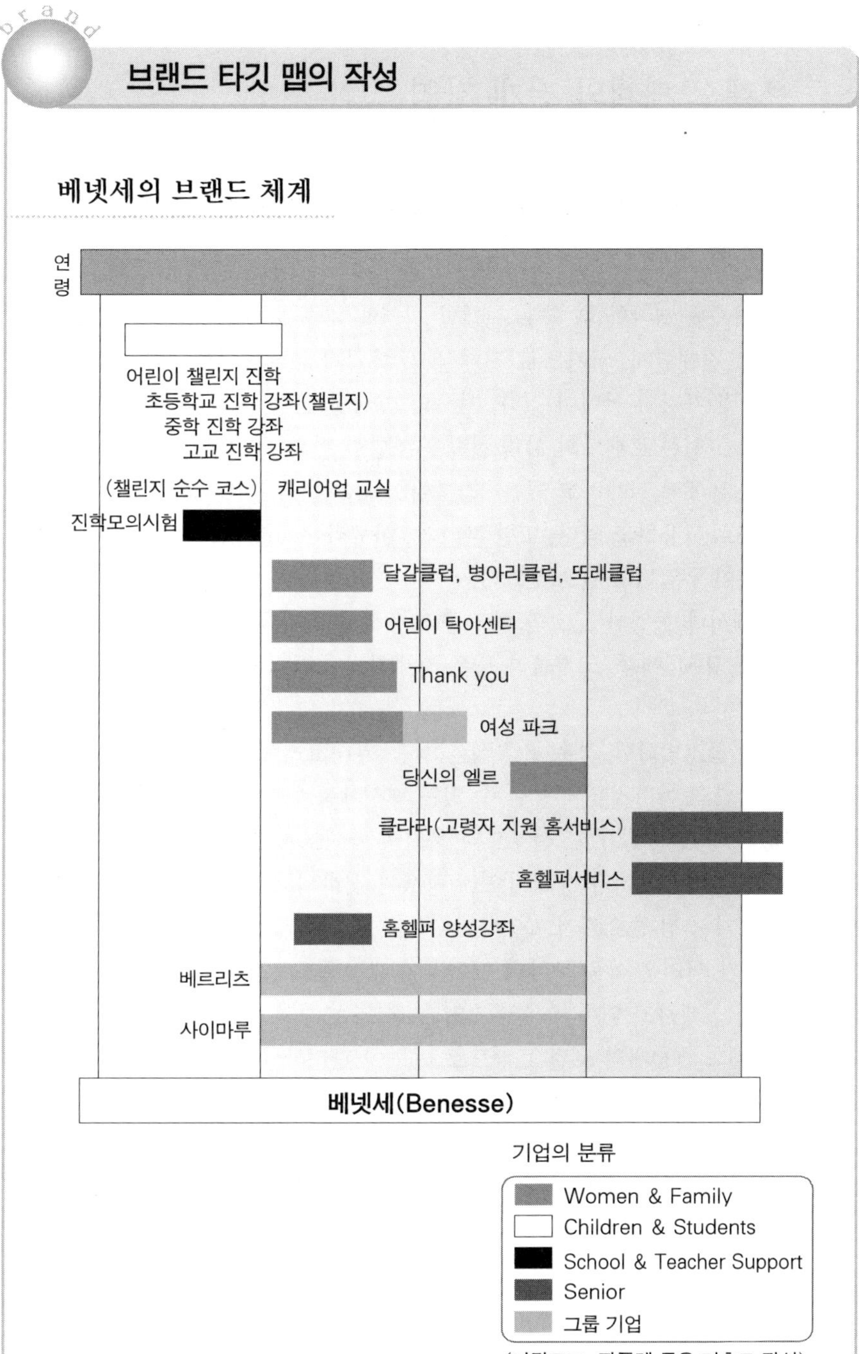

53

브랜드 체계와 전개 지역

| 브랜드의 이름이나 마크, 이미지 상의 위치를 영역별로 어느 정도 공통으로 할 것인가 |

브랜드 체계를 생각할 때 향후 전개할 지역에 대한 문제도 중요하다. 전세계에서 공통으로 전개할지, 국가별로 전개할지, 아니면 국내에서도 지방별로 전개하는 방법 등 몇 가지의 선택이 있다. 자사의 마케팅 전략, 경쟁 환경과 상표, 사회 문화면 등을 고려한 브랜드의 지역 전략을 조합할 필요가 있다.

P&G가 일본에서 전개하고 있는 '리조이(Rejoy)'는 로컬(Local) 시장에 맞는 브랜드명을 따로 사용하고 있다. 또한 혼다의 '아큐라(Acura)'도 미국의 시장상황과 전략에 맞추어 투입된 로컬 브랜드다.

어느 곳에서나 동일한 로고와 마크를 사용하고 이미지도 같게 하는 것이 글로벌 브랜드다. IBM, 애플, 코카콜라 등은 전세계에서 통일된 광고 표현을 전개하고 있다.

브랜드를 글로벌화할 경우 유효성은 상품 카테고리에 따라 다르다. 하이테크 상품이나 국가의 이미지를 이용할 수 있는 패션제품과 고급시계는 글로벌 브랜드화가 진행되고 있다. 반대로, 선호도나 문화의 차이로 인해 글로벌 브랜드화가 어려운 분야도 있다. 그러나 세계적으로 경쟁이 심화되고 있는 업계에서는 글로벌 브랜드 전개가 점점 중요해지고 있다.

글로벌화가 어려운 식품 분야에 있어 네슬레는 글로벌 수준에서 브랜드 체계에 대한 관리를 실행하고 있다. 9개의 기업 브랜드, 45개의 세계 전략 브랜드, 100개의 지역 브랜드, 500개의 로컬 브랜드로 나누어 관리하고 있다. 기업 브랜드와 세계 전략 브랜드는 본사의 경영위원회와 전략적 사업 단위(SBU: Strategic Business Unit)가, 지역 브랜드는 각 지역의 총괄 책임자와 SBU가 관할하고, 로컬 브랜드는 현지의 매니저가 직접 관리하는 방식으로 권한의 범위가 명확히 구분되어 있다.

브랜드 체계와 전개 지역

로컬 브랜드 : 각 나라 각 지역에서 개별적으로 전개되는 브랜드

> P&G 파트플러스; 리조이(일본) 리조이스(동아시아) 비달사순(영국)
> 미국혼다; 아큐라, 미국도요타; 렉서스, 미국닛산;얼티마, 센트라

글로벌 브랜드: 전 세계에서 이름이나 마크, 이미지의 통일이 시도되는 브랜드

> IBM, 맥도널드, 소니, 코카콜라, 베네통, 말보로, BMW 등

지역 한정 브랜드: 국내의 특정지역의 문화나 풍토, 미각 등에 맞춘 브랜드

> 아사히맥주 : 아사히 에도마에 생맥주(관동지방)
> 하우스식품 : 스끼야넨(관서지방) 우마잇쇼(북해도)
> 미사와홈[16] : '햇빛을 모아두는 집' (북해도)
> 동경해상화재 : 적립상해보험, 오사카발 94편(관서지방)
> 카도카와서점 : 동경워커, 요코하마워커, 관서워커, 서울워커

네슬레의 글로벌 브랜드 체계

로컬 브랜드
브라이트 등 500종
지역 브랜드
마일로, 테이스터스 초이스 등 100종
세계전략 브랜드
킷캣, 커피메이트 등 45종
기업 브랜드
네 슬 레 : 모성애, 사랑, 가족 및 안전과 고품질의 증명 마　　기 : 가족을 위해 매일 식사를 준비하는 주부를 위한 유용한 친구 브이토니 : 가족과 전통을 중시하는 이탈리아인의 활기차고 즐거운 식생활을 실현하는 기쁨 등 9종

다이아몬드 하버드 비즈니스 리뷰 98. 2. 3월호를 근거로 작성

---

16) 미사와홈: 주택공급업체로 목조에는 GENIUS를, 복합형에는 CENTURY를 패밀리 브랜드(Family Brand)로 사용하고 있으며, 휴일의 집, 지구인의 집, 도시 이야기 등의 차별화된 개별 브랜드를 사용하고 있는 특이한 경우

54

브랜드 체계 전략 구축 단계

| 브랜드 계층과 카테고리를 규정하여 양자의 대응관계를 명확히 한다 |

● 자사 브랜드 계층 규정

브랜드의 전체 체계를 파악하여 재구축하려면 우선 자사의 브랜드 계층을 규정해야 한다. 그리고 각각의 계층에 맞는 브랜드명과 로고/심벌을 대응시킨다. 이때 중요한 것은 전사적 브랜드 체계의 관리 대상을 어디까지로 잡을 것인가 하는 점이다. 고객에게 지지받고 있는가, 앞으로 마케팅 투자의 대상이 되는가 등을 고려하면서 가능하면 브랜드 계층이 복잡해지지 않도록 규정해 간다.

● 브랜드 배치 카테고리 규정

브랜드를 배치할 카테고리를 규정한다. 여기에서 말하는 카테고리란 간장, 샴푸, 자동차, TV와 같이 누가 들어도 이해할 수 있는 분야를 말한다. 매장에서 일반적으로 사용하고 있는 카테고리 명칭을 축으로 사업부 등의 조직적 묶음이나 앞으로의 사업 분야로서의 전략성 등을 고려하면서 카테고리를 규정한다. 이 경우에도 가능하면 복잡해지지 않도록 현시점에서 브랜드로 될 수도 없고 향후 전략적으로 중요하지 않은 카테고리는 이 시점에서 제외시키든가 다른 카테고리로 집어 넣는다.

● 브랜드 카테고리(Area Target) 매트릭스 작성

규정한 브랜드의 계층과 카테고리를 바탕으로 브랜드 카테고리 매트릭스를 작성한다. 이에 따라 자사의 브랜드 체계 현상을 객관적으로 파악한다. 필요한 경우에는 과거 시점의 매트릭스를 작성하여 과거로부터의 변화를 살펴 봄으로써 현 브랜드 구조의 배경에 있는 문제를 추출한다. 또한 슬로건, 탤런트, 광고 표현을 하나로 묶으면 커뮤니케이션 상의 체계도 보인다. 나아가 필요하다면 전개지역이나 타깃을 축으로 한 매트릭스를 작성한다.

브랜드 체계의 관리 스텝

1. 자사 브랜드 계층 규정

▽

2. 브랜드 배치 카테고리 규정

▽

3. 브랜드 카테고리 리스크 작성

▽

4. 브랜드 포트폴리오 맵 작성

▽

5. 유저(User) 카테고리 조사 실시

▽

6. 브랜드 체계 조사 실시

▽

7. 유통 인터뷰 실시

▽

8. 브랜드 체계전략 입안

▽

9. 브랜드 체계 전략 실행

▽

10. 브랜드 체계 전략 평가

55 브랜드 체계 전략 구축 2단계

| 브랜드 포트폴리오를 검토하여 여기까지의 가설을 소비자나 유통조사로 검증한다 |

● 브랜드 포트폴리오 맵 작성

동일 카테고리 내에서 멀티(Multi) 브랜드를 전개하고 있는 경우, 브랜드의 포트폴리오 맵을 작성한다. 가격, 기능, 심리 등의 측면에서 자사가 그 시장 카테고리를 공략하는데 중요한 축을 추출하여 브랜드를 배치한다. 그런 다음 브랜드별 매출, 이익, 현금흐름(Cash Flow) 등의 정보를 더하여 투자를 위한 판단 재료로 삼는다.

● 유저(User) 카테고리 조사의 실시

브랜드를 배치할 카테고리를 처음부터 다시 생각해야 할 경우는 유저 카테고리 조사가 유효하다. 그 방법은 몇 가지가 있지만 실제로 한 브랜드를 고객에게 분류하게 하여 그 그룹에 의미를 부여하도록 하는 그룹핑 조사가 효과적이다. 이 조사에 의해 소비자 측에서 본 카테고리 맵이 작성된다.

● 브랜드 체계 조사 실시

소비자 측에서 본 브랜드 체계의 현상을 정량 조사로 측정하는 경우도 있다. 우선 카테고리 내에서 가장 높게 평가 받는 브랜드명을 상기시킨다. 예를 들면 샴푸의 경우는 '가오(花王)' 와 '가오 메리트' 와 '메리트' 각각의 상대적인 마인드 쉐어(Mind Share)를 측정한다. 그 다음, 브랜드와 카테고리의 적합성을 물어 브랜드 확장의 가능성을 파악한다. 브랜드 이미지가 중복되는 상태와 기업 브랜드와 개별 브랜드의 이미지 상승성을 파악한다. 그리고 이것들의 지표를 하나의 표로 정리하여 판단 재료로 삼는다.

● 유통 인터뷰 조사 실시

또한 필요하다면 유통에서 바라보는 브랜드 체계에 대한 평가를 해본다. 유통이 지향하고 있는 카테고리 관리와 자사나 경합 브랜드 체계의 현황과의 차이를 추출할 수 있다.

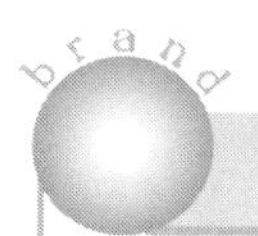

브랜드 체계의 관리

브랜드 · 포트폴리오 맵(재무 베이스)

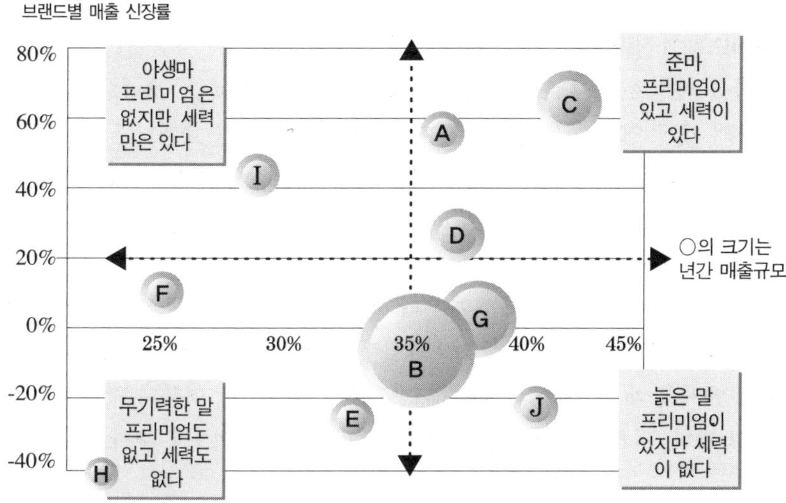

유저 카테고리 맵(화장품 사례)

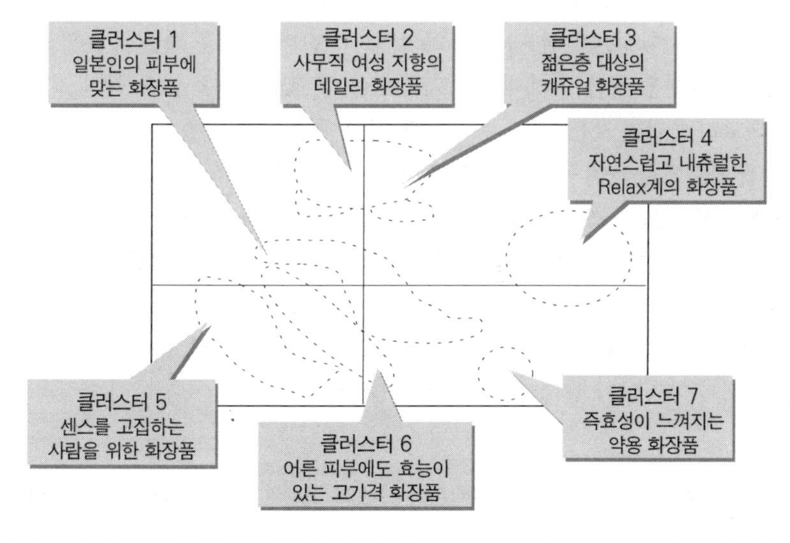

56 브랜드 체계 전략 구축 3단계

| 브랜드 체계 전략을 입안하고 실행, 평가한다 |

● 브랜드 체계 전략 입안

이상을 바탕으로 브랜드의 방어 범위, 브랜드의 통폐합, 브랜드의 투자 배분, 브랜드의 개발 영역 등을 판단하고 명확히 한다. 이러한 브랜드군의 구분에 기초하여 개개 브랜드의 가치나 타깃의 재정의(再定義) 작업에 들어가는 경우도 있다.

● 브랜드 체계 전략 실행

현실적으로 시장이 움직이는 가운데 한번에 브랜드 체계를 바꾸는 것은 바람직하지 않다. 시장상황에 맞추어 우선 파일럿 카테고리(Pilot Category)[17]를 설정하여 브랜드 체계를 재구성한다. 그때는 이름, 마크, 슬로건에 덧붙여 광고 표현이나 광고 출고 단위, 패키지, 매장, 간판, 대응 채널 등을 종합적으로 다시 생각해 본다.

● 브랜드 체계 전략 평가

필요하다면 전략 실시 후 사후 조사(Follow Survey)를 실시한다. 또한 브랜드 체계를 판단할 자사 고유의 의사결정 기준을 만들 수 있다면 개개 브랜드의 판단과 전체와의 정합성(整合性)을 파악하기 쉽다. 빈번한 제품 개발로 유명한 3M사는 브랜드 옵션을 정하는 의사결정 트리(Tree)를 갖고 있다. 기술 혁신 정도나 도입 카테고리에 맞춰 3M 브랜드를 사용할 것인가, 기존의 개별 브랜드를 사용할 것인가, 신 브랜드를 개발할 것인가를 판단하는 것이다.

브랜드 체계를 재구축할 때 주의해야 할 점은 현상의 체계 정리는 수단이지 목적이 아니라는 것이다. 때로는 정리 작업이 목적이 되어 개개 브랜드가 지닌 의외의 파워나 조합의 묘미를 없애 버리는 경우가 있다. 간결하고 낭비가 없는 형태가 바람직하긴 하나 어디까지나 자사 브랜드를 군(群)으로 하여 생각할 때는 가장 강력한 형태가 무엇인지 생각해보는 것도 중요하다.

---

17) 파일럿 카테고리(Pilot Category): 전체적으로 브랜드 체계를 조정하기 전에 시장상황을 고려하여 시범적으로 테스트해보는 카테고리

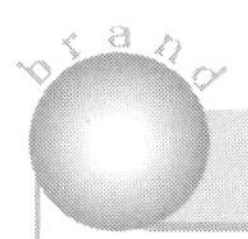

브랜드 포메이션 전략의 4가지 의사 결정

■ 브랜드의 방어범위 명확화(카테고리 확장 범위, 주연과 조연의 명확화)

■ 브랜드의 통폐합(비효율적인 중복 해소)

■ 브랜드에 대한 투자배분 결정(전략 브랜드 결정, 광고비 재검토)

■ 브랜드의 개발영역 명확화(자사에 맞는 브랜드 개발영역 발견)

 ■ 개개 브랜드의 가치나 타깃의 재정의

3M의 브랜드 옵션(의사결정 트리)

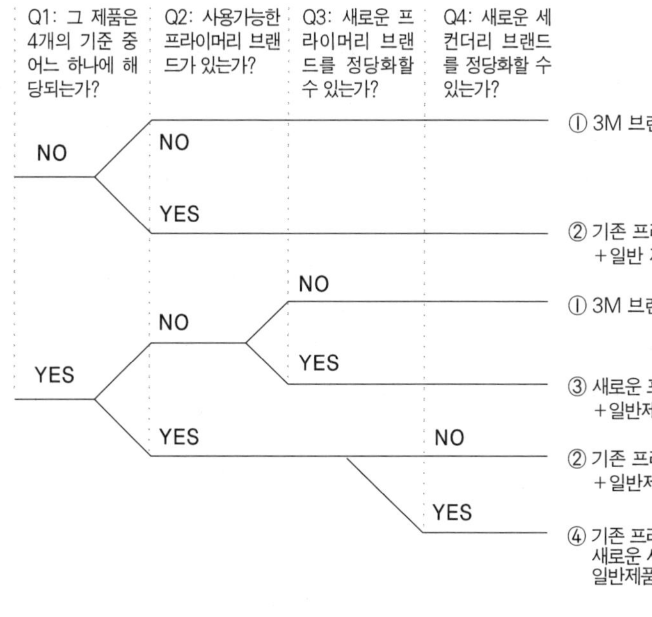

(Strategic Brand Management, 2nd Edition, 1997. Joen Nöel Kapferer)

57

브랜드 시너지를 위한 광고 전개

| 메시지 내용, 탤런트, 슬로건 등 광고 전개를 체계적으로 실행한다 |

복수 브랜드의 시너지 효과를 노리는 광고를 '시너지 애드(Synergy Ad)' 라고 한다. 시너지 애드는 복수의 개별 브랜드를 통합하거나 개별 브랜드와 기업 브랜드에 지렛대를 움직이게 함으로써 전혀 새로운 가치를 부가한다.

시너지 애드의 성공 사례 중 하나가 아지노모토[18]의 캠페인이다. 단품만으로 광고하기 힘든 소형 상품의 광고에 통합 워드를 개발, 탤런트를 통일되게 활용하여 비용의 효율적 배분과 전체적인 통일성을 이룰 수 있었다.

또한 '수퍼 드라이' 를 중심으로 한 아사히 맥주의 광고 전개는 개별 브랜드의 성공을 기업 브랜드로 가치를 높여 강력하게 전환시킨 경우다. 기업 슬로건 '품질 & 도전(Quality & Chanllenge)' 이 핵심 브랜드인 수퍼 드라이 광고에 집중 투하되면서 'Quality=鮮度 관리[19], Challenge=도전하는 남성' 장면과 구체적으로 연결되면서 전파되어 갔다.

IBM의 'e-business' 캠페인도 시너지 애드의 하나라고 볼 수 있다. 하나하나 살펴보면 광고 전개가 어려운 (일반 소비자가 아닌) 사업자를 위한 분야에서 통합 워드를 개발하여 새로운 시대 사업 스타일을 제안하면서 브랜드 가치의 강화를 도모하고 있다. 게다가 광고로 사용되고 있는 음(音)이나 표현의 톤 등도 세계 공통으로 통일되어 있다.

시너지 애드를 전개하는 과정에서 중요한 것은, 개별적인 브랜드 이미지의 시너지 효과다. 기업 브랜드의 강화 측면에서 중심축이 되는 개별 브랜드는 무엇인가, 통합함으로써 시너지 효과가 기대되는 개별 브랜드는 어떤 것인가를 파악하는 것이 중요하다. 또한 광고표현을 중심으로 한 메시지 내용을 계획하면서 '시너지 트리(Synergy Tree)' 라고 하는 사고 프레임도 유효하다. 이상과 같이 네이밍이나 마크 등 상표뿐만이 아니라 광고에 의해 브랜드의 시너지 효과를 구축해가는 것도 가능하다.

---

18) 아지노모토: 1925년에 설립된 일본 최대(자본금: 79,863백만 엔/종업원 수: 5,028명, 2001년 3월말 현재)의 식품회사로 기업명인 'AJINOMOTO' 는 주력상품인 조미료의 브랜드명이기도 하다.
19) 선도(鮮度)관리: p36 참조

브랜드 시너지 트리 작성

아사히 맥주의 시너지 트리

95년 1월~96년 12월

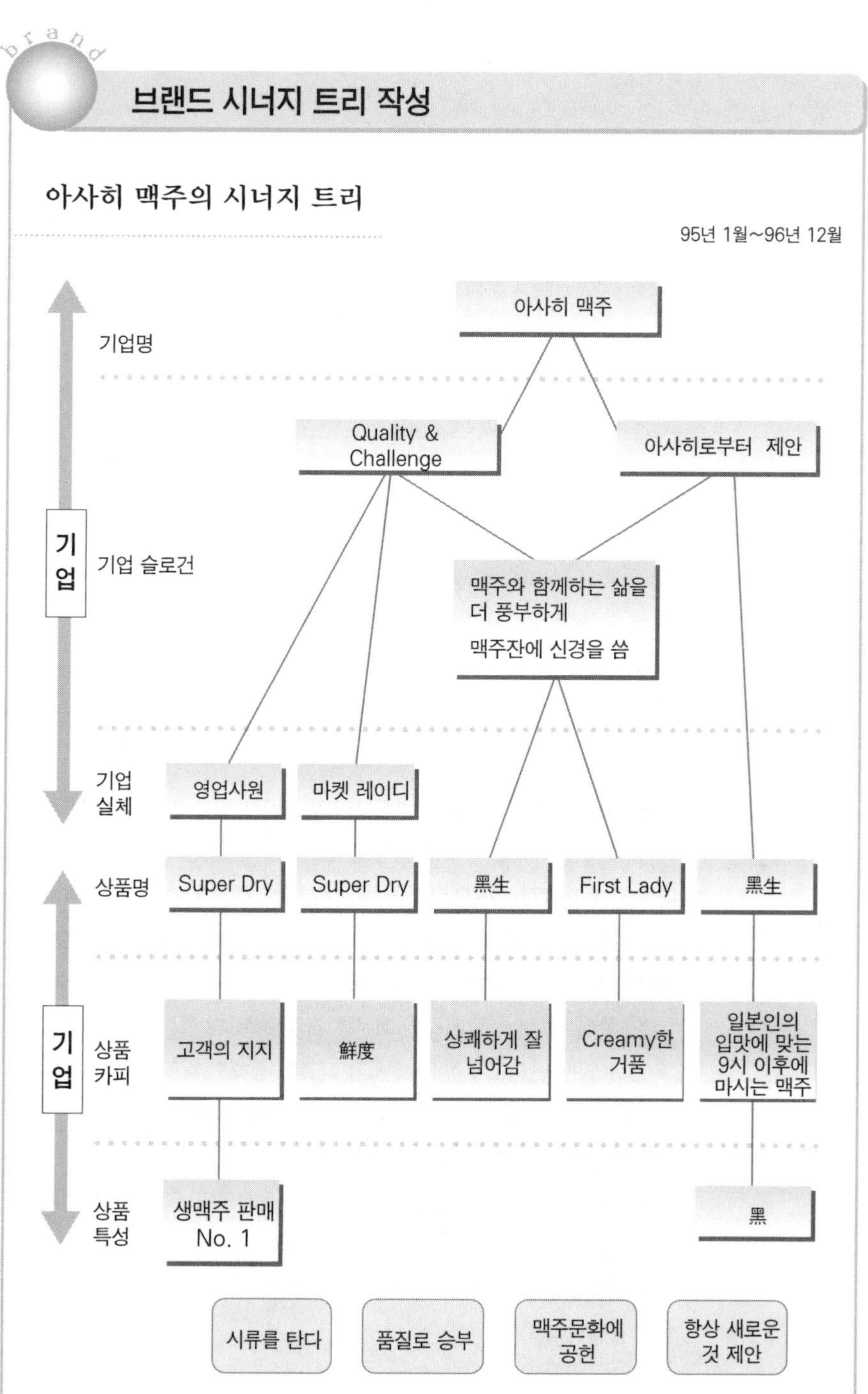

|대학과 브랜드|

대가족에서 핵가족으로의 변화는 사회전반에 많은 영향을 미친다. 특히, 대학에 미치는 영향은 더욱 클 것이다. 왜냐하면 가까운 미래에 대학 진학 희망자수가 대학의 정원에 못 미칠 것이다. 이미 입시 기간에는 대학의 광고를 많이 볼 수 있다. 이러한 움직임 가운데는 브랜드 관리의 관점에서 대학의 개성을 재확인시키려는 움직임도 볼 수 있다.

애초부터 대학, 특히 사립인 경우는 건학(建學)의 정신이 확실하다. 그 점이 입시 난이도에 의해 수치적 서열이 정해져 버리는 현실 속에서 본래의 그 모습을 잃어버린 면도 있지만 어떤 의미에서 본래의 모습으로 돌아왔다고도 할 수 있다.

대학에 따라서는 졸업생을 참여시키는 움직임도 많아, 대학이나 OB회명을 새긴 카드를 발행하거나 대학명의 이메일 주소를 졸업생에게 배포하거나 하는 등 재학생 등 내부인을 참여시킨 브랜드의 활성화도 활발하다.

제 5 장

브랜드 커뮤니케이션을 어떻게 실행할 것인가?

브랜드 커뮤니케이션 계획

| 브랜드 가치를 최대화하려면 모든 방법을 동원하여 커뮤니케이션을 실행한다 |

브랜드 설계가 결정되면 이제 본격적으로 그 가치를 시장에서 확인하는 과정으로 들어간다. 이 시점에서 중요한 것은 브랜드 마케팅을 실행하면서 설정된 가치규정이 헌법과 같은 절대적인 것이 되어서 다양한 마케팅 활동의 최상위 개념이 되어야 한다는 것이다. 그러므로 이 원칙에서 벗어난 커뮤니케이션 활동은 단기적으로 효과가 있는 것처럼 보이더라도 절대로 실행해서는 안 된다.

여기에서는 브랜드 커뮤니케이션 실행 부분을 다루지만, 상품기획이나 사업계획 등도 브랜드 가치설정을 기반으로 이루어진다. 패키지를 개발할 때에도 처음부터 브랜드 심벌을 어떻게 적용할지를 고려하는 것이 필요하다. 이런 경우 디자인 등의 작업진행이 그 이전과 달라지는 경우도 있는데, 그렇게 되면 사내에서 조정해야 한다. 여러 부서와 직종의 사람이 브랜드 구축의 의의를 이해하고, 다양한 직무를 행할 필요가 있다.

광고 크리에이티브 개발은 커뮤니케이션에 있어서는 상당히 큰 비중을 차지한다. 광고주가 자신의 의도를 기초로 하여 대외적으로 알리는 정보이기 때문에 효과적으로 활용하지 않으면 안 된다. 이와 더불어 매체계획도 중요하다. 이런 작업들은 광고회사가 노하우를 갖고 있는 경우가 대부분이지만, 브랜드 관점에서 기획된 계획을 철저히 실행하기 위해서는 기존의 크리에이티브 개발과 매체구입 방식을 변경할 수도 있다. 이렇게 브랜드 관리를 실행하는 경우에는 사외 스태프와의 목표 공유도 중요한 일이다.

광고 외에도 홍보 등이 브랜드에 크게 영향을 미치는 경우도 있지만, 이에 대해서도 통합적으로 계획을 세울 수 있을 것이다.

일관된 브랜드 커뮤니케이션

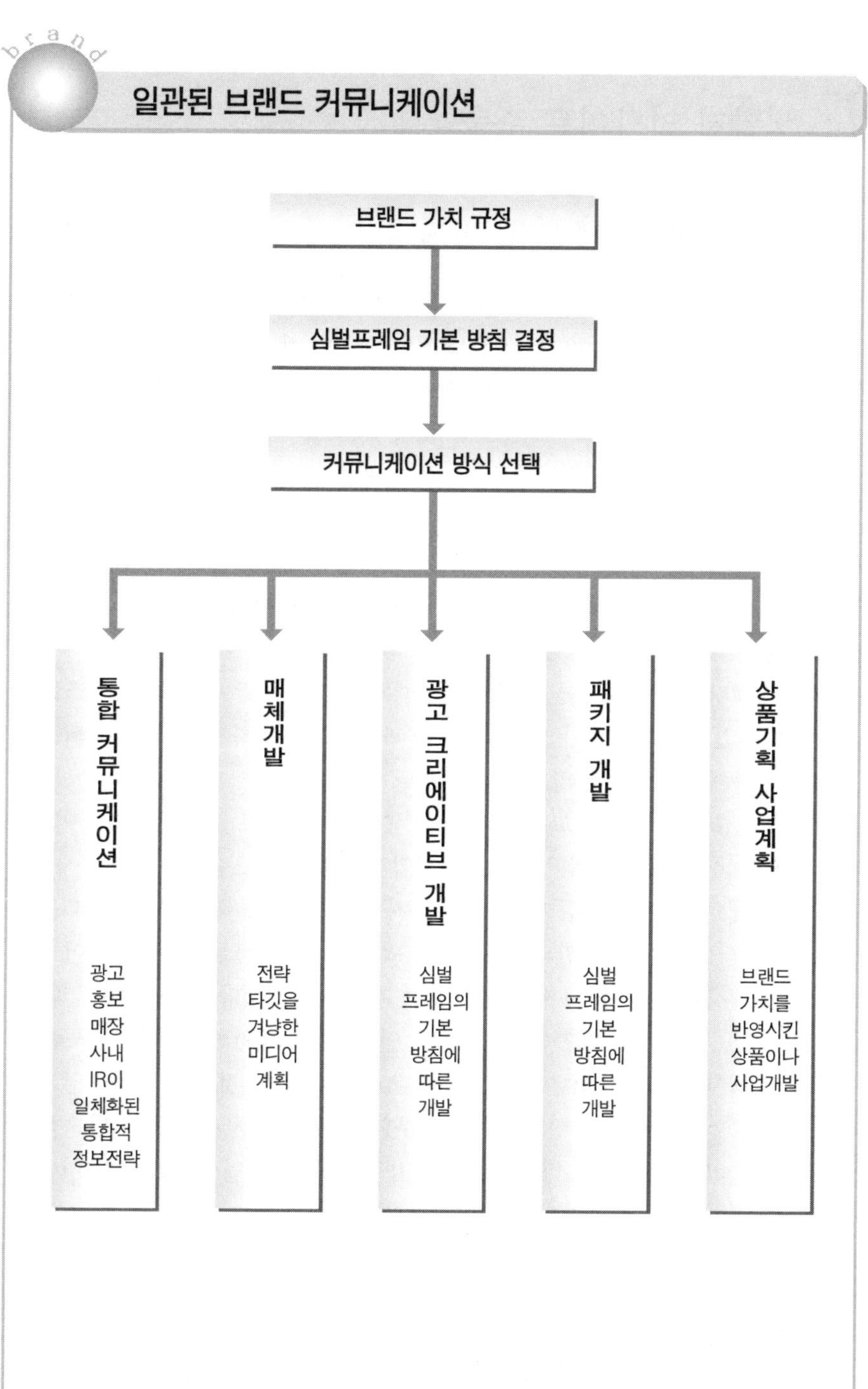

59 생활자 인사이트 추출

| 생활자의 브랜드에 대해 숨겨진 의식을 알고 나서 커뮤니케이션을 설계한다 |

브랜드 가치는 철저하게 토의를 통해 도출된 신중히 선택된 언어에 의해 기술된다. 앞에서 말한 바와 같이 이는 헌법으로 지켜져야 하지만, 일반 생활자에게 이를 전달할 때에는 다시 한번 이미 규정된 브랜드 가치를 생활자 관점에서 바라볼 필요가 있다.

여기에서 5인 가족이 여유있게 탈 수 있는 패밀리카를 예로 들어보자. "브랜드는 가족을 행복하게 해준다"와 같은 가치관과 관련될 것이다. 그러나 광고에서 이런 가치를 메시지로 직접 말하게 되면, 받아들이는 사람은 어떻게 생각할까? 아니면 원래 아버지와 어머니의 수용자세가 다르다고 생각해야 할까?

이런 경우, 현재 우리 가족은 행복하다고 생각하고 있는 사람이 타깃일까? 그렇지 않으면 그다지 행복하지는 않지만 행복해지고 싶은 사람이 타깃일까? 조금 더 생각해보면 실제 커뮤니케이션을 설계하는 과정에서 고려하지 않으면 안 되는 사항이 많이 존재한다는 것을 알 수 있다.

이때 우선 고려해야 하는 고객의 의식을 '생활자 인사이트'[1]라고 부른다. 이것은 전달자가 일방적으로 결정해버리기 쉬운 선입견을 없애고, 브랜드와 생활자 사이의 깊은 관계, 새로우면서도 지금까지는 생각하지 못했던 발견을 가리키는 말이다.

인사이트의 발견은 장기간의 숙련이 필요한 일일지도 모른다. 예를 들어 어떤 술을 놓고 "천천히 여유를 가지고 즐긴다"는 가치로 결정했다고 가정하자. 그러나 이것이 '편한 친구'인지 배려해주는 '연인'인지 '함께 즐기면 즐거운 친구들'인지에 따라 메시지 전달 방법은 달라질 것이다. 그리고 어느 것이 정답인지 알기 위해서는 흔히 실시하는 조사만으로는 불충분할 것이다. 그렇기 때문에 단순히 경험이나 감에 의존하지 않고, 다양한 조사방법을 개발하여 '인사이트 발견'이 가능하도록 해야 한다. 다음 그림은 바로 이러한 방법을 소개한 것이다.

---

[1] 생활자(生活者): 마케팅이나 광고 수용자를 '소비자라고 하는 경제적 측면'만이 아닌 '다양한 가치관을 가지고 생활하는 개인, 가족과 시민의 일원'으로 보다 넓게 파악하려는 시각. 하쿠호도는 1981년 생활자 연구에 특화한 싱크탱크로서 생활종합연구소를 설립하고 생활자 관점에서 총체적인 마케팅 활동을 기업이념으로 전개하고 있다.

생활자 인사이트 추출

브랜드와 생활자 개개인과의 깊은 키즈나[2]를 만들기 위한 광고 커뮤니케이션의 키워드를 추출한다

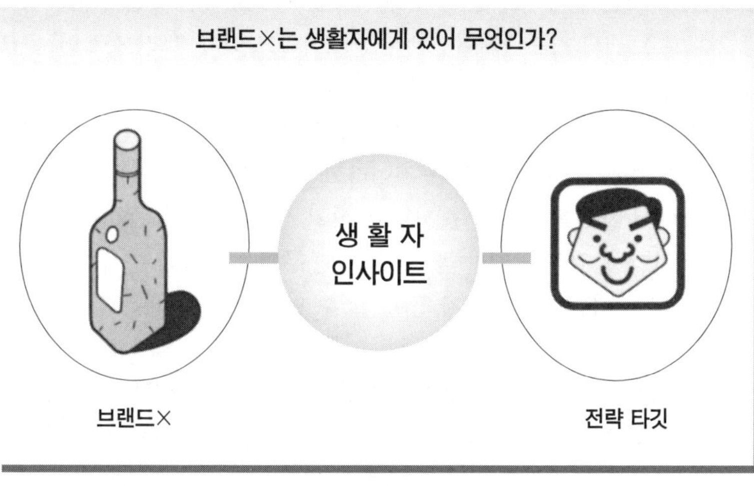

생활자 인사이트 정의

브랜드와 생활자 개개인을 묶어주고 있는 관계성에 대한
새로운 · 의외의 발견

---

2) 키즈나(絆): 브랜드와 생활자 간의 깊은 연계성이나 관계를 말하며, 구체적으로 측정하는 경우에는 브랜드 로열티(애착도)와 브랜드 신선도를 좌표로 하여 매트릭스를 그릴 수 있다. 강한 키즈나는 강한 애착도만큼 이나 현재 유행이나 인기도와 같은 요소도 함께 구비되어야 한다.

60 좋은 인사이트를 발견하기 위해서는

| 한 사람의 생활자로서 관찰과 사고가 가장 중요한 출발점이 된다 |

구미(歐美)에서는 인사이트 발견 내용 자체를 광고회사간에 발표하고 상(賞)을 수여할 정도로 브랜드 커뮤니케이션에서 중요시하고 있다. 그러므로 인사이트 발견을 위한 다양한 방법도 개발되어 있는 상황이다.

하지만 가장 중요한 것은 항상 생활자를 관찰하고, 자신의 경험을 차근히 뒤돌아보면서 머리 속에 가설을 구축하는 것이라고 할 수 있다.

실제 매장에서 물건을 구입하는 사람은 어떤 사람인지, 의외의 사람이 있다면 그 이유는 무엇인지, 같이 구입한 물건으로부터 무엇을 추측해 볼 수 있는지, 이런 사람은 다른 어떤 매장으로 가는지 등을 알 수 있는 현장은 바로 정보의 보고(寶庫)다.

그리고 실제로 여러 가지 조사방법이 개발되어 있지만, 인터뷰 조사 등을 응용하는 것도 중요한 방법이다. 일반적인 인터뷰 룸에서는 좀처럼 이야기하려고 하지 않는 속마음을 유도해내기 위해서 여러 가지 방법이 시도되고 있다. 구미의 예지만, 실제로 TV를 보면서 편히 쉬고 있는 거실에서 이야기를 듣는 경우도 있고, 여고생들에게 긴장을 풀어주고 이야기하도록 유도하기 위해서 친구들끼리 함께 모이도록 하여 자신들의 방과 비슷한 분위기의 공간을 제공한 뒤 인터뷰를 실시하는 경우도 있다. 이렇게 작은 아이디어만으로도 인터뷰에서 얻어지는 내용은 크게 달라진다.

또한 심리학에서 사용하는 방법을 응용하여 인터뷰나 질문지를 개선하기도 한다. 예를 들면 브랜드가 서로 마주보고 마치 대화를 나누고 있는 것과 같은 그림을 이용하여 대화 내용을 채우도록 하는 '다이얼로그 벌룬(Dialogue Balloon)' 이라는 방법은 고객의 브랜드 의식을 생생하게 파악할 수 있는 방법이다. 보통 한 브랜드만 놓고 이야기하는 것보다 경쟁 브랜드와 대화를 통해서 커뮤니케이션상의 차별화 포인트를 찾아가는 것이다.

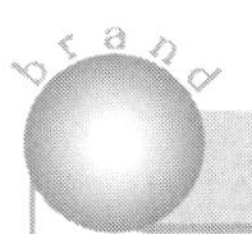

인사이트를 발견하기 위해서

철저한 관찰

● 실제로 소비자가 상품을 실생활 속에서 어떻게 보고 있는지를 관찰한다
  • 우선 매장 등의 판매장소에 가서 쇼핑 상황을 관찰한다
  • 그들이 다른 무엇을 사고 있는지도 보아둔다
  • 그들이 잘 가는 음식점에도 가본다

인터뷰 개선

생활자가 브랜드에 대해 어떻게 생각하는지를 효과적으로 살펴보기 위해, 인터뷰 장소를 바꾸거나 서로 친한 사람끼리 그룹을 만들어 실시해봄으로써 브랜드에 대해 숨겨진 의식을 더 잘 알 수 있다

조사방법 개선

예)다이얼로그 벌룬
  (Dialogue Balloon)

브랜드를 서로 의인화하며 대화하는 방식으로 브랜드에 대한 의식을 분명히 하는 심리학적 방법

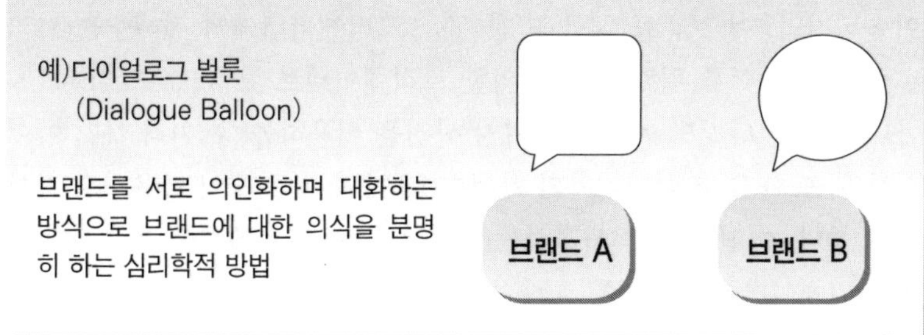

61 광고 크리에이티브로 브랜드를 어떻게 전달할 것인가

| 크리에이터의 상상력을 자극할 수 있는 브리핑(Briefing)이 열쇠를 쥐고 있다 |

차근차근 단계를 거쳐서 결정된 브랜드 가치규정이나, 다양한 방법을 통해서 발견된 생활자 인사이트라고 해도 최종적인 광고 크리에이티브에 반영되지 않으면 의미가 없다. 크리에이티브가 브랜드 가치를 전달해 주지 않을 때 다른 활동에 힘을 실어주지 못하는 데서 오는 피해는 대단히 크다. 그러나 크리에이티브 작업은 담당자의 능력에 따라 성과가 달라지는 일이므로 이 크리에이티브에 브랜드 가치를 전달하는 '브리핑(Briefing)' 이라는 작업 단계가 대단히 중요하다.

이 브리핑을 원활히 수행하기 위해 구미(歐美)의 광고업계에서는 '크리에이티브 브리프(Creative Brief)' 라고 불리는 일정 서식을 마련해 두고 있다. 이것은 오리지널 포맷(Original Format)을 광고주가 갖고 있는 경우와 광고회사가 갖고 있는 경우 두 가지가 있지만, 목적은 크리에이티브 책임자에게 전달하는 내용이 차이가 나지 않도록 하는 것이다. 서식은 회사마다 차이가 있지만, 일반적으로는 다음 그림과 같은 항목이 중심이 된다. 이 외에 기술적인 뒷받침이나 캠페인 목표, 법적 규제 등의 항목이 들어갈 수 있다.

이 크리에이티브 브리프는 광고제작이 종료될 때까지, 방향성 차이를 점검하기 위해 이용되지만, 이 브리프 내용을 맨 처음 크리에이터에게 전해주는 브리핑도 대단히 중요하다. 이를 위해 언어에 의한 크리에이티브 브리프 시트(Brief Sheet)만이 아니라 전략 타깃의 기호나 이미지 사진을 이용하는 등 여러 가지 아이디어가 필요하다. 또한 경쟁 이미지와의 차이를 몇 가지 예를 들어 비유적으로 설명하는 방법도 좋다. 어떤 방법을 사용하든 브랜드 구축 프로세스를 생생하게 전달하는 것이 크리에이터의 이미지를 효과적인 것으로 만드는 포인트가 된다.

광고 크리에이티브로 브랜드를 어떻게 전달할까?

크리에이티브 위치 설정

브랜드 에센스의 규정 시트

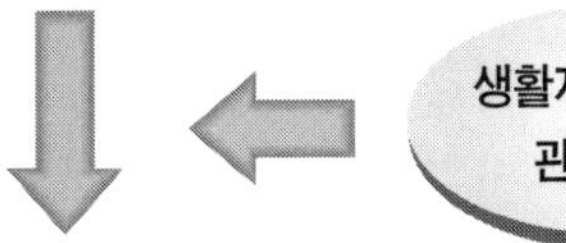

일반적으로 크리에이티브 브리프(Creative Brief)로 사용되는 주요항목의 예

- 브랜드 표지셔닝
- 전략 타깃
- 생활자 인사이트
- 가장 중요한 메시지

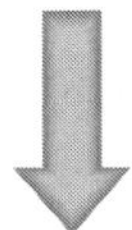

브랜드 구축 프로세스를
어떻게 생생하게
전달하느냐가 중요

**크리에이터
(Creator)**

62 브랜드 광고 프레임 만들기

| 광고 설계의 세부적인 곳까지 브랜드 구축 관점을 반영시킨다 |

브랜드 심벌 프레임이 정해지면, 룰(Rule)에 근거하여 이것을 운용해야 한다. 이름, 로고, 마크 등은 사용 매체와 장소가 어느 정도 정해져 있고 전례도 있기 때문에 룰을 만드는 것은 그다지 시간을 요하는 힘든 작업은 아니다. 그러나 광고 표현 전체를 브랜드 관리 관점에서 만들어 나가기 위해서는 치밀한 작업이 요구된다.

우선 광고 크리에이티브에 관계하는 인력이 많이 늘어나기 때문에 통제하기가 어려워진다는 점을 들 수 있다. 디자인과 관련해서 아트 디렉터(Art Director)가 브랜드 관점에서 점검하는 일만 하더라도, TV광고물(CM)의 경우라면 연출가와 음악, 촬영 등 상당수의 인원이 관련된다. 만약 스타일리스트가 선택한 복장이 광고하는 대상, 브랜드 에센스와 잘 맞지 않으면 이 광고물은 브랜드 구축에 공헌할 수 없을 것이다. 이와 같이 언뜻 보면 너무 세세하다고 생각되는, 한 사람 한 사람의 스태프 선정 문제 까지 많은 영향을 미칠 수 있는 것이 광고제작 작업이다.

한편, 충분한 제작 예산을 투입할 수 없기 때문에 지향하는 브랜드에 부합하지 못하는 표현이 될 위험성도 있다. 충분하지 못한 예산 때문에 탤런트를 잘못 선정하게 되면 그 영향은 엄청나게 커질 수 있다. 이 때문에 크리에이티브 디렉터(Creative Director)와 프로듀서는 광고제작을 항상 브랜드 관점에서 관리해야 하고, 이런 관리가 가능한 사람을 기용하는 것이 중요하다. 단지, 현재 일 잘하는 것으로 평판이 나 있는 스태프라는 이유만으로 광고제작 인력을 선정하여 작업을 진행한다면 결국 완성된 광고물은 브랜드 구축에 공헌하지 못할 것이다. 이상적으로는 관련 스태프 모두가 브랜드의 의의를 이해하고 있다면 가장 바람직하겠지만, 현실적으로는 곤란한 점도 많기 때문에 '핵심인물(Key man)' 의 선정이 모든 것을 결정한다고 말할 수 있다.

브랜드 광고 프레임 만들기

기본
심벌 결정

사용방법 룰(Rule) 만들기

이름 읽는 법	로고 사용법	마크 사용법
• 음성 • 언어 • 광고에서 읽는 법	• 언어 • 상품명, 기업명과 관계 • 광고에서 읽는 법	• 매체에 따른 사용법 • 컬러의 룰

브랜드 관점에서 관리할 수 있는
핵심인물이 필요

광고 가이드 라인

● 디자인 포맷
  그래픽, Web 등

● 스토리 기본 플래닝
  CM 등

● 연출 방법과 톤(Tone) 관리

● 등장 캐릭터, 개성(Personality) 가이드 라인

광고에서 심벌 프레임의 실제

| 브랜드 광고의 기반 만들기와 체계화가 롱셀러 브랜드를 만들어낸다 |

그렇다면 실제 광고주의 심벌 프레임은 어떻게 설계되어 있을까? 여기에서 롱셀러 브랜드의 사례를 살펴보고자 한다.

아사히 슈퍼 드라이는 1987년 발매된 이후 일관된 브랜드 커뮤니케이션을 실행해왔다.

'쓴 맛이 나는 드라이' 라는 상품의 특성을 기초로, 은색의 라벨 패키지 등이 그 상쾌함을 지지하고 있다. 이 외에 광고의 표현요소도 이런 상품특성을 살리기 위해 설계되어 있다. 슈퍼 드라이가 새로운 맛을 제시하여 맥주시장에 도전적인 태도를 취해왔다는 것을 반영하면서, 광고에 등장하는 인물도 일관되게 '도전하는 남자' 가 묘사된다. 그리고 편집도 템포를 중시하여 다이내믹한 스타일을 중심으로 구성했다. 이러한 표현의 일관성을 유지해가면서 '넘버1', '선도 관리(鮮度管理)' 등의 새로운 정보를 추가함으로써 신선한 정보를 계속 제공하고 있다.

식물이야기(植物物語)는 네이밍 자체가 브랜드 속성을 명확히 전달하고 있다. 또한 비누부터 샴푸까지 카테고리를 확대하면서도 일관되게 '안심/안전/편안함' 을 중심으로 표현을 설계하고 있다. 광고는 흰색을 기조로 한 자연광 중심의 영상으로 구성하여 자연스러움을 끌어내고 있으며, 또한 등장인물도 하라다치요(原田知世) 이래, 브랜드 가치에 부합하는 여배우를 활용하고 있어서 다른 평범한 탤런트를 활용하는 광고와는 차별화를 꾀했다.

두 가지 심벌 프레임 사례에서 공통점은, 기본 부분의 설계가 제대로 되어 있어 흔들림이 없다는 것이다. 그리고 브랜드 가치에 맞지 않는 심벌을 '눈에 띄니까', '지금 유행하니까' 라는 이유로 안이하게 사용하지 않았다는 점이다.

광고에서 심벌 프레임 설정 예

식물이야기 (쇼쿠부츠모노카타리)

식물은 자연이라는 연상에 기초하여 "안심, 안전, 편안함"을 중점적으로 전개.
제각기 어울리는 사람, 장면 내지는 시즐 표현 등에 의해 심벌 프레임을 구성했다.

■ 식물이야기 심벌 프레임 설정 예

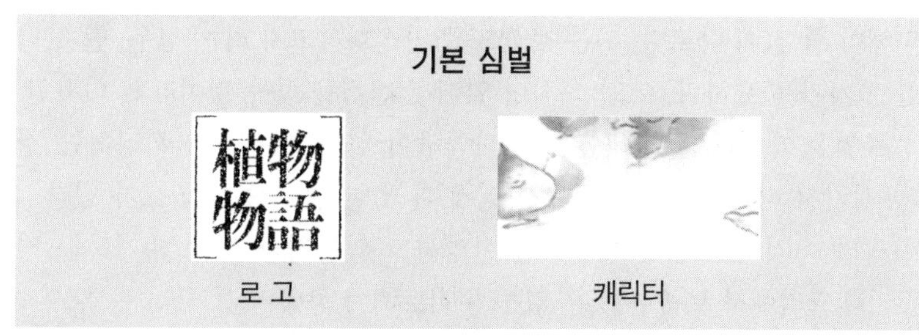

기본 심벌

로고　　　　　　　　　　캐릭터

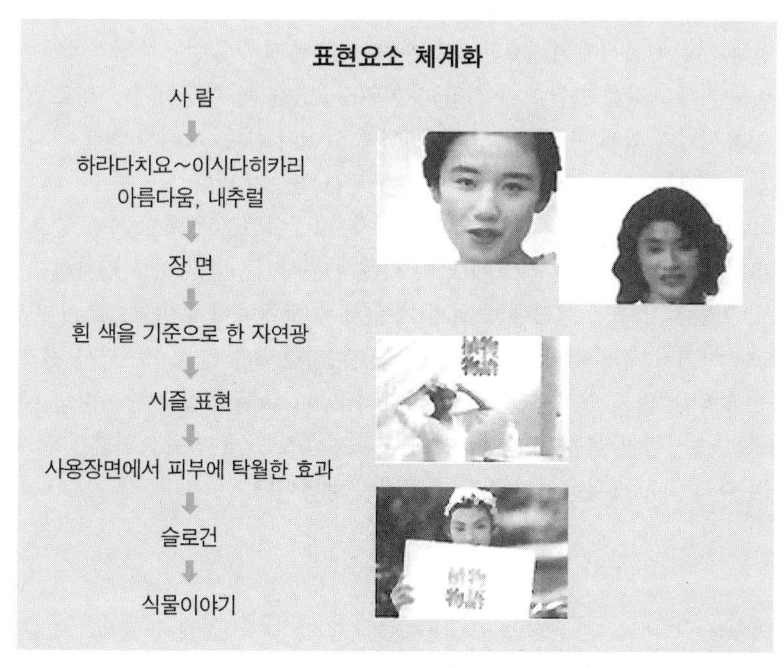

표현요소 체계화

사 람

⬇

하라다치요~이시다히카리
아름다움, 내추럴

⬇

장 면

⬇

흰 색을 기준으로 한 자연광

⬇

시즐 표현

⬇

사용장면에서 피부에 탁월한 효과

⬇

슬로건

⬇

식물이야기

64 브랜드 구축과 패키지 개발

패키지에 관해서는 메이커(Maker)에 노하우가 축적되어 있는 경우가 많고, 카테고리에 따라서도 중요한 차이가 난다. 여기에서는 일반적인 유의사항을 정리해 보고자 한다.

브랜드 관점에서 보면 해당 브랜드가 처해 있는 상황에 따라 패키지를 개발할 때 유의해야 할 점이 다르다. 기존 브랜드를 활성화하고자 하는 경우, 현재 디자인에 대한 평가가 중요하다. 어떤 목적이 있어서 변경을 하는 것이라면 디자인 요소 중에서 무엇을 개선해야 할지 정확히 파악해야 한다. 브랜드를 확장하는 경우에는 현행 패키지 디자인의 핵심이 무엇인지 다시 한 번 확인할 필요가 있다. 그 과정에서 정말 이것이 브랜드 에센스를 반영하고·있는지 아닌지, 추가하는 경우에 새로운 카테고리에서 부족한 것은 없는지 검토해야 한다.

새로운 브랜드를 개발하는 경우에는 그 프로세스에서 얻어진 브랜드 에센스나 심벌을 반영해야 하며, 동시에 카테고리에서 부족하거나 빠진 것이 없는지 점검해야 한다.

새로운 카테고리를 만들어내야 하는 경우는 브랜드를 확장하거나 새로운 브랜드를 정착시키기 위해 사람들의 주목을 끌 수 있어야 한다. 그래서 매장 내의 위치 확보를 포함해서 패키지에도 독창성이 요구되는 경우가 많다.

이러한 목적에 따라서 유의할 점이 달라지지만, 어떤 경우에도 가장 중요한 것은 생활자 조사다. 대개 한 장소에 모여 새롭게 출시되는 패키지를 평가하도록 하는 것이 일반적이지만, 최근에는 실제 매장 내에 설치하여 보여줌으로써 비교 평가하도록 하거나, 컴퓨터상에서 화면을 통해 다양한 조합을 보여주면서 평가하도록 하는 등의 방법도 있다. 또한 동공 카메라(Eye Camera)[3]를 사용한다면 매장에서 관찰하는 시점의 이동이나 패키지에 대한 주목도 등을 일목요연하게 알 수 있다. 이러한 신기술을 활용하는 것도 효과적인 방법이다.

---

[3] 동공 카메라(Eye Camera): 이는 눈동자의 움직임을 측정한다. 즉 신문, TV 등을 볼 때 어느 순서로 보고 얼마 동안 보는가를 관측하여 관심이 있는 것이 무엇인가를 측정한다.

목 적	브랜드 활성화	브랜드 확장	신브랜드 개발	신카테고리 창조
방법 · 유의점	• 패키지 디자인 개선이나 패키지 소재의 개선 • 현시점에서 디자인 요소의 지속적 활용과 개선점의 이해 중요	• 패키지 디자인의 핵심을 정한 후에, 같은 형태의 취향 유지	• 기존 카테고리에 신브랜드로 참여 • 현재 상품시장에서 디자인의 부족한 곳을 발견하는 것이 중요	• 신브랜드로 새로운 상품 카테고리 창조 • 카테고리로써 뉴스성 필요

패키지 조사
- 회의실 평가 방식
- 매장 설치 평가 방식
- PC 사용
- 동공 카메라 방식 등

브랜드 가치를 반영한 공간 개발

| 공간 설계도 브랜드 커뮤니케이션의 중요한 요소다 |

점포나 쇼룸 등의 매장도 브랜드 커뮤니케이션을 행하는 데 있어서는 대단히 중요한 역할을 한다. 단순히 물건을 구매하거나 서비스를 받는 장소라면 효율성을 강조하는 것만으로 충분할 것이다. 하지만 브랜드를 실제로 체험하는 장소로서의 매장을 생각한다면 공간도 브랜드 가치를 구현하는 장소로 고려해야 한다. 구미(歐美)의 고급 패션 브랜드 직영점을 가보면 단순히 호화로운 것이 아니라, 세세한 부분까지 그 브랜드의 감각을 반영시키고 있음을 알 수 있다.

사람들이 특정 공간을 선호하여 찾아간다고 가정한다면 이러한 행동에도 역시 어떤 가치 구조가 내재되어 있음을 생각할 수 있다. 다음 그림은 어느 매장에서의 고객조사로부터 얻은 내용을 구조화한 것이다. 매장에 가는 것은 반드시 필요에 이끌려 가는 것이 아니라 기분 전환이나 만족을 위해 찾아가는 것이라고도 볼 수 있다.

자사 판매망을 보유하고 안테나 숍(Antenna Shop)[4]을 개설하여 이벤트를 여는 경우, 대상 브랜드의 정서가치와 사회·생활가치와 유사한 구조, 또는 상호 보완적인 구조가 바람직할 것이다. 너무 브랜드 가치와 차이가 나는 구조라면 시너지 효과는 기대할 수 없다. 또한 업종 자체가 매장의 네트워크를 보유하고 있는 서비스업이라면 브랜드 가치 구조에 '체험하는 자체의 가치'를 구매나 서비스와 마찬가지의 비중으로 고려하는 것이 중요하다.

공간의 경우, 심벌에 대해서도 그 활용폭이 넓어진다. 제 3장에서는 주로 시각/청각과 관련된 심벌 프레임을 설명했지만, 공간의 경우 촉각과 후각도 활용할 수 있을 것이다. 해당 브랜드의 개성(Personality)에 부합하는 향기나 감촉을 연출함으로써, 고객들이 보다 더 풍부하게 브랜드를 지각하도록 할 수 있다.

---

4) Antenna Shop: 소비자의 동향이나 수요의 경향을 파악하기 위하여 신상품의 테스트 판매 등을 하는 메이커의 직영 소매점 또는 전시 판매장

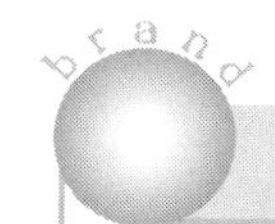

브랜드 공간 개발

브랜드 가치를 점포 공간에 연결짓는다

'공간체험'의 가치구조 사례~'축제형'과 전람회형'

	축 제 형	전람회형
사회 · 생활가치	일상생활을 즐겁게 즐길 수 있다.	자극이 많은 신선한 생활
정서가치	밝고 즐거운 기분이 된다	신선한 놀라움을 통해 감동을 부여해준다
기능가치	떠들썩한 곳에 갈 수 있다	미지의 것에 접할 수 있다
사실 · 특징	사람이 많이 모인다	처음 공개되는 것이 있다

공간의 심벌 요소

촉각 · 후각까지 활용할 수 있는 것이 포인트

고객이 접촉하는 것에 대한 소재 선정과 촉감 **촉각**	공간 전체적으로 향기 설계 **후각**
시각	**청각**

66 브랜드 관점의 매체 계획

| 효율성뿐만 아니라 질(質)을 고려하는 것도 매체 선택에서 필요하다 |

매체 계획은 다양한 데이터를 기반으로 이루어진다. 조사회사가 정기적으로 조사하고 있는 매체 접촉데이터가 풍부하게 구비되어 있고, 과거 실적을 바탕으로 광고회사가 매체 활용 시뮬레이션을 개선해오고 있기 때문에 어느 타깃에 "어느 정도 접촉시킬 것인가"라는 면은 기술의 발달과 더불어 점차 정교화되고 있다. 여기에서 중요한 점은 브랜드의 전략 타깃에 관한 정보다. 성별·연령·직업 등은 물론, 타깃의 취미·기호 등도 잡지 등의 매체를 선택하는 데에는 유효하기 때문에 세심하게 검토할 필요가 있다.

브랜드 관점의 매체 계획에서 중요한 것은, 브랜드 포지셔닝에 맞는 매체를 선택하는 것이다. 아무리 효율적으로 전달할 수 있다고 하더라도, 해당 브랜드 포지셔닝에 맞지 않는 매체를 이용한다면 결국 효과는 감소할 것이다. 어떤 매체를 선택할 것인가, 시간대는 언제로 하는 것이 좋은가, 신문이라면 어떤 면에 싣는 것이 좋은가 등등, 브랜드 가치를 좁혀가면 좁혀갈수록 적절한 매체와 타이밍도 명확해질 것이다.

이런 생각을 반영해서, 최근에는 양적인 데이터를 가지고 타깃에 얼마나 효율적으로 도달할 것인지에 대한 관리와 더불어, 질적인 데이터로 타깃의 태도 변화를 관리하려고 하는 시도가 이루어지고 있는 추세다.

또한 향후 매체 계획에는 인터넷이 점하는 비율도 증가해가고 있다. 이미 미국 등지에서는 인터넷을 통해 소비자가 브랜드에 접촉하도록 유도하는 방법으로 TV 광고를 이용하는 사례도 늘어나고 있다. 그러나 이런 경우에도 브랜드에 맞는 매체를 선택하여 조합하는 것이 가장 중요하다. 비용대비 효과라는 관점에서 매체 계획을 실행하려면 많은 주의가 필요하다.

브랜드 발상에 기초한 매체 계획

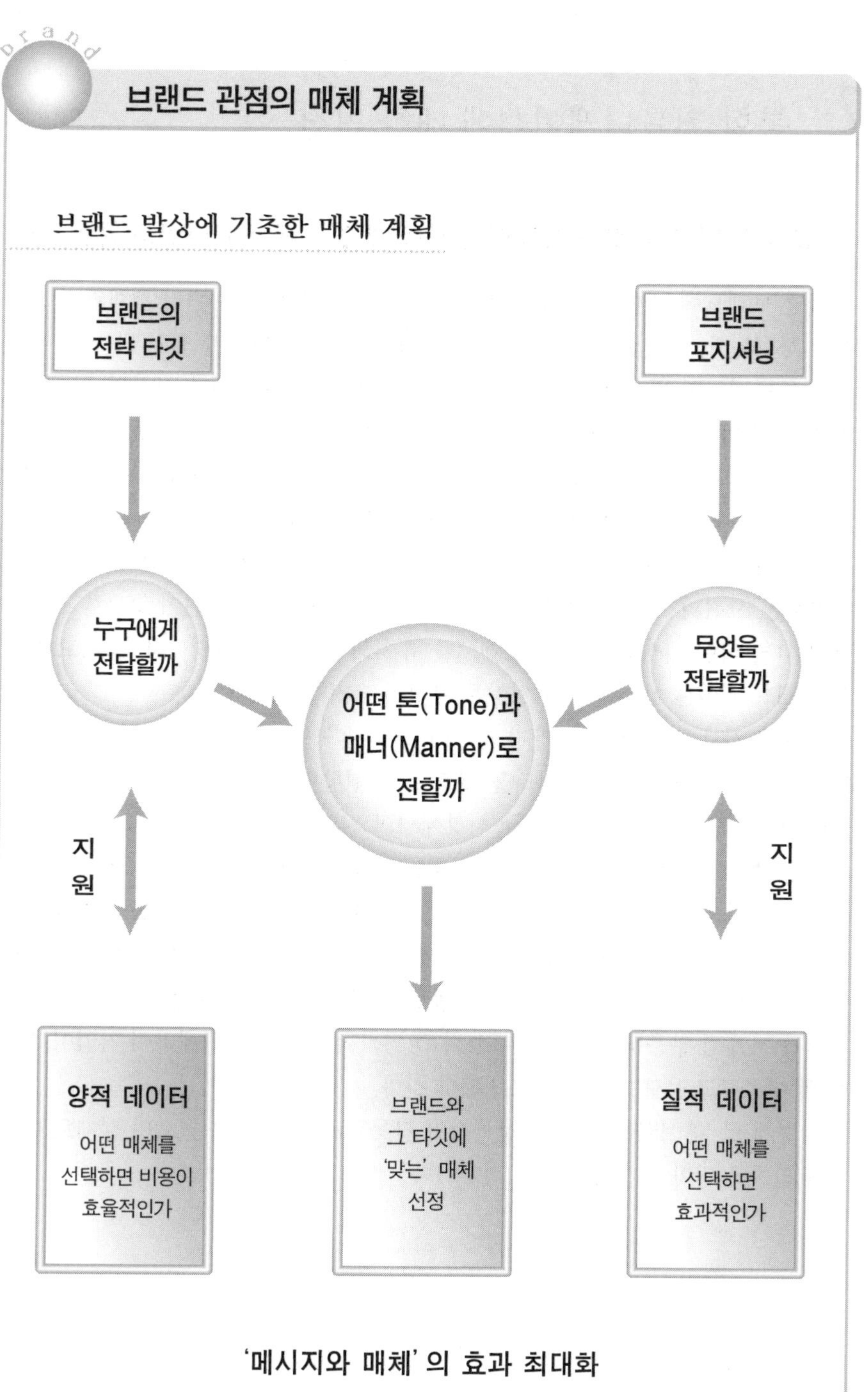

67 통합 커뮤니케이션에 대한 의견

| 고객의 입장에서 모든 접점을 점검하여 브랜드 커뮤니케이션을 행한다 |

특정 브랜드에 대한 고객의 지각은 고객이 경험한 이전의 여러 체험과 정보로부터 형성된다. 이 장에서는 주로 광고나 패키지 등, 전달자가 직접 관리할 수 있는 커뮤니케이션 방법에 대해 살펴보고자 한다. 그러나 브랜드 가치면에서는 이 외에도 몇 가지 흐름이 존재한다. 다음 그림에서 '고객에게 정보 발신', '공간에서의 체험 공유'는 대외적인 발신으로 주로 마케팅 담당자가 관리하는 영역이다.

그러나 브랜드는 해당 기업의 재산이기 때문에 사내에서도 깊숙이 스며들게 해서 알릴 필요가 있다. 특히 기업 브랜드를 구축하는 경우에는 전사원, 또는 경우에 따라서는 사원의 가족을 대상으로 실행되는 내부 커뮤니케이션이 중요한 부분을 차지한다. 이런 의식의 변화가 브랜드를 유지해 나가는 원동력이다. 그리고 특별히 브랜드가 여론 형성에 어떤 영향을 끼칠지 고려할 필요가 있다.

이제는 정보에 의해 여러 가지 행동이 결정된다. 광고도 중요하지만, 보도내용 등이 끼치는 영향은 측정이 어려울 정도로 그 영향력이 매우 크다. 이런 보도내용 등에 의해 주가가 움직이고, 결국 시장에서의 기업가치가 결정되기도 한다. 그리고 어떻게 브랜드를 구축하고 있는가, 어느 정도 브랜드 관리에 힘을 기울이고 있는가가 하나의 기업 평가기준이 되어가고 있다. 이러한 흐름에서 보면 커뮤니케이션을 실행하기 위해서는 매스 커뮤니케이션을 통한 직접적인 발신만이 아니라, 다양한 채널을 활용하여 통합적으로 정보를 전달하는 전략이 필요하다. 이를 위해서는 마케팅 부문뿐만 아니라 홍보나 경영기획 부문과도 연계하여 기업이 확고한 의지를 갖고 브랜드 가치를 표명해야 한다.

이렇게 할 때 브랜드 관리는 전사적인 활동으로 정착될 수 있으며 실제로도 이러한 활동은 점차 증가하고 있는 경향이다.

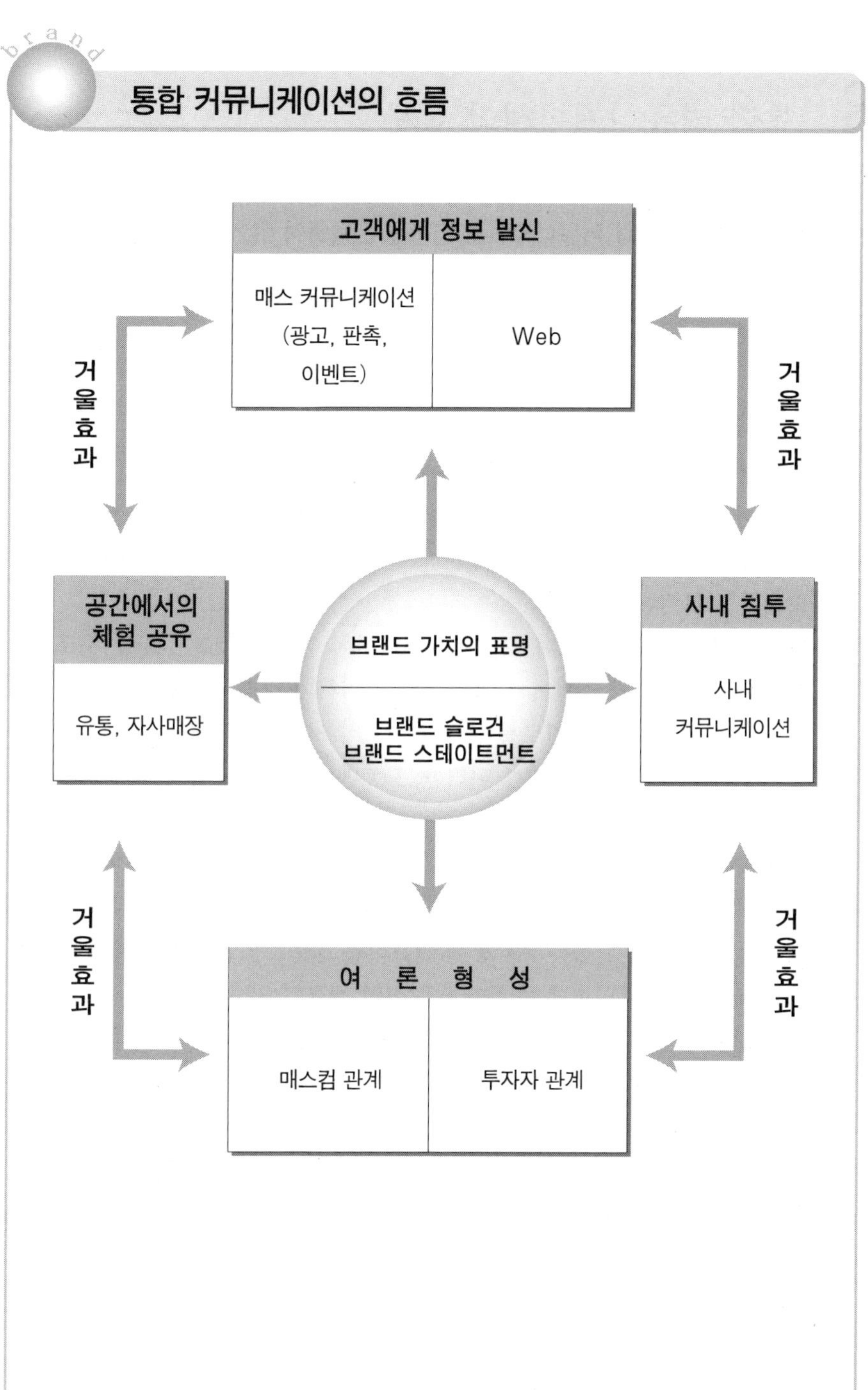
고객에게 정보 발신
매스 커뮤니케이션
(광고, 판촉,
이벤트)
Web
거울효과
거울효과
공간에서의
체험 공유
유통, 자사매장
브랜드 가치의 표명
브랜드 슬로건
브랜드 스테이트먼트
사내 침투
사내
커뮤니케이션
거울효과
거울효과
여 론 형 성
매스컴 관계
투자자 관계

68 통합 커뮤니케이션의 실제

| 타깃에 맞춘 매체와 커뮤니케이션 방법을 선택하여 유기적으로 연계시킨다 |

그렇다면 실제로 통합 커뮤니케이션은 어떻게 실행해야 하는 것일까? 여기에서는 가장 전사적으로 관계되는 '새로운 기업 브랜드 도입과 광고'를 예로 들어 살펴본다.

우선 '내부에서 외부로' 커뮤니케이션을 실행하는 것이 일반적이다. 사내 전파를 위해서는 여러 가지 아이디어가 나올 수 있지만, 최근에는 인트라넷 등을 활용하는 방법이 효과적으로 쓰이고 있다. 경우에 따라서는 사장이 직접 전사원에게 이메일을 보내는 사례도 있다. 브랜드 관리는 리더의 의지가 중요하기 때문에 이러한 방법은 효과적이다.

다음에는 관계자와의 네트워크를 강화해 나가야 한다. 새로운 브랜드 구축이란 단순히 이름을 변경하는 것만은 아니다. 변경하기까지 방향성이 함축되어 있으므로 주요 거래선에게 기업의 진로를 설명하거나 비즈니스를 확대해 나가는 데에는 절호의 기회라고 할 수 있다. 또한 이러한 프로세스를 거치면서 점차적으로 주목을 받게 된다.

마지막으로 새로운 브랜드에 대한 인지획득 단계에서 중요한 것은 PR 활동이다. 새로운 투자와 제휴, 신상품의 발표, 제반제도의 개혁 등 새로운 브랜드와 관련된 뉴스를 전략적인 일정관리를 통해 발표하는 한편, 광고 등과 연계하여 실행하는 것도 중요하다. 당연히 홍보 체제도 강화할 필요가 있다.

새로운 브랜드가 상품이나 서비스에 반영되었다면, 이후에는 계속적으로 지명도나 신뢰도를 유지할 방안을 고려해야 한다. 사회공헌활동 등도 생각해 볼 수 있는데, 브랜드 가치가 증가될 때마다 이들 활동의 시너지 효과도 증가하도록 해야 할 것이다. 이렇게 생각해보면 광고와 더불어 다양한 커뮤니케이션을 통합적으로 전개해 나가는 것이 중요하다는 것을 알 수 있다.

전개 단계와 아이템~ 새로운 기업 브랜드의 출발 예

대상 \ 목표		1. 사내 의식이나 행동의 일체화	2. 관계자와 신 브랜드와의 네트워크 강화	3. 신브랜드에 대한 사회적 인지 획득	4. 신브랜드를 통한 사업환경 정비
내부	사원 (사원의 가족 포함)	**내부캠페인** • 사내논문, 제안모집 • 사내운동 활성화 • 브랜드 컨셉북 • 사내 브랜드 세미나			
	계열기업·관계기업 (유통 포함)	**내부 커뮤니케이션 활동** • 인트라넷, 사내보 활동 • 최고경영자의 메시지(편지) • 사내 포스터 **관계자 커뮤니케이션 활동** • 기념 파티 • Web에서의 정보발신 강화 • PR지의 활용 • 최고경영자의 메시지 • 사외 브랜드 가이드북		**홍보 IR활동** • 기자 발표 • 매스컴 대응 강화 • Publicity 활동 • 투자자 IR	
외부	매스컴·사용자 (투자자 생활자)			**상품, 사업연계 활동** • 기념상품 발매 • 기념 소비자 캠페인 (현상공모, 사은품 증정 등) **기업광고 캠페인** • 사전-본방송-사후 브랜드 광고 • 최고경영자 등장 광고 • 간판, 시티보드 **사회공헌 활동** • 이벤트 개최	

|브랜드화되는 스포츠|

세계인이 동시에 주목하는 빅 이벤트로서의 스포츠에 대한 위상은 한층 높아지고 있다. 여러 다른 시장과 마찬가지로 경쟁이 심화됨에 따라 브랜드화의 관점도 중요해지고 있지만 역시 가장 브랜드 파워를 발휘하는 스포츠 이벤트는 올림픽이다.

최고의 선수들이 모여 열기로 가득찬 경기를 펼치고, 마음을 두근거리도록 만들어, 보는 사람에게도 희망과 감동을 준다. '제공하는 가치 구조'가 확실하다. 이것을 반복하여 '다음에도 올림픽'이라는 기대감이 높아지도록 함으로써 브랜드가 주는 '약속'은 더욱 명쾌해진다.

이름이나 마크를 바꾸는 프로 스포츠도 많이 있다. 하지만 무엇보다 중요한 것은 훌륭한 경기 내용이며, 이것이 빠지고 마크만을 새롭게 바꾼다고 해서 브랜드 파워가 있는 이벤트가 될 수는 없다. 이는 가장 우선적으로 선수들이 펼치는 경기 내용, 즉 '사실·특징'이 중요하다는 것을 증명해주는 실제 사례이기도 하다.

제 6 장

브랜드 조사방법과 데이터를 어떻게 활용할 것인가?

69 생활자의 체험이나 이미지에 대한 철저한 통찰

**| 생활자 각각의 기억 속에 있는 브랜드의 상(像)을 깊은 수준에서
파악하는 것이 중요 |**

브랜드는 항상 생활자의 평가를 받고 있으며 그 평가는 생활자의 머리 속에 기억으로 축적된다. 그러므로 생활자의 '기억 요소'를 바르게 파악하는 것이 브랜드 현상을 잘 파악할 수 있는 방법이다. 그러나 '얼마나 좋아하는가?'와 같은 통상적인 질문으로는 제대로 된 진단결과를 얻을 수 없다. 이것은 생활자 기억의 얕은 부분을 건드린 것일 뿐, 이러한 조사에 의해 입안된 전략은 오히려 브랜드에 치명적이 될 수도 있다.

생활자 기억의 '깊은' 부분, 즉 브랜드에 대해 갖고 있는 진짜 마음을 알아내기 위해서는 질문 방법이나 분석에 최신 기법을 도입하여 조사를 실시하고 또한 풍부한 데이터베이스와 지식의 축적이 필요하다.

브랜드 전략을 마케팅 시스템으로 실행해 나가기 위해서는 크게 3가지 그룹으로 나눌 수 있다. 첫째, 데이터베이스이다. 생활자의 동향을 정기적으로 관측하는 것으로 몇몇 회사에서 제공하고 있다. 하쿠호도에는 'HABIT'이라는 데이터베이스가 있어서 타깃별 브랜드 선호는 물론 매체 접촉이나 라이프스타일 특징과의 관계도 알 수 있어 업무에 다각적으로 활용되고 있다.

둘째, 지식 데이터베이스이다. 여러 가지 브랜드 성공사례나 생활자의 최신동향에 관한 정보로 계수적인 데이터만이 아니라 소비동향의 '키워드(Keyword)'와 같은 형태로 제공되는 것도 있다. 하쿠호도 생활종합연구소에서 나오는 것이 대표적이다.

그리고 셋째, 브랜드 진단과 전략 입안 과제를 수행하기 위해 기획된 조사다. 여기서는 이 조사방법 중에서 대표적인 것을 몇 가지 소개하고자 한다.

생활자 심층의식을 파헤치는 과학적 조사방법과 DB

70 브랜드 파워를 안다

| 생활자가 브랜드를 어떻게 평가하고 있는지를 알 수 있는 기초 데이터 |

조사방법 중에서 가장 기본이 되는 것 중 하나가 브랜드 파워 지표다. 이것은 생활자 조사를 통해 브랜드 파워를 측정하는 것이다. 질문 항목에 따라 측정 방법도 다양하지만 '어떤 브랜드인가' 라는 관점과 '얼마나 가까운가' 라는 관점이 필요하다.

브랜드가 어떤 성격을 가진 존재인지를 파악하기 위해서는 몇 개 항목별로 지표화를 한다. 하쿠호도의 'VOICE 지표' 에서는 브랜드로부터의 목소리를 8가지 지표로 파악하고 있다. 이를 보면 현재의 브랜드 특징을 파악할 수 있을 뿐 아니라 다음 항에서 설명하는 것 같은 몇 가지 패턴으로 분석하는 방법이 가능하고 수치화하여 순위를 매길 수도 있다.

한편 생활자와 브랜드의 거리는 몇 가지 단계를 거쳐 측정할 수 있다. 하쿠호도의 'BONDING 지표' 에서는 단순히 사람들에게 알려져 있는 '인지 단계' 에서부터 가장 깊은 관계인 키즈나(絆)[1]지표까지 6개의 단계로 나누어 측정한다. 주위에서 명성이 높은 브랜드라도 생활자와의 거리가 멀면 시장에서의 힘은 약해진다.

이 두 개의 지표는 상품에서부터 기업까지 조사할 수 있으며 타 업종의 브랜드와도 비교가 가능하다. 개별 조사를 할 수도 있고 하쿠호도의 패널조사인 HABIT 같이 정기적으로 브랜드 파워의 추이를 조사하는 경우도 있어, 여러 가지 비교나 시계열 분석은 물론, 타깃에 의한 브랜드 평가 차이로부터 정보접촉에 의한 영향까지도 분석이 가능하다. 이런 데이터베이스의 효과적인 활용이 결과적으로는 마케팅 비용의 효율화를 이끌어낼 수 있다.

---

1) 키즈나: p 137 참조

브랜드 파워 측정법

소비자와의 관계 확장 측정

■ VOICE 지표

그 브랜드가 어떤 성격을 가진 존재로 소비자의 마음 속에 자리잡고 있는가, 소비자 마음 속에 어떤 타입의 "브랜드 목소리"가 축적되어 있는가를 측정한다.

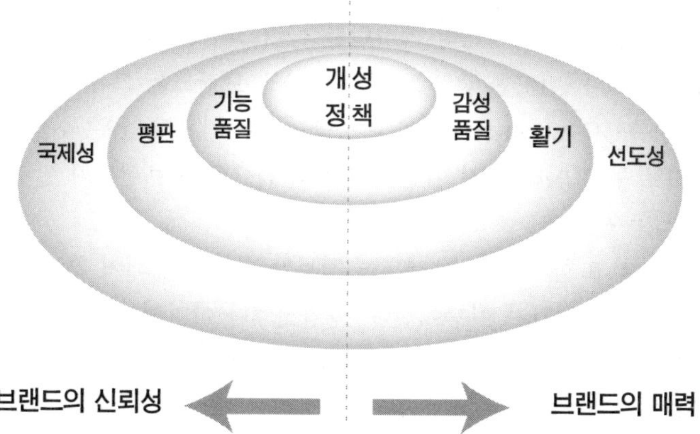

소비자와 관계의 깊이 '심리적 접근도' 의 측정

■ BONDING 지표

브랜드가 소비자와 어느 정도 접근해 있는가, 어느 정도 키즈나 관계를 구축하고 있는가를 측정한다.

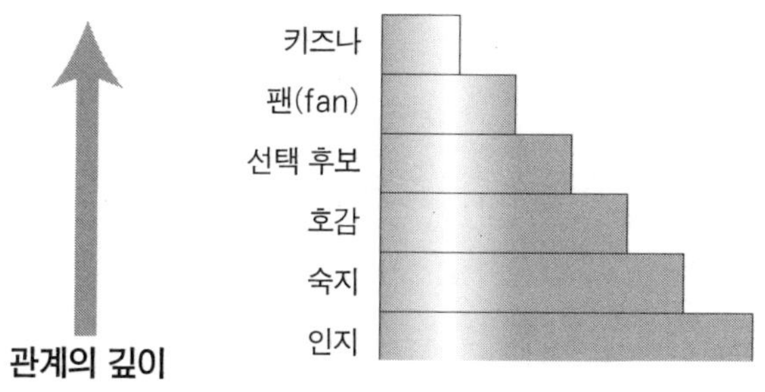

71 브랜드 파워 지표분석 사례

VOICE 지표와 같은 브랜드 파워 조사는 그것만으로는 단순한 진단에 불과하다. 그러나 앞에서 말한 것과 같이 데이터베이스를 활용함으로써 자사 브랜드가 어디쯤에 위치하고 있는가, 그리고 어떤 면을 강화해야 하는가를 알 수 있다.

오른쪽 그림은 VOICE 지표의 데이터를 클러스터(Cluster) 분석이라는 방법에 의해 분류한 것이다. 비슷한 VOICE 구조를 가진 브랜드를 그룹으로 나누어 이름을 붙였다. 주류형(Main stream)으로 이름붙여 전반적으로 높은 득점을 올린 것에 목표 이미지로 두고 여러 가지 패턴을 분석해 봄으로써 브랜드가 발전할 때의 일종의 법칙을 알 수 있다.

일반적으로 젊고 힘이 있는 브랜드에 정보가 먼저 제공되어 활기를 띤다. 다음으로 품질면에서도 평가가 이루어진다. 사업전개나 이미지가 글로벌 중심이면 국제성이 높아진다. 이러한 브랜드는 세계품질형이라고 불리는 형태지만, 머지 않아 '스마트형'으로 이행하는 것도 있다.

한편 주위의 평가가 높아지면서 활기가 느껴지지 않으면 인기 품목에서 노쇠형으로 이행한다. 품질을 유지한다는 전제하에 글로벌한 활동을 넓혀 브랜드로서 신선도를 잃지 않으면서 정보발신이나 상품개발을 지속적으로 추진함으로써 주류형을 추구하고 있음을 데이터를 통해 알 수 있다.

현재 브랜드가 어디에 있는가를 알 수 있으므로 목표설정이 명확해짐과 동시에, 우수한 브랜드를 통해 배울 점이 명확해진다. 또한 정기적으로 데이터를 검증할 수 있으므로 효과측정에도 이용할 수 있다.

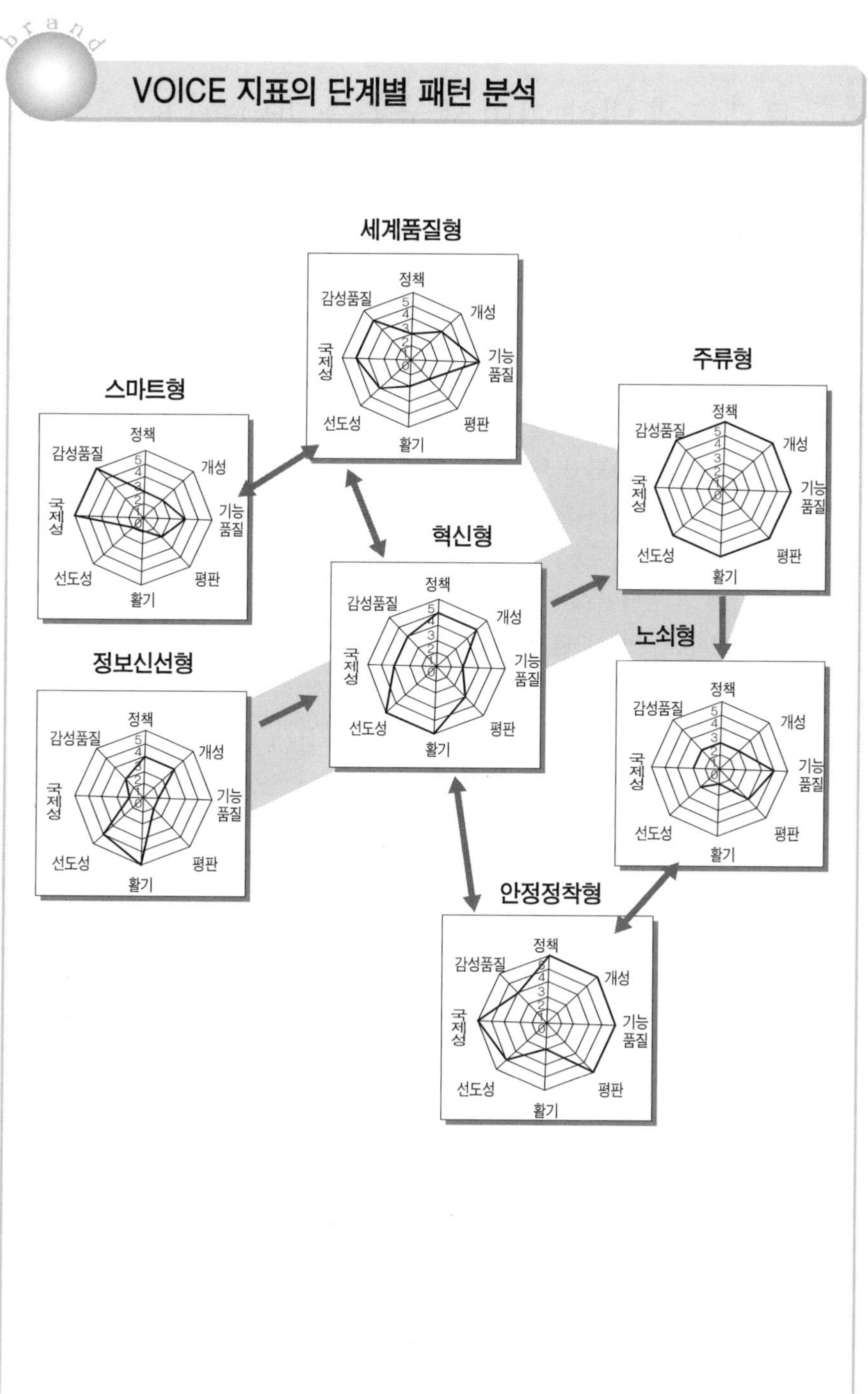
세계품질형
정책
감성품질
개성
국제성
기능품질
선도성
평판
활기
주류형
정책
감성품질
개성
국제성
기능품질
선도성
평판
활기
스마트형
정책
감성품질
개성
국제성
기능품질
선도성
평판
활기
혁신형
정책
감성품질
개성
국제성
기능품질
선도성
평판
활기
노쇠형
정책
감성품질
개성
국제성
기능품질
선도성
평판
활기
정보신선형
정책
감성품질
개성
국제성
기능품질
선도성
평판
활기
안정정착형
정책
감성품질
개성
국제성
기능품질
선도성
평판
활기

72 브랜드에 대한 이미지 구조를 파악한다

| **브랜드에 대한 '기억의 구조'를 자유연상으로 확인하고 시각적으로 파악한다** |

브랜드의 현재자산을 진단하기 위한 가장 기본적인 조사가 자유연상법 FASA[2]이다. FASA(Free Answer Structure Analysis)는 이름 그대로 자유응답을 기초로 한 데이터를 사용해 브랜드를 진단하는 것이다. 브랜드에 대한 생활자의 기억구조를 알기 쉽고 분명하게 해주기 때문에 진단할 때는 주의를 기울일 필요가 있다.

방법은 일 대 일 심층면접 형식으로 진행된다. 대상자에게 "(브랜드명)를 듣고 떠오르는 것을 말해 보십시오"라고 질문한 뒤 자유롭게 단어를 말하도록 한다. 대상자가 문장으로 대답한 경우는 인터뷰 주관자가 단어를 구분하여 다시 나눈다. 이것을 여러 명의 응답자에게 물어 지도(Map)로 그린 것이 오른쪽 표다. 이것을 정리하기 위해서는 '연상확률'이라는 방법을 이용한다.

A라는 단어를 떠올린 사람이 B라는 단어를 떠올릴 확률이 일정 수준 이상이 되면, A에서 B로 화살표를 그린다. 이 화살표가 집중되어 있는 단어가 그 브랜드의 중심이 되는 이미지 자산임을 알 수 있다.

연상되는 단어는 ① 브랜드 자체의 사실·특성에 관한 것, ② 이미지를 표현하는 형용사, ③ 광고 등의 커뮤니케이션에서 기억된 언어 등 3가지로 크게 나눌 수 있다. 강력한 브랜드의 경우는 이것들이 유기적으로 결합되어 있다. 브랜드 자체의 우위성이 생활자의 머리 속에 가치로 정착할 수 있도록 커뮤니케이션이 기여하고 있음을 알 수 있다. 지도로 그려보면 이미지 선행의 브랜드, 상품력은 있지만 발신력 부족으로 손해를 보고 있는 브랜드 등을 일목요연하게 알 수 있다. 브랜드가 약화되어 있는 경우는 선(線)이 적어지고 단어 자체도 눈에 띄게 감소한다. 또한 사용자, 비사용자 모두 조사가 가능하기 때문에 타깃에 의한 이미지 구조의 차이를 알 수 있다.

---

[2] 자유연상법(FASA): 자유연상으로 브랜드이미지를 파악하고 연상구조 분석으로 이미지상의 문제점을 진단하는 방법이다. 연상의 네트워크(Network) 분석을 통해 파급효과를 극대화하는 메시지 요소를 개발하고, 소비자의 마음 속에서 변화될 수 없는 핵심 이미지를 규명하게 된다.

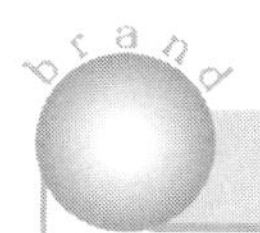

자유연상법(FASA)

현재의 브랜드 자산을 "연상"이라는 방법을 사용해 확인하는 방법. 생활자 마음 속에 축적된 브랜드의 의미를, 자유연상법을 통해 깊은 수준의 의식을 "단어"로 추출해낸다.

(자동차 메이커 브랜드 예)

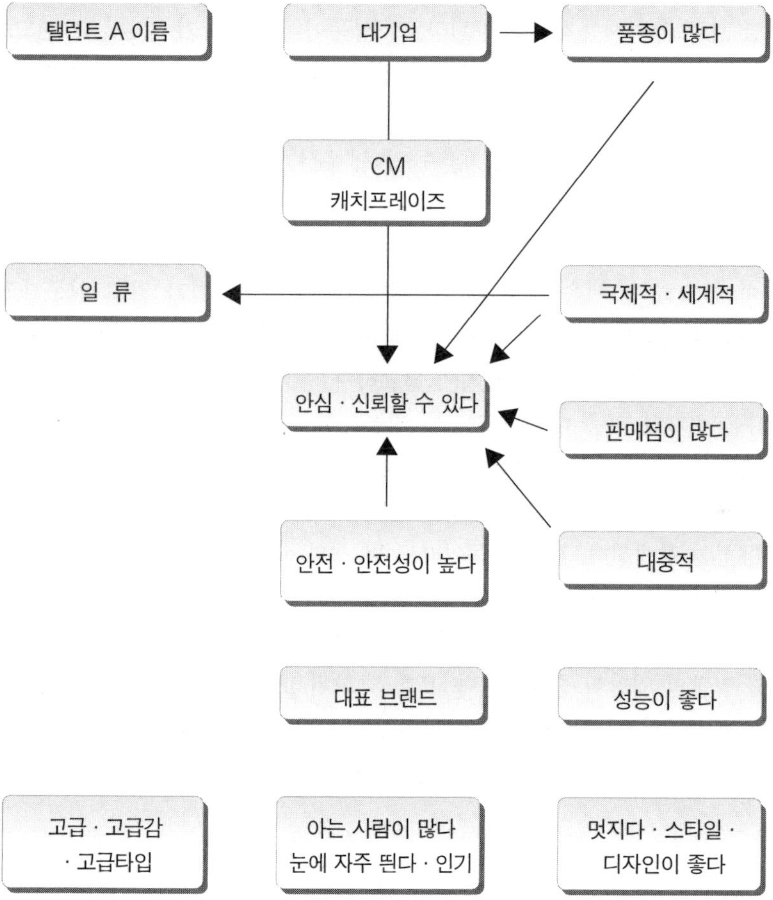

브랜드의 잠재가치를 안다

| 왜 그 브랜드를 선택하는가에 대한 생활자 의식을 깊게 탐구한다 |

자유연상법이 생활자의 기억 구조를 찾는 것인데 반해, 잠재가치 연쇄법은 '선택되는 구조'를 찾아내는 것이다. 보다 깊은 의식을 찾기 위해 이 조사의 대상자는 해당 브랜드의 사용자로 제한된다. 그 상품이나 서비스가 정말로 브랜드로서 성립하기 위해서는 이 조사에서 얻을 수 있는 '가치 연쇄'가 확실하게 성립되어야 한다. 그러기 위해서 이 조사는 브랜딩의 핵심이 되는 중요한 과정이다.

조사는 일 대 일 심층면접으로 할 수 있다. 우선 '왜 ○○ (브랜드명)을 선택하는가'라는 질문을 '기능 가치'의 말로 대답하게 한다. 처음부터 느닷없이 '멋있으니까', '좋아하니까'라는 대답을 얻는 것이 아니라, 어디까지나 기능에서 출발하는 것이 중요하다. 계속하여 "왜 이것은 당신에게 중요한가"라고 질문하면서, '왜', '왜'를 반복한다. 그 결과를 나타낸 것이 오른쪽 도표지만 이러한 답변을 얻기 위해서는 숙련된 인터뷰 주관자가 필요하다.

응답을 집계한 다음 내용에 맞추어 기능가치, 정서가치. 사회·생활가치로 나눈다. 밑에서부터 위로 사다리를 걸쳐 놓은 것처럼 구조화하기 때문에 '래더링(Laddering)'[3]이라고 불리는데 이것을 얼마나 잘 파악하는가에 따라 브랜드 전략의 방향성이 정해진다. 같은 상품이라도 몇 개의 사다리가 있는 경우에는 경쟁에서 가장 차별화할 수 있는 흐름을 찾아 소구하도록 한다. 기능에 의한 차별화가 곤란하다면 사회·생활가치를 확립하는 것이 필요하며, 그러자면 광고 등의 커뮤니케이션 전략의 입안이 중요해진다. 또한 약화된 브랜드는 조사 대상자 중에서도 가치가 제각각이기 때문에 선이 쉽사리 끊어진다. 그런 경우는 상품설계 단계로 되돌아가서 브랜드를 바로잡지 않으면 안 된다.

---

3) 래더링(Laddering): 생활 속에서 상품과 소비자를 연결하는 상품의 역할, 가치를 상품의 물리기능적 속성에서 정서적 혜택을 거쳐 정신적 가치에 이르는 사다리 구조로써 파악하는 기법. Reynolds and Gutman(1988)이 수단—목표 연쇄(Means-End Chains)이론에 따라 속성과 편익, 그리고 가치를 연결하여 분석하고 해석할 수 있는 래더링 분석 방법을 『Journal of Advertising Research』에 발표·제시하면서 발전하였다.

잠재가치 연쇄법(Laddering)

사용자의 브랜드 가치를 3층 구조로 파악한다. 사용자가 의식·무의식 양면에서 인식하고 있는 브랜드 가치를, 기능가치로부터 사회·생활가치에 이르기까지의 연쇄구조로서 Reason-Why형의 인터뷰를 이용해 잠재가치를 분명히 한다.

(자동차 메이커 브랜드 예)

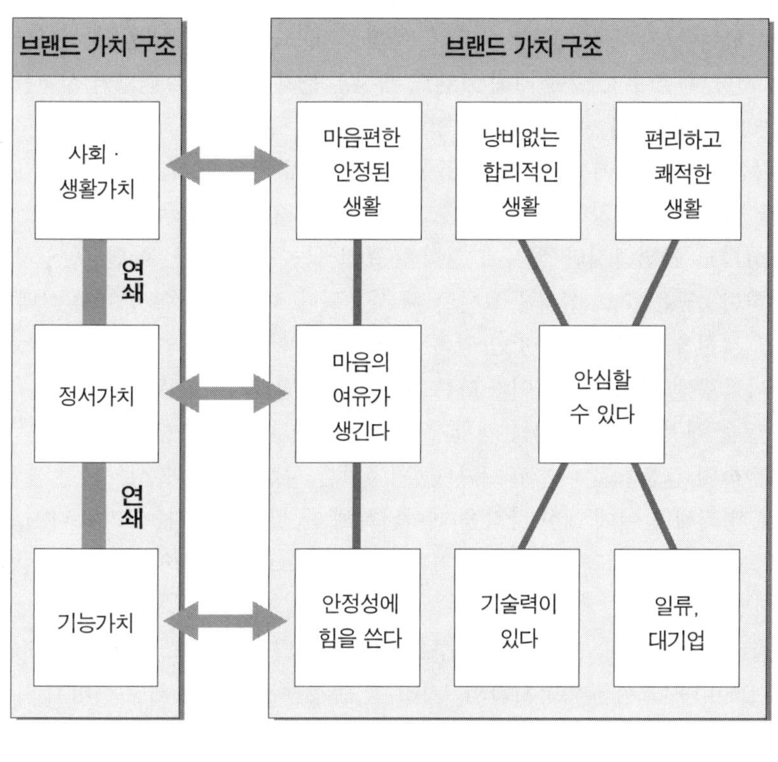

74 브랜드 개성을 안다

| 브랜드의 성격을 파악하여 관리함으로써 생활자와의 최적 관계를 구축한다 |

생활자의 머리 속에 있는 브랜드 자산을 연상자산과 가치구조로 살펴보았지만 이것 못지 않게 중요한 것이 브랜드의 성격, 즉 브랜드 개성이라고 불리는 것이다.

브랜드를 인간에 비유해 보자. 연상자산은 그 사람의 경력, 속성, 외모 등의 정보로 성립된다. 가치구조는 그 사람이 '무엇을 해주는가' 라는 내용, 말하자면 '동사' 로 기술된 것이다. 이에 대해 브랜드 개성은 문자 그대로 브랜드의 성격을 '표현하는 형용사' 로 기술하여 규정한 것이다.

수많은 형용사 중에서도 성격을 표현하는 것은 많지 않다. '크다', '멀다' 등은 상황을 나타내지만 성격을 표현한다고는 말할 수 없다. '따뜻하다', '부드럽다' 등은 상황도 표현하지만 동시에 성격을 표현하는 것도 된다. 한편 '발랄하다', '느긋하다' 등은 주로 성격을 묘사할 때 사용된다. 이러한 단어 중에서 선택하여 브랜드 개성을 규정해야 하지만 암흑 속에서 적당한 말을 찾는 것만으로는 효율이 떨어질 뿐만 아니라 결정어가 다른 브랜드와 차별화되지도 못한다.

이 점을 해결하기 위해서는 생활자 조사를 통해 여러 형용사간의 가까운 정도를 측정하여 그룹으로 나누고, 유사한 형용사를 사전화하거나 성·연령 등의 타깃별로 정리해 단어에 대한 감각을 데이터화해 둘 필요가 있다. 그리고 나서 대상 브랜드를 경쟁 브랜드와 비교하여 위치를 파악함으로써 최적의 브랜드 개성으로 포지셔닝할 수 있다.

이를 위한 작업의 일환으로 하쿠호도의 퍼스널리티 워드 뱅크(Personality Word Bank) 시스템은 형용사간의 '거리' 를 측정한 상태에서 해당 이미지 비주얼도 패키지화하여 그야말로 신속하고 정확하게 브랜드 개성에 대한 규정이 가능해진다.

브랜드 개성 분석

브랜드 개성(인격)을 경쟁 브랜드와의 위치관계 속에서 파악한다. 하쿠호도의 "퍼스널리티 워드 뱅크(Personality Word Bank)"를 활용해서 경쟁상에 있는 타사와 이미지 상의 위치관계를 맵핑(Mapping)한다. "퍼스널리티 워드 뱅크"란 브랜드를 나타내는, 개성으로 생각되는 형용사를 망라하여 유형화한 것이다.

(퍼스널리티 포지셔닝 맵 예)

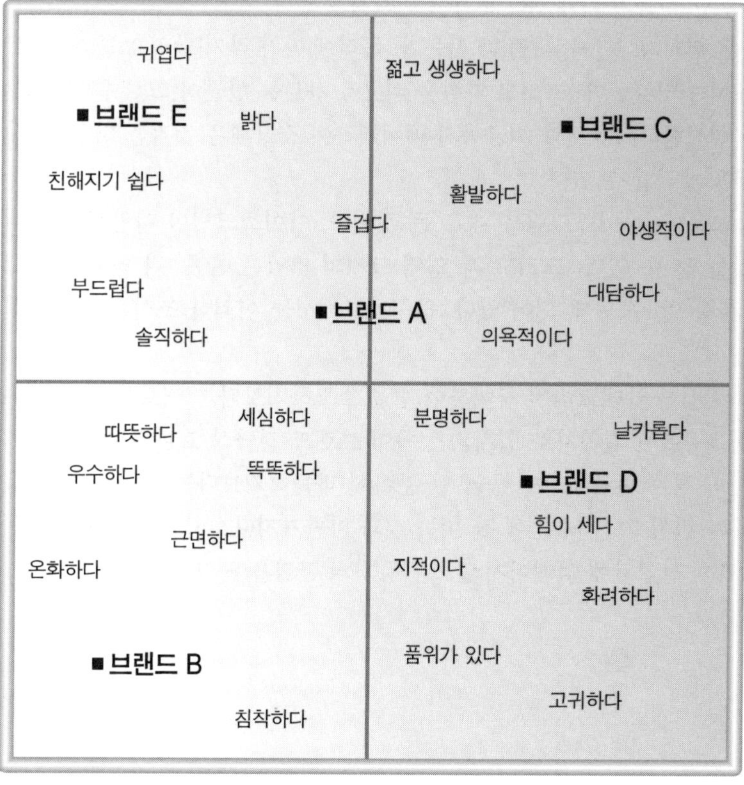

사용자의 관점에서 카테고리를 생각한다

| 사용자의 머리 속에 있는 카테고리를 찾아냄으로써 경쟁우위를 점할 수 있다 |

많은 상품이 시장에 넘쳐나면 이 모든 것을 다 기억하기란 불가능해진다. 그래서 비슷한 것을 그룹으로 나누는 것, 즉 카테고리화가 진행된다. 자동차라면 세단, 왜건(Wagon) 등으로, 음료라면 쥬스, 우유, 탄산음료로 나눌 수 있다.

지금까지 이러한 분류는 메이커 등이 해왔다. 그러나 상품 종류가 늘어나게 되면서 소비자는 반드시 그렇게 받아들이지 않는다는 것을 알 수 있다. 그렇기 때문에 최근에는 사용자 카테고리 분석이 행해지고 있다.

우선 소비자가 '언제, 어떨 때 사는가, 목적에 따라 각기 달리 쓰는가'를 살펴보기 위하여 인터뷰한다. 그리고 가설을 기초로 차트를 만들어 그 흐름에 따라 정량조사를 실시한다. 그 결과 지금까지 메이커측이 소구해온 것과는 다른 측면이 있다는 것을 발견할 수 있다.

옆의 그림은 아이스크림을 예로 든 것이다. 아이스크림이 다양하게 표현되고 있는 것을 알 수 있다. 그리고 각 영역 크기의 파악은 물론, 각 하위 카테고리의 경쟁상황을 알 수 있게 되어 있다. 하쿠호도에서는 이러한 조사를 패키지화하고 있다.

경쟁이 심한 카테고리에 참여하여 힘을 소모하기보다는 새로운 카테고리를 창조하여 그곳에서 일인자로 인지되는 쪽이 브랜드 전략상 효과적일 때도 있다. 올림픽 등의 경기 종목에서도 줄곧 한 분야에 파묻히기보다는 신설 종목에서 금메달을 따는 편이 훨씬 더 눈에 잘 띄는 것과 마찬가지다. 어느 쪽이든 중요한 것은 메이커측의 선입관에 얽매이지 말고 사용자의 관점을 반영시키는 것이다.

사용자 카테고리 분석(하위 카테고리 맵)

(아이스크림 예)

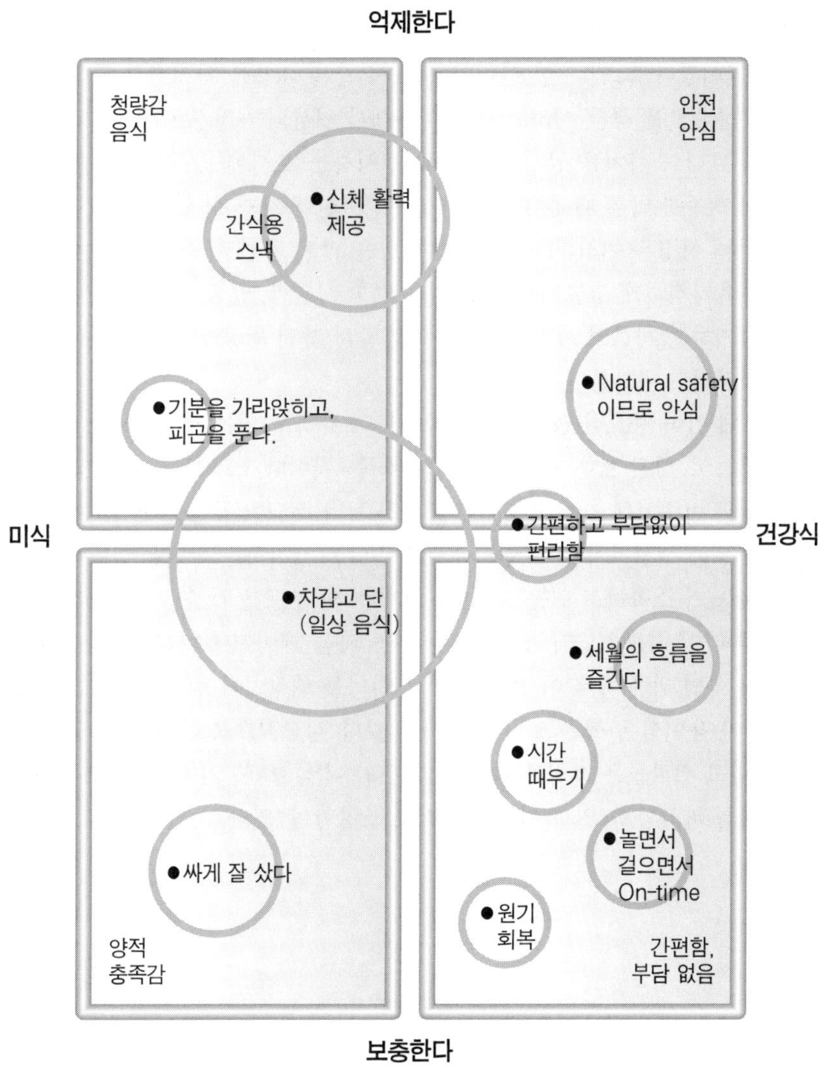

76 브랜드와 장면을 비주얼로 파악

| 브랜드의 포지션을 비주얼 데이터에 의해 일목요연하게 알 수 있다 |

지금까지는 주로 '말'을 사용해 조사를 실시하여, 브랜드의 '가치'나 '포지셔닝'을 만들어왔다. 그러나 한 단어가 반드시 같은 내용을 가리키고 있다고는 볼 수 없다. '풍요로운 생활'이라고 해도 여기에서 연상되는 정경은 여러 가지다.

실제의 브랜드 가치를 규정하기 위해 실시하는 조사에 있어서도 마찬가지다. 예를 들어 맥주를 마실 때에 많이 하는 말로 '시원한 기분'이 있다. 그러나 이것으로 연상되는 정경은 여러 가지일 것이다. 땀을 많이 흘린 후 목을 축이는 시원함, 휴일에 유유자적하게 그늘에서 쉬고 있을 때의 시원함, 밤 늦게 시원한 바람을 쐬면서 이야기하는 시간의 시원함 등. 이처럼 말이 가진 뉘앙스는 사람에 따라 또한 시대에 따라서도 변화한다.

브랜드에 있어 중요한 것은 그 브랜드가 '소유하고 있는 세계'가 어떠한 것인가를 파악하여, 다른 브랜드와 차별화를 꾀하는 것이다. 그 때문에 말에 의한 포지셔닝은 물론 비주얼에 의한 포지셔닝에 따라 보다 정교한 규정을 만들어야 한다.

조사를 통해 생활자가 그 브랜드에 어울린다고 생각하는 장면을 선택해감에 따라 각 브랜드가 소유하고 있는 '브랜드 세계관'의 분포를 알 수 있다. 이러한 조사 방법 중 하나인 하쿠호도의 'Brand View'는 다음 페이지에 나타나 있는 것과 같이 컴퓨터 화면 위에 죽 놓여 있는 화상 중 하나를 대상자가 직접 선택함으로써 집계·분석이 용이함은 물론 조사 대상자가 보다 직감적으로 선택할 수 있도록 해준다. 그리고 결과물은 그림과 같이 나타난다. 어느 브랜드가 어느 영역을 차지하고 있는가를 파악할 수 있고 시계열 변화도 조망할 수 있다.

생활 장면 비주얼 분석

소비자와의 관계 확장 측정

■ 하쿠호도 Brand View에 의한 분석 예

비주얼 데이터를 활용하여, 소비자가 카테고리별로 생각하는 사용 장면을 발견하고, 거기서 브랜드가 차지하는 영역을 분석한다.

제시 비주얼

■ 사용 장면의 영역 발견

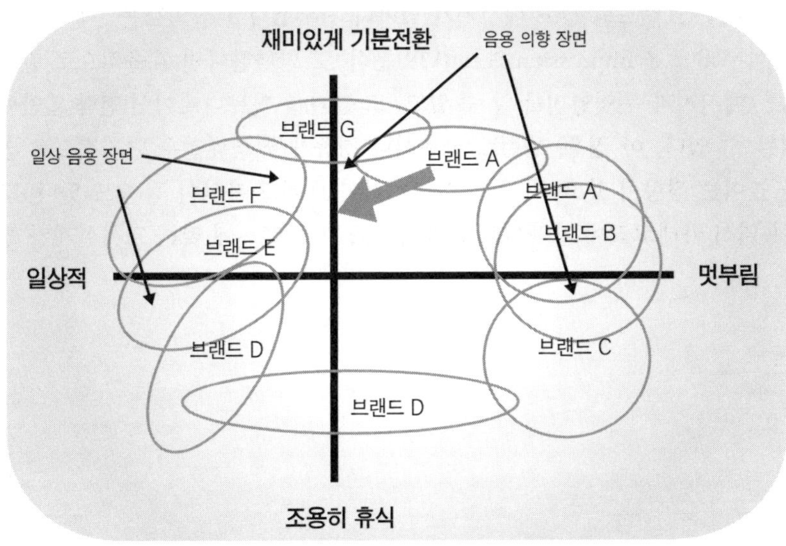

77 메시지 양(量)과 효과를 찾아낸다

| 광고 메시지 양과 구조를 파악하여 브랜드 전략에 반영시킨다 |

브랜드의 고유 가치는 다양한 체험과 정보를 통해 생활자의 마음 속에 쌓여간다. 그 중에서도 광고가 차지하는 비중은 대단히 크다. 또한 광고는 메시지 내용을 메이커측이 통제 관리할 수 있으므로 브랜드 이미지를 지향하는 방향으로 움직이도록 하는데 효과적이다.

그러나 막연하게 광고 내용을 정해서는 브랜드의 가치도 산만해진다. 전달해야 할 메시지를 정했다면, 일정 기간에 걸쳐 일정량을 노출시키는 것이 중요하다.

이럴 때 브랜드 광고의 표현 내용을 모델, 장면, 음악, 카피 등으로 분류 집계하는 조사방법이 필요하다. 하쿠호도에는 '메시지 노출량 분석 = Message Volume Point(MVP) 분석'을 통해 다음과 같이 일정 기간 중에 한 브랜드의 광고 메시지 양을 구조적으로 파악하는 조사방법이 있다. 이 방법을 사용하면 강력한 브랜드가 장기적으로 어느 정도 양으로 광고 메시지를 발신하고 있는가를 알 수 있다. 출고된 광고량은 모두 통계 데이터가 되기 때문에 이전의 사례를 참고하여 매체계획을 수립할 수도 있다.

또한 이런 브랜드의 광고 메시지가 얼마나 침투했나를 살펴보는 '메시지 침투도 분석=Value & Impression Point(VIP)분석'도 병행한다면 효율적으로 잔상에 '남는' 메시지가 무엇인지를 알 수 있고, 그 결과를 커뮤니케이션 전략 입안에도 반영할 수 있다. 이 경우, 탤런트 활용이나 경품제공 캠페인은 단기적으로 인지도를 높이는 경향이 있고, 카피 등은 장기적인 브랜드 자산이 될 수도 있다. 그러나 이 역시 카테고리에 따라서도 달라지므로 그 브랜드에 맞는 조사설계가 필요하다.

하쿠호도 'MVP 분석'과 'VIP 분석' 예

메시지 노출량 분석—MVP(심벌트리)

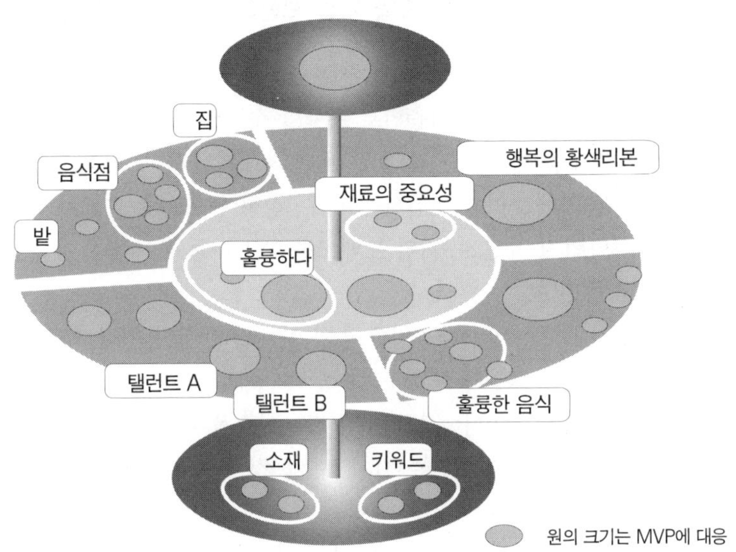

표현 심벌 노출량&침투도 분석

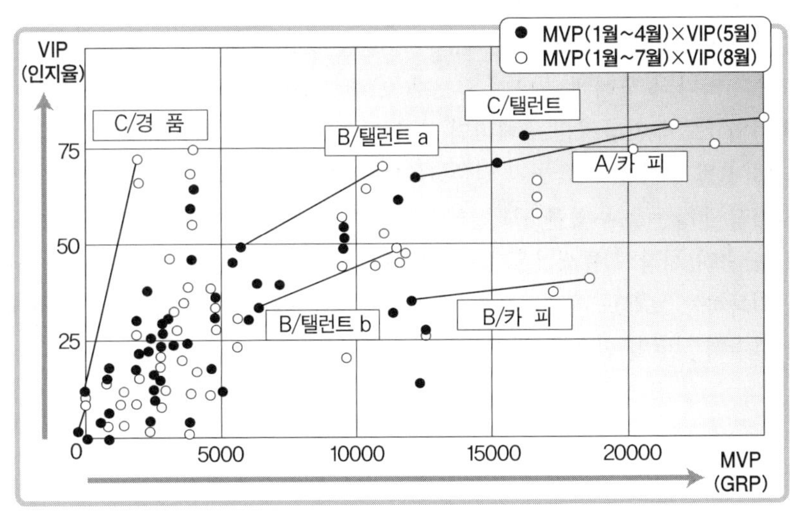

78 최적의 브랜드 체계를 탐색한다

| 개개의 상품 브랜드, 사업 브랜드와 기업 브랜드간 최적의 관계를 설계하는 방법 |

브랜드는 상품, 사업, 기업 등 계층별로 존재할 수 있다고 이미 강조했지만, 여기서 각각 최적의 조합을 생각하는 작업을 '브랜드 체계 구축'이라고 한다.

예를 들어 새로운 카테고리를 도입하는 경우, 전혀 새로운 브랜드가 기존 상품군의 브랜드 중 하나인지 아닌지, 기업 브랜드를 강조하는 것이 좋은지 등 고려해야 할 점이 매우 많아진다.

이러한 설계를 위해서는 공급자측의 논리가 아니라 생활자 입장에서 바라보는 자세가 필요하다. 그림은 브랜드 체계 분석 성과의 예로서 기업 브랜드와 상품 브랜드의 관계를 분석한 그림이다. 기업을 성(姓), 상품을 이름이라고 생각해보자. 우수한 사람이라면 집안의 명성을 높이려고 애쓸 것이고, 그렇지 않은 사람은 반대로 가문의 힘을 빌려 살아갈 것이다.

브랜드에 관해서도 마찬가지다. 그 기업의 명성을 높이는데 공헌하는 브랜드도 있으며, 기업 브랜드가 이미 구축한 자산에 의지하고 있는 브랜드도 있다. 조사결과에 따라 각각의 관계를 명확히 하고, 공헌도가 높은 효자 브랜드를 육성하며 그렇지 않은 브랜드는 지렛대로 쓸 것인가 통합할 것인가 등을 선택할 필요가 있다.

그림은 하나의 사례에 지나지 않는다. 브랜드 체계 분석을 본격적으로 실행한다면 기업규모에 따라서는 구체적인 조사 이전에 사내 데이터 분석만으로도 대단한 작업이 될 것이다. 지금까지 일본 기업들은 브랜드 전략을 수립하지 않은 상태에서 시장에 상품을 투입한 결과, 전체 브랜드 체계에 혼란을 초래한 경우가 적지 않다. 단순히 시장의 틈새만을 노린 마케팅에서 장기적으로 시장에서 안정된 위치를 획득하는 브랜드 마케팅으로 전환하려고 한다면, 우선 이런 브랜드 체계 분석을 철저히 실행할 필요가 있다.

브랜드 포메이션 분석

카테고리 내에서 브랜드의 경쟁력, 카테고리 적합도, 이미지 유사도 분석을 통해 최적의 브랜드 체계를 만들어낸다.

카테고리 적합도: 자동차 RV의 예

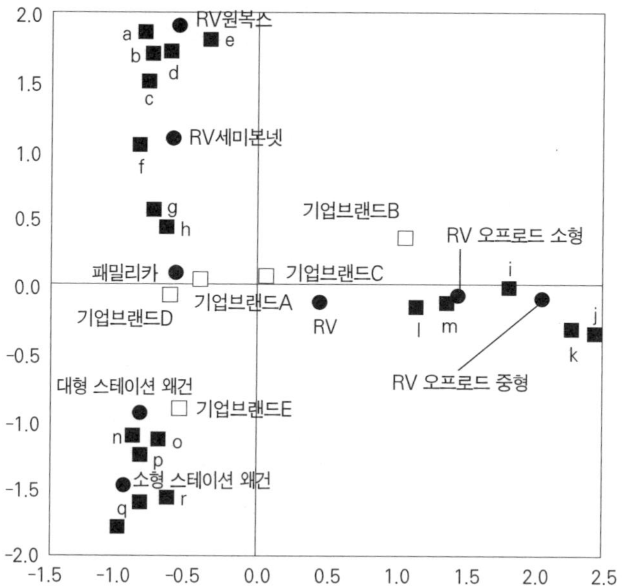

브랜드 상승효과 차트

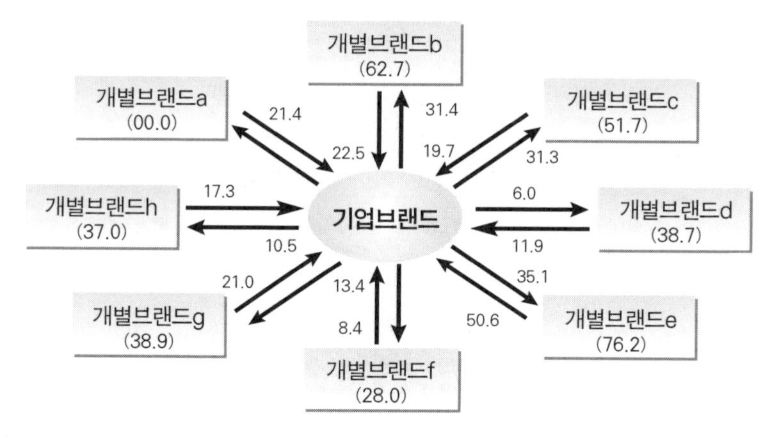

|숫자와 기호도 브랜드화한다|

숫자와 기호도 브랜드화한다

브랜드에서 가장 중요한 재산은 이름이다. 이것은 문자나 언어가 중요하다는 것을 뜻하는 것이기도 하지만 숫자나 기호도 경우에 따라서는 브랜드화될 수 있다. 이것은 주로 기능적인 성능이 중시되는 카테고리에서 많은 것 같다.

이전에는 자동차의 모델 넘버인 3행 숫자나 그 뒤의 알파벳 조합이 젊은이들에게 최고의 브랜드였다. 그 외에도 오디오 제품이나 카메라 등도 좋아하는 사람들 사이에서는 숫자나 기호가 브랜드의 상징이 되기도 했지만 최근의 젊은이들 사이에서는 휴대전화가 바로 이것에 해당할지도 모르겠다. 전화 회사의 새로운 시리즈가 숫자로 브랜드화하여 메이커명을 나타내는 알파벳과 조합되어 있다.

이러한 기호는 메이커가 의도하지 않은 곳에서 자연스럽게 브랜드화되는 경우도 많다. 반면 의도적으로 기호화가 잘된 하나의 예는 고이즈미 쿄오코[4] =KYON^{2}쯤일 것이다.

---

[4] 고이즈미 쿄오코(小泉今日子): 일본 유명 여배우인 小泉今日子(Koizumi Kyoko)는 그녀의 이름을 'Kyo' 음감을 중복시킨 애칭 '콩콩'을 'KYON^2'이라는 활자로 기술하여 귀여움 이상의 센스나 새로움을 표현하면서 사람의 이름까지도 브랜드로 기호화하였다.

제 7 장

브랜드 마케팅을 어떻게 운영할 것인가?

79 브랜드 프로젝트의 전체 설계

| 사내 프로젝트를 만들어 브랜드에 대한 검토를 시작한다 |

이 장에서는 구체적으로 어떤 방식으로 브랜드 전략을 검토할 것인지, 실제로 컨설팅을 실행하고 있는 단계에 따라 설명하기로 한다.

브랜드, 특히 기업 브랜드는 여러 부서가 함께 참여하는 기능 횡단적(Cross-functional) 과제이기 때문에 우선 각 부문에서 관련 멤버를 소집해 프로젝트 팀을 구성한다. 이때 제안을 한 부서가 주관부서가 되어 프로젝트를 추진하는 사무국 기능을 하는 것이 보통이다(프로젝트 리더는 주관부문의 담당임원, 또는 부문장). 이 단계에서 중요한 것은 프로젝트의 상부기관(검토 결과의 보고와 승인을 받게 되는 최고경영진이나 이사회 등)을 설정하는 일이다. 브랜드 검토 초기단계에서 최고경영진을 참여시켜 구체적인 작업에 있어서 리더십을 발휘하도록 유도한다.

그룹 브랜드 전략 프로젝트인 경우에도 이와 같은 체제로 실행하게 된다. 단지 그룹 브랜드 전략은 개별 브랜드를 가지고 있는 그룹의 브랜드 전략에 대한 검토가 여러 계층에서 이루어진다는 점이 다를 뿐이다. 이런 경우 그룹 브랜드 프로젝트의 멤버는 각 자회사의 개별 브랜드 프로젝트 리더를 중심으로 팀을 편성하게 된다.

마지막으로 컨설턴트 등 제3자를 활용하는 방안에 대해 살펴보자. 브랜드 전략을 검토하는데 제3자가 반드시 참가해야 하는 것은 아니지만, 기업의 관점으로 편중되기 쉬운 프로젝트에 고객의 관점에서 객관성을 부여하는 역할을 컨설턴트나 브랜드 전략 파트너에게 의뢰하는 경우가 많은 편이다. 물론 브랜드에 관한 전문적 지식, 프로젝트 운영 노하우를 원하는 경우는 검토의 초기 단계부터 프로젝트에 참가하도록 의뢰하기도 한다.

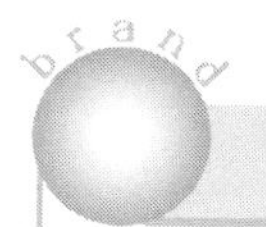

브랜드 프로젝트 조직 체제

일반적인 브랜드의 프로젝트 체제

그룹 브랜드 전략인 경우의 프로젝트 체제

80 프로젝트 업무 디자인

| 브랜드의 검토 항목과 스케줄을 정하여 프로젝트 작업을 시작한다 |

프로젝트를 추진하는 경우에는 검토 내용과 일정을 멤버간에 공유하는 것이 중요하다. 그림은 대표적인 브랜드 전략 프로젝트의 검토 단계와 일정에 관한 것이다.

브랜드 전략 프로젝트는 크게 세 가지 부분으로 구성된다. 먼저 프로젝트 준비는 그림의 1단계에 해당된다. 이것은 프로젝트에서 검토할 범위와 목적을 결정하기 위한 것이다. 최고경영진이나 관련부문의 프로젝트에 대한 기대사항을 청취하여 사업 전략과 마케팅 전략을 재검토하면서 프로젝트를 디자인하는 작업이다.

두 번째가 브랜드 전략 검토로서, 그림에서는 2단계에서 5단계까지 해당된다. 이 부분에서는 프로젝트의 성격에 따라 차이가 있지만, 브랜드의 고객이미지(타깃 대상)를 규정하여 브랜드 가치를 명확히 하는 것이 주된 작업이다. 또한 기업 브랜드의 경우는 대상이 되는 기업 브랜드의 가치를 명확히 한 후, 상품 브랜드를 포함한 브랜드 체계를 정리한다. 이 부분에서는 뒤에서 설명하는 워크숍 토의 항목의 정리를 통해 브랜드 전략을 입안하게 된다.

마지막은 브랜드 실행 계획의 수립으로 그림에서는 6단계에 해당된다. 이전 단계에서 수립된 브랜드 전략을 기반으로 구체적인 방안을 검토함과 동시에, 브랜드 프로젝트 종료 후의 실시일정과 체제에 관한 계획을 수립하는 과정이다.

프로젝트 업무 디자인의 유의사항으로 프로젝트 준비의 중요성과 작업 일정의 현실성을 들 수 있다. 프로젝트의 성과가 명확해질 때까지 이에 필요한 각각의 작업이 지연되지 않고 진행될 수 있도록 디자인하는 것이 무엇보다 중요하다.

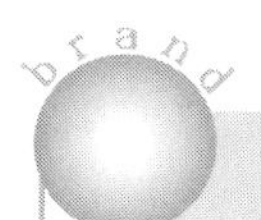

표준적인 프로젝트 운영단계

81 프로젝트 초기 단계에서의 과제 분석 실시

| 브랜드의 문제점 · 과제를 정리함으로써 프로젝트의 목적과 범위를 결정한다 |

프로젝트를 준비하는 구체적인 방법으로 브랜드 이슈 분석과 과제 분석 포맷에 관해 살펴보고자 한다. 이슈분석은 과제를 트리(Tree) 구조로 전개함으로써 고려해야 할 복수 과제를 분류하고 이를 구조화하는 기법이다. 이슈 분석에 대해서는 많은 경영서적에 소개되어 있으므로 상세한 설명은 생략하고, 여기에서는 브랜드 프로젝트에 활용할 경우 유의사항을 설명하고자 한다.

그림 상단의 이슈 분석을 예로 들자면, 최상위 과제인 "~~사업은 장기적으로 고수익을 유지할 수 있을 것인가"가 프로젝트의 목적이 된다. 그리고 그 밑에 있는 것이 최상위 과제를 실현하기 위해서 검토할 필요가 있는 과제들이다. 이와 같이 전개해보면 대다수의 브랜드 전략 프로젝트에서 "브랜드를 검토함으로써 매출이나 이익을 얼마나 올릴 수 있을 것인가?"라는 것이 과제로 부각됨을 알 수 있다. 이 때문에 브랜드 전략 프로젝트에서 무엇을 실현할 것인가를 생각할 때, 넓은 범위의 사업 또는 마케팅 과제를 검토 대상으로 프로젝트 범위를 정하는 자세가 필요하다.

하단의 그림은 대표적인 과제 분석을 위한 포맷이다. 과제, 세부항목에 대해서는 위의 이슈 분석의 상, 하위의 관계와 동일하지만, 과제 분석 포맷에서는 과제를 해결하기 위한 가설과 이 가설을 검증하기 위한 구체적인 작업에 대해서도 정리가 가능하도록 되어 있다. 여기까지 정리하면 상세한 프로젝트 작업내용과 일정을 확정할 수 있다.

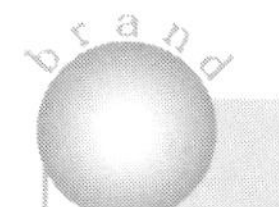

과제 분석 실시

브랜드 이슈 분석 실시

```
                    사업은 장기적으로 고수익을
                      유지할 수 있는가?

   1. 브랜드 X의 가치를      2. 수익력이 있는        3. 매출의 핵이 되는 빅히트
   레버리지1) 가능한가?       제품브랜드구성은         제품(브랜드)의 육성이
                          실현할 수 있는가?          가능한가

 1.1 브랜드 X의   1.2 브랜드 X의   2.1 제품브랜드   2.2 종합적인   3.1 제품개발    3.2 효과적인 마
   제품 철학을     제품 철학을      의 적절한 분류와   제품 브랜드   구조(프로세스,   케팅 활동(광고,
   소비자에게 전할   사내에서 공유할   구축이 가능한   관리를 실시할 수   조직)는 정비할    프로모션)이
   수 있는가?      수 있는가?       가?           있는가?       수 있는가?      가능한가?

 1.2.1 판매, 개발, 제조의   1.2.2 일본, 미국, 유럽의 각
 각부분은 공유가 가능한가?   지역에서 공유할 수 있는가?
```

브랜드 과제 분석 포맷

과제	세부 항목	가설	실행

- 현재 나타난 문제를 해결하는 것 외에 생각해야 할 과제는 무엇인가?

- 직접적인 과제뿐 아니라, 이 문제를 해결할 때는, 표면에 드러나지 않은 과제까지 일단은 모두 끄집어 낸다.

- 열거한 각각의 과제에 대해, 현재 지닌 지식, 정보를 기초로 가설을 세운다.

- 잘된 과제 분석의 경우, 이 가설의 부분이 하나의 흐름이 있는 스토리가 된다.

- 생각해낸 가설을 증명하기 위해서 필요한 실행사항을 열거한다.

1) 브랜드 레버리지(Brand Leveraging): David Aaker의 경우, 브랜드 레버리지를 브랜드 확장과 같은 개념으로 사용하기도 하는데, 브랜드 계층(Brand Hierarchy) 구조를 고려하여 최적의 브랜드 가치를 구축하는 일련의 과정을 말한다.

82 브랜드 워크숍의 진행방법

브랜드 에센스나 브랜드 개성 등 브랜드 방향성은 의지를 갖고 선택하는 것이 중요하다. 최고경영진이 스스로 생각해보는 것도 하나의 방법이지만, 현장의 멤버가 워크숍을 진행하면서 도출한 고객의 생각과 미래의 방향을 경영진이 승인하는 것도 합리적인 방법이다. 워크숍을 통해 사원이 스스로 만들어 나감으로써 사내의 의견을 적절하게 찾아낼 수 있으면서 차후에 브랜드 성과의 사내고지에도 긍정적인 영향을 미치게 된다.

물론 워크숍 실시 이전에 프로젝트 내부적으로 객관적인 분석이나 조사 등의 검증작업을 수행하는 것이 전제가 되어야 한다. 워크숍에서는 내부에서 도출된 전체 내용을 기반으로 논의를 진행해야 한다.

워크숍 참가자는 사내 주요 부서에서 골고루 선출하여 회사의 전체적인 의견이 반영되도록 해야한다. 인원은 10명을 전후로 하여, 프로젝트 멤버를 필요에 따라 보충할 수 있다. 그리고 전체진행자가 토론을 정리하면서 진행해 나간다.

워크숍 참가자는 브랜드에 관해서는 비전문가이므로 너무 직접적으로 브랜드에 관한 토의를 진행해 나가면 워크숍이 활성화되기 어렵다. 이 때문에 참가자의 발언 중에서 해답을 이끌어내어 이를 한 방향으로 정리해갈 수 있는 프로그램이 필요하다. 이 프로그램은 전체를 몇 개의 단계로 나누어서 각 단계별로 결론을 축적하여 최종적인 결론에 도달할 수 있는 방식을 포함하고 있다.

토의 내용이나 구성원은 주제에 따라서 유연하게 구성할 수 있다. 그리고 일상적인 업무에서 벗어나 긴장을 풀고 생각에 몰두할 수 있는 장소를 선택해 워크숍을 진행해야 한다.

브랜드 워크숍 진행방법

집중 워크숍 실시 스케줄의 예

	① 시장환경분석/예측	② 타깃 고객	③ 제공가치	④ 브랜드에센스/개성
사전	공개 DB와 사내자료를 기초로 토론	소비자 조사를 기초로 토론		
1일		·타깃 설정 ·타깃 "일상생활" 파악	토론	비쥬얼 등의 방법활용
2일				토론
결과물	●현재의 시장환경 확인 ●가까운 미래 예측	●타깃설정 ●타깃 일상 생활	●브랜드 에센스 개발의 기초가 되는 제공가치에 대한 토론	●브랜드 에센스/브랜드 개성

83 브랜드 헌장(Brand Statement) 작성

| 브랜드 헌장을 문장화하여 브랜드에 관한 여러 가지 활동을 위한 기본 지침으로 삼는다 |

브랜드 전략은 단순한 마케팅 방법론은 아니다. 경우에 따라서는 기업혁신을 목표로 전사원에게 브랜드가 지향하는 비전의 실현이 요구되기도 한다. 브랜드 헌장은 사원의 행동규범이며, 대외적인 약속을 명문화한 것이기도 하다.

다시 말하면 고객이 어떤 방식으로 브랜드를 받아들이기 원하는지를 문장으로 바꾸어 이를 전사원이 공유하는 것이다. 기업 이념이나 기업 헌장이 지향하는 비전이나 사업의 방향성을 직접적으로 표현하는데 비해 브랜드 헌장은 이를 토대로 어떻게 고객가치로 전환시켜 갈 것인가 하는 부분이 중요하다.

실제로 브랜드 가치규정 작업에서는 브랜드 전략고객, 브랜드 에센스, 브랜드 개성을 하나의 문장에 정리한다. 필요에 따라서 브랜드 사실·특징, 기능 가치, 정보 가치, 사회·생활가치 등의 요소도 첨부한다.

현재의 브랜드 가치를 재확인하고 명문화하는 것만으로도 브랜드가 포함하는 사업 분야나 제품 분야 등을 어느 정도 구체적으로 규정하는 것도 가능하다. 한편 현재상황을 극복하기 위해 브랜드 헌장을 작성하는 경우, 브랜드 에센스나 브랜드 개성이 비전보다 앞서 나가는 형태로 추상적으로 되어버리는 경향도 있다.

이런 경우 브랜드 헌장을 만들어놓기만 하고 실행 없이 끝나 버리지 않도록 유의하면서, 브랜드 헌장을 상징적으로 표현할 수 있는 구체적인 조치를 조속히 추진하는 것이 중요하다.

브랜드 헌장 작성

왜 브랜드 헌장이 중요한가?

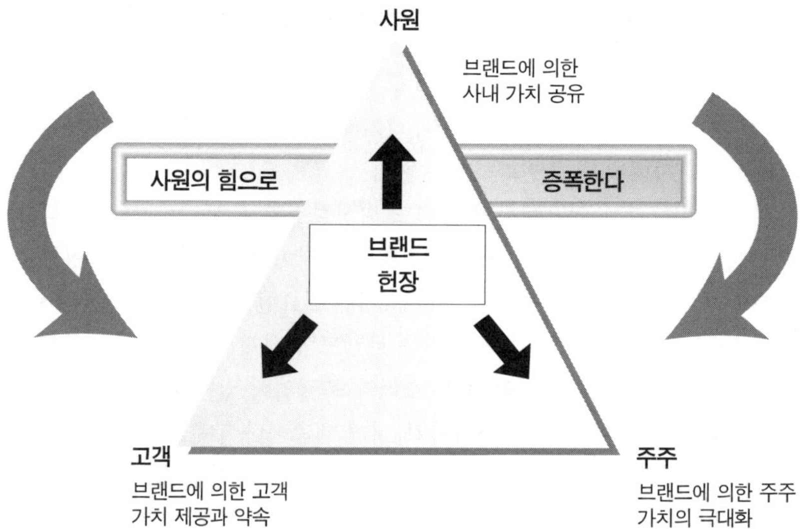

브랜드 헌장 요건

브랜드 X는, 고객에게 ○○을 약속하고,

→ 브랜드 에센스

동시에, ○○과 같은 성격이나 분위기를 지닌다.

→ 브랜드 개성

브랜드 X는 ○○과 같은 사람들에게,

→ 전략적 타깃 고객

○○를 통해서

→ 사업, 상품, 핵심 기술 등의 특징

○○과 같은 편익과 ○○와 같은 기분을 준다.

→ 기능가치와 정서가치

84 브랜드 북과 VTR 제작

| 브랜드 북, VTR, 디자인 매뉴얼에 의해 브랜드 헌장의 전파와 운영관리를 실행한다 |

확정된 브랜드 헌장의 배경이나 목적, 나가서는 세계관 등을 한 권의 브랜드 북과 VTR에 담아 사내에 널리 전파하도록 한다.

브랜드 북에는 자사 입장에서의 브랜드 위상설정과 목적, 브랜드 헌장의 배경이 되는 분석내용과 사상 등을 기술한다. 또한 심벌이나 슬로건 등의 이용방법과, 사내 전파, 매장이나 광고를 통해 전개하는 데에 필요한 지침도 함께 수록한다.

특히 문자로는 좀처럼 전달하기 어려운 브랜드의 세계관을 색상과 비주얼 소재를 이용하여 인쇄물 형태로 만들거나, 소리와 움직임이 있는 VTR 등으로 표현하는 것도 효과적이다. 사내 전파 대상자가 여러 계층이나 부문으로 나뉘어 있다면 소책자나 카드 등을 준비하여 언제라도 참조할 수 있도록 하는 경우도 있다.

또한 심벌의 운용요소가 복잡하고 까다로울 때에는 별도로 디자인 매뉴얼을 작성한다. 심벌을 하나의 디자인 시스템으로 운용하기 위해서는 불특정 다수의 사람이 사용하기 편리한 형태로 적용하는 것이 중요하다.

그리고 브랜드 북이나 매뉴얼을 전자화하여 사내 인트라넷에 띄우는 사례도 증가하고 있다.특히 전세계를 상대로 사업을 전개하면서 브랜드를 관리하는 경우, 인쇄물을 배포하는 것만으로는 변경사항이 발생하거나 문의가 있을 경우 즉각 대응하기가 곤란하므로 인트라넷을 이용하는 것이 바람직하다.

브랜드 북이나 매뉴얼을 작성할 때 중요한 것은 사내에서도 어떤 계층을 대상으로 만들 것인지를 명확히 하고, 문의사항 등은 누가 처리할 것인가도 명시해야 한다는 점이다. 훌륭한 브랜드 북을 만들어도 적절하게 사용하지 않으면 의미가 없다. 브랜드 담당자는 이런 점을 깊이 명심할 필요가 있다.

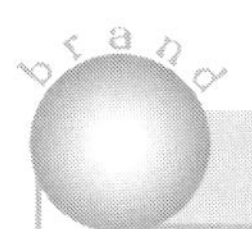

브랜드 북과 VTR 제작

브랜드 컨셉북 구성요소 (예)

1) 브랜드란 무엇인가?
2) ○○사의 사업영역에 있어서 브랜드란?
3) ○○사에 있어 브랜드는 왜 중요한가?
4) 이제부터의 고객상(像)과 사회의 정보환경
5) ○○브랜드에 있어 중요한 고객상
　　○○브랜드의 중심고객상과 고객의 라이프스타일
6) ○○브랜드의 에센스
　　고객에 대해, ○○브랜드가 제공하는 가치
　　○○브랜드의 개성과 고객에게 약속하는
　　에센스는 무엇인가?
　　브랜드 에센스를 구체화한 슬로건
7) 사업전개 중, 브랜드 전략을 어떻게 실현해 갈 것인가?
　　사업에 있어 구체적 브랜드 실행방안
8) 브랜드를 키우기 위해 해야 하는 일, 해서는 안 되는 일
　　(비주얼 소재를 활용)

디자인 매뉴얼 구성요소(예)

1) 기본(Basic) 디자인
　　마크, 마크의 작도(作圖)기준, 마크의 표시 규칙, 컬러
　　(기본 컬러, 전개 컬러)
　　로고, 기본서체, 지원서체, 시그너처(Signature) 시스템

2) 응용(Application) 디자인
　　광고, 팜플렛, 명함, 진열장, 사인, 봉투, 쇼핑백
　　웹사이트, 포장지 등

85 브랜드 사내 전파와 연수 방법

| 세미나와 연수를 통해 사내에 전파되도록 한다 |

브랜드 헌장이나 브랜드맵을 작성했다 하더라도 사내에서 브랜드 전략이 원활하게 전파되고 있다고 말할 수는 없다. 브랜드를 중심으로 한 마케팅을 전사적으로 확대하기 위해서는 직접적이고도 구체적인 방안을 마련할 필요가 있다.

우선 최고경영자가 직접 신년사 발표회장 등에서 자사 브랜드의 위상설정 및 중요성을 표명하는 것이다. 전세계적으로 많이 알려져 있는 브랜드 파워 순위를 보면 소니(Sony)는 항상 상위에 랭크되는데, 이런 결과를 얻게 된 이유로 많이 거론되는 것이 지금까지 최고경영진이 소니의 최대 자산은 브랜드라고 계속 표명해왔다는 점이다.

또한 브랜드 전략이 새롭게 구축된 단계에서 전사원을 대상으로 브랜드 방침을 발표하는 경우도 있다. 브랜드 전략의 중요성을 전사원에게 일시에 전달하고자 할 때 이러한 방법은 효과적이다.

나아가 일반적인 사원연수 프로그램 안에 브랜드 마케팅에 관한 기초이론과 함께 자사 브랜드 전략을 생각하게 하는 프로그램을 준비하는 경우도 있다. 브랜드 과제를 개선하는 형태가 아니라 자신의 과제에 맞추어서 연수를 받는 기회에 함께 생각해본다면 일반 사원들은 좀더 쉽고 편안하게 받아들일 수 있다.

마지막으로 부서 단위, 소그룹 단위로 나누어서 브랜드를 검토하도록 하여 피드백이 일어날 수 있도록 프로그램을 개발하는 경우도 있다. 이 경우는 최고경영진의 깊은 관심과 면밀한 프로그램 구성이 필요하지만, 브랜드 전략을 구체적인 실행방안과 연결시킬 수 있다는 점에서 대단히 효과적이다.

브랜드 사내 전파와 연수 방법

사내 전파의 구체적 방법

최고경영자가 전략발표나 연두교서에서 브랜드 방침 표명

최고 경영자가 언론매체를 통해 브랜드에 대해 언급

전사원을 대상으로 한 브랜드 방침 발표회의 실시

일반적인 사원연수 중, 브랜드 전파 프로그램 도입

섹션 단위로 브랜드 실행 프로그램 개발

개별 의견에 대한 피드백과 문의사항에 대한 대응

사내보의 활용

인트라넷의 활용

섹션 단위에서 피드백 실시

브랜드북, 매뉴얼 등에서 '문의처' 명기

브랜드 관리지표와 데이터 소스(Data Source) 결정 방법

| 브랜드의 상태를 파악하기 위한 정기조사 체제를 만든다 |

자사 브랜드 파워는 어느 정도인가? 시간이 지남에 따라 어떻게 변화하고 있는 가? 국가와 시장이 다를 경우 어떤 차이를 보이는가? 그 이유는 무엇인가? 이러한 브랜드 파워의 측정은 다양한 브랜드 활동을 평가하고 개선책을 검토하기 위해서 중요하다. 브랜드 파워를 수치화한다 하더라도 그 결과는 상당부분 상대적인 것 이다. 따라서 제품 분야나 시장을 뛰어넘어 측정 가능한 지표를 설정하고 한번 정 한 지표는 계속적으로 관리할 필요가 있다. 다시 말해 현상황에서 과제를 좀더 분 명히 하기 위해서, 카테고리축/지역축/시간축이라는 3축으로 나누어서 대비시키 는 편이 바람직하다.

인지/이해/선호/선택행동/로열티/개성 등 여러 가지 요소 가운데서 자사의 과 제에 적합한 평가척도를 개발할 필요가 있다. 재무자산 평가를 일정시점에서 측 정하기 위한 척도로만 사용하게 되면 경제환경 등 외적 요인에 많은 영향을 받기 때문에 그다지 유효하다고 할 수 없다.

일반적으로 척도의 완벽함과 이에 소요되는 예산과 실행가능성은 상충관계 (Trade off)를 보인다. 그러므로 광고회사나 주요 소비자 조사회사, 신문사 등이 실시하고 있는 기존의 브랜드 파워 조사를 이용하여 자사의 과제에 적합하게 재 집계하거나 상세한 분석을 행하는 것도 하나의 좋은 방법이다. 그리고 질문항목 은 한정되어 있지만, 주요 소비자 조사회사가 실시하는 끼워넣기식의 조사를 활 용하는 것도 제한된 예산을 효과적으로 활용하는 방법이라고 할 수 있다.

이런 정량적인 소비자조사를 중심으로 소비자 정성조사나 유통조사, 사내조사, 주주와 언론매체의 평가를 잘 조합하는 것이 통상적으로 행해지는 방법이기도 하 다. 브랜드의 고객이 어디에 있는가 하는 점이 조사대상을 결정할 때 기준이 되는 것은 당연하다

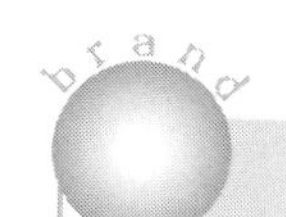

자사의 브랜드 상태 파악

브랜드 관리지표 결정방법

브랜드 관리지표 활용목적의 명확화

⬇

활용 데이터 소스의 추출

⬇

평가지표의 추출

⬇

조사방법과 비용 산출

⬇

구체적인 질문지와 해석방법, 지표화 작업

⬇

사전조사(Pilot Survey)의 실시

⬇

지표와 방법의 개선

⬇

조사체계, 관리지표의 최종결정

⬇

조사 매뉴얼화

브랜드 관리 조사리스트 예

조사 이름	조사 개념 및 목적	빈도
브랜드 벤치마크조사	연간 동일 시기에, 인지, 이해, 선택행동, 로열티, 개성 및 브랜드 에센스의 파급정도, 평가를 조사	년1회~ 2년 1회
광고표현조사	광고 후, 광고표현을 검토, 브랜드 에센스와의 합치도 정도 등	년1회
사용자 그룹 인터뷰	브랜드 관련 급한 해결과제가 생겼을 때 실시	적절한 때
판매 데이터 분석	같은 포맷으로 계속적으로 파악	년 1회~ 3년 1회
광고 표현 분석 광고 누적량 분석	광고표현조사와 같은 시기에 맞춰 타사 포함한 광고표현, 광고 누적량 분석	년 1회
구매자 조사 사용자 조사	매장에서 직접적으로 또는 구매한 제품에 있는 엽서같은 것들로, 구입자에 대한 브랜드 만족도 평가를 실시	년1회~ 제품발매시
유통조사	세일즈맨으로부터 브랜드나 신제품의 평가 청취	년1회~ 제품발매시

87 브랜드 관리를 위한 조직구성

| 브랜드 전략을 검토, 추진, 관리하기 위한 조직체제를 만든다 |

기업이라면 최고경영진, 사업이라면 사업부장, 제품이라면 프로덕트 매니저(Product Manager) 등과 같이, 계층에 따라 의사결정 수준을 명확히 해서 브랜드 관리를 추진하는 것이 원칙이다.

그러나 때때로 종래 조직의 의사결정 흐름에 맡겨 두면, 제품을 중심으로 한 시장점유율 지향 마케팅에서 좀처럼 벗어나기 힘든 것이 현실이다. 이 때문에 많은 기업에서 브랜드에 관련한 의사결정과 실행을 위해 조직체계를 구축하고 있다.

예를 들어 브랜드 문제를 전문적으로 검토하고 의사결정을 하는 브랜드 전략위원회를 구성하거나, 브랜드 전담 임원을 두기도 한다. 또한 실행체제로 브랜드 관리팀이나 브랜드 마케팅 부서를 신설하기도 한다.

단지 같은 브랜드 관리팀이라 해도 기업에 따라서 담당하고 있는 기능은 다양하다. 연구개발과 홍보, 영업, 고객서비스 추진 등 사내의 다른 부서와 업무연락을 해가면서 장기적인 마케팅전략을 입안해가는 경우도 있고, 브랜드 방침의 전파, 운용 규칙을 설정하거나 자회사에 이를 적용시키고 관리하면서 브랜드 파워 조사 등을 행하는 경우도 있다. 또한 광고나 홍보 등의 실행부분까지 담당하는 경우도 있다. 이처럼 조금씩 다른 이유는 기업에 따라서 브랜드 관리에 대해 어느 정도로 어떤 의미를 부여하는가 또는 어느 수준까지 이를 도입할 것인가에 대한 해석이 다르기 때문이다.

이러한 차이를 고려하더라도 반드시 주의해야 할 점은 조직을 구성하는 것만으로는 아무런 문제도 해결되지 않는다는 점이다. 앞에서 말한 바와 같이 우선 여러 부서가 참여하는(Cross-functional) 프로젝트팀을 구성하여 전략을 구축하고 사내의 승인을 얻고 나서 실행단계로 브랜드 관리 부문을 만드는 것이 효과적이라 할 수 있다.

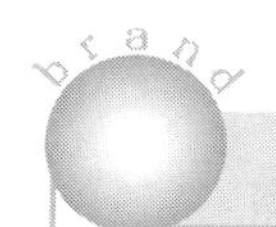

브랜드 관리조직 구성 방법

브랜드 의사 결정 체제

일반적인 의사 결정자

- 기업:최고경영자 ● 사업:사업부장 ● 제품:프로덕트 매니저

↓

브랜드 관련 의사 결정 체제

- 브랜드 전략위원회 ● 브랜드 전략회의
- 브랜드 담당임원(브랜드 챔피언)

브랜드의 실행체제

브랜드 관련 조직

- 브랜드 관리실 ● 브랜드 추진실
- 브랜드 마케팅 부서

↓

브랜드 관련 담당자

- 브랜드 매니저 ● 브랜드 자산 매니저
- 카테고리 매니저 ● 글로벌 브랜드 매니저

88 제품이나 서비스 차이에 따른 브랜드 마케팅의 유의점

| 제품이나 서비스의 차이에 따라 브랜드 마케팅을 실행한다 |

브랜드 전략의 사례를 설명하고 있으면 "우리가 취급하고 있는 제품이나 서비스는 특수해서 이 경우에는 해당되지 않겠네요"라는 이야기를 자주 접한다. 그러나 업종의 차이를 불문하고 강력한 브랜드 전략 구축사례로부터 공통적인 시사점을 찾아내 배우려고 하는 자세가 중요하다. 하지만 실제 브랜드 실행에 있어서 어떤 요소가 중요하게 인식될지, 어떤 커뮤니케이션상의 접점이 고객 마인드에 영향을 미칠 수 있을 것인지의 관점에서 보자면 분명히 업종에 따라 다른 점이 존재한다는 것은 사실이다.

화장품이나 맥주 등 패키지 상품의 경우는 브랜드 형성이라는 점에서 광고가 상당한 영향력을 가지고 있다. 말보로 담배의 브랜드 커뮤니케이션은 전세계 공통이지만, 각 나라마다 맛을 내는 방법은 다르다는 점에 유의해야 한다. 이와는 달리 자동차와 전자제품 등 내구재의 경우는 광고효과도 큰 편이지만, 무엇보다도 제품자체가 브랜드 형성의 최대 요인이 된다. 이런 경우 제품자체의 기능뿐만 아니라 디자인 등을 일관되게 유지하는 것도 중요하다.

또한 서비스는 사람과 공간 등 경험을 좌우하는 요소가 가장 중요한 포인트가 된다. 고객과 마주하는 현장 직원이 브랜드를 어디까지 이해하고 있는가, 그리고 이것이 어떠한 공간환경에서 제공되고 있는가가 고객의 브랜드 이미지를 만들어 낸다고 할 수 있다. 또한 이런 것들이 모아져서 어떤 경험으로 구성되는가가 가장 중요한 점이다. 그 외에도 산업재나 농수산물, 비영리 조직에 이르기까지, 업종특성에 부합하는 추진방법을 마련할 수 있으면 브랜드 마케팅은 반드시 효과적으로 작용할 것이다.

제품과 서비스에 의한 브랜드 형성 요소의 차이

어느 업종이나 기본적인 브랜딩의 사고는 바뀌지 않지만,
제품이나 서비스에 따라 브랜드를 형성하는 요소의 비중은 다르다.

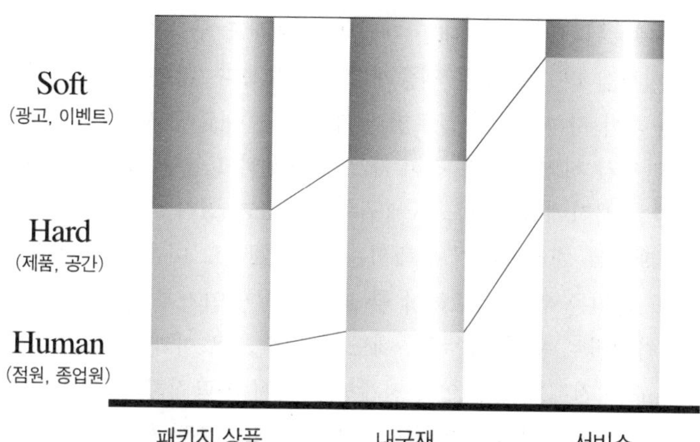

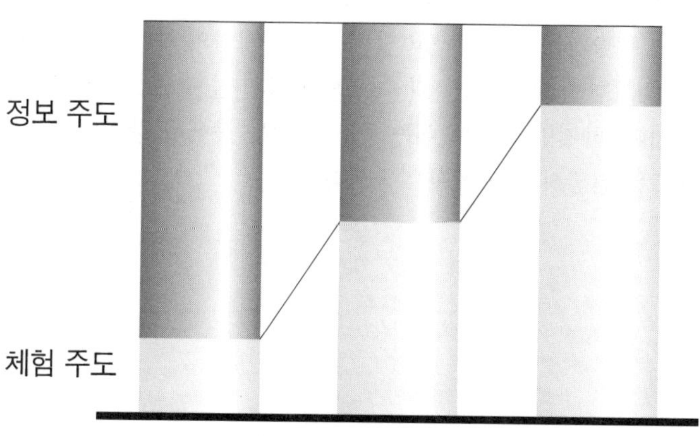

89 글로벌 브랜드 마케팅의 유의점

| 자사 브랜드를 글로벌 브랜드로서 재정의한다 |

해외여행의 기회가 증가하고, 인터넷 등에 의해 정보가 일순간에 공유되는 시대에서는 소비자의 기호나 유행은 지역차가 좁혀지고, 브랜드도 점차 글로벌화되어 갈 것으로 예상된다. 또한 막대한 개발비와 브랜드 구축비용을 부담하기 위해서는 글로벌 시장을 타깃으로 한 제품개발이 필요하다. 많은 기업이 이미 수출과 해외진출을 통해서 자사제품의 글로벌 전개를 추진하고 있지만, 브랜드, 특히 기업 브랜드 이미지가 지역에 따라 전혀 다르게 인식되고 있는 경우도 있다. 이런 경우에는 글로벌한 시점에서 브랜드를 재구축할 필요가 있다.

글로벌 브랜드를 재정의하기 위해서는 우선 브랜드 마케팅 과제를 정리해서 글로벌 브랜드 관리를 위해 검토해야 할 과제가 무엇인가를 결정해야 한다. 시장 특성에 따라 지역별로 운영되는 경우에도, 일반적으로 마케팅 활동은 브랜드 가치와 심벌, 로고를 전세계 공통으로 전개하는 것이 바람직하다. 그리고 제품개발이나 광고활동의 글로벌화가 진행되면 이에 수반되는 조직구성도 필요하게 된다.

글로벌 브랜드를 다시 구축하는 것은 앞에서 말한 브랜드 전략 프로젝트의 추진방법과 기본적으로는 동일하다. 그러나 각 지역의 브랜드 전략에는 반드시 지역특성이 반영되어 있기 때문에, 글로벌 브랜드 가치의 규정은 각 지역 브랜드전략의 공통점을 추출하는 작업이라고 할 수 있다. 지역의 특이성과 브랜드의 보편성을 동시에 검토하기 위해서는, 각 지역의 핵심인물도 프로젝트에 참가시키는 것이 효과적이다. 하지만 이 경우에는 중심이 되는 곳에서 강력한 리더십을 발휘해서 프로젝트를 진행시켜 나갈 필요가 있다.

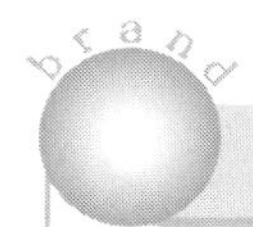

글로벌 브랜드 마케팅

글로벌 브랜드 관리 과제추출

	단기	장기
글로벌	● 글로벌 제품 브랜드 전략 (중점 분야에서의 제품 개발)검토 ● 글로벌 광고활동 실시	● 글로벌 수준에서의 브랜드 가치 공유화 ● 브랜드 심벌 재인식 ● 브랜드 중심 조직으로 전환
지역	● 제품전략 유통전략 검토 ● 제품 브랜드 광고 실시	● 브랜드 전략에 따른 상품 브랜드 체계 재구성

글로벌 브랜드 프로젝트 설치

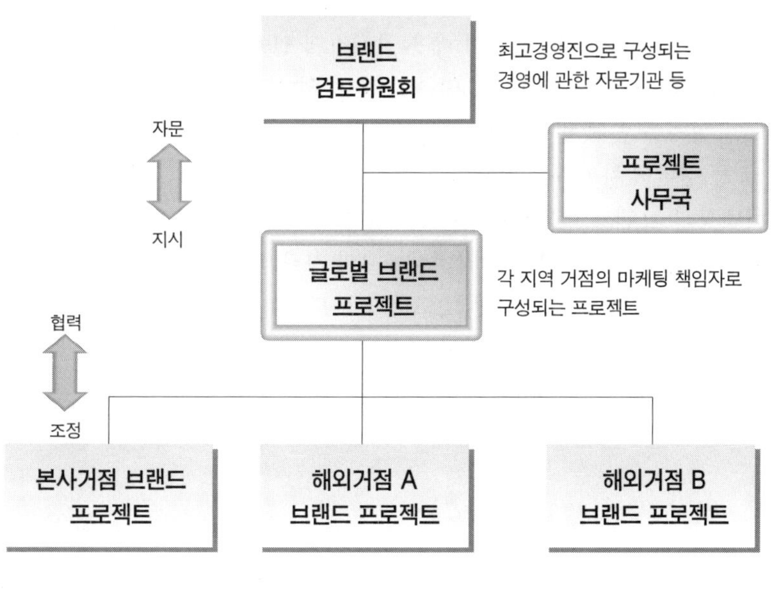

90 인터넷 비즈니스의 브랜드 마케팅 유의점

| 인터넷 비즈니스의 특성에 맞는 브랜드 마케팅을 실행한다 |

일반적인 브랜드 마케팅과 인터넷 비지니스 분야에서의 브랜드 마케팅은 어떻게 다른가? 인터넷상의 브랜드 마케팅에서는 단기간에 브랜드를 구축해야 하지만 단기간에 브랜드 붕괴도 발생할 수 있다. 브랜드 구축은 장기적인 활동결과라는 지금까지의 상식과는 약간 다른 측면을 갖고 있다.

기업과 고객과의 일 대 일 관계 구축이 용이하기 때문에 브랜드 형성이 급속하게 진행되기도 하지만, 고객간의 정보교환에 의해 기업에 유리한 정보는 물론 불리한 정보도 급속도로 확산될 수 있기 때문이다. 또한 일반적으로 광고 등의 정보와 구매체험간에는 시간적 · 공간적인 차이가 있으나, 인터넷상에는 두 가지가 동시에 일어난다.

더욱이 많은 노력을 필요로 하는 글로벌 브랜드화가 인터넷상에서는 비교적 용이하다는 특징도 있다. 그리고, 한 카테고리에 하나의 파워 브랜드와 다수의 하위 브랜드가 탄생하게 된다. 한 브랜드만이 강력한 힘을 가지는 현상이 일어나는 것이다. 단, 카테고리 자체의 흥망이 매우 급격하게 일어나기 때문에 카테고리 이미지를 독점했다고 해도 그 자체로 안주할 수는 없다. 마지막으로 인터넷상에서는 브랜드의 실제 모습이 잘 드러나지 않기 때문에 이미지 형성에 있어서 네이밍이나 마크 등 심벌이 차지하는 비중이 상당히 커진다.

인터넷상의 브랜드 마케팅에 관해 아직까지 명쾌한 해답은 존재하지 않지만, 확실하게 말할 수 있는 것은 인터넷상에서의 브랜드 마케팅이란 기업이 새롭게 창출한 비지니스 모델을 고객 및 비지니스 파트너와 공유 가능한 형태로 어떻게 변환시킬 것인가가 관건이라는 점이다.

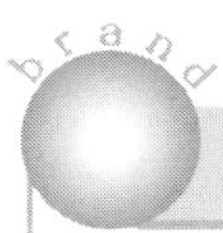

인터넷 비즈니스에서 브랜드 마케팅

주요 인터넷상의 카테고리 브랜드

아마존: 서점

야후: 검색 엔진

이베이: 경매

E*TRADE: 증권

Auto by Tel: 자동차 판매

isize: 생활정보

아스크루(Askul): office supply

인터넷 브랜딩 특징

단기간에 브랜드 구축과 브랜드 붕괴

기업과 고객, 고객과 고객에 의한 상호작용

브랜드에 관한 정보와 체험이 동시 진행

글로벌 브랜드화가 용이

카테고리 이미지를 하나의 브랜드가 독점

이미지 형성에 있어 심벌의 비중 높음

창출된 비즈니스 모델을 고객 가치로 전환

|브랜드화가 진행되는 음식의 세계|

지금 새삼스럽게 '붐'이라고 하면 이상할 정도로 사람들의 음식에 대한 열의는 식을 줄 모른다. 게다가 단순히 유명한 식당에 가는 것뿐 아니라 집에서의 요리 재료 등에도 신경을 쓰는 사람이 늘고 있다. 더욱이 산지(産地)를 명기하는 제도가 시행되고 유전자변환식품 등에 대한 관심도 높기 때문에 제대로 된 사실과 특징이 뒷받침된 참 의미에서의 브랜드화가 필요해졌다.

지금까지는 산지명이 브랜드화의 유력한 근거였다. 그러나 최근에는 한 품종을 세분화하여 명칭을 표시하는 예도 있다. 완두콩이 다두(茶豆) 흑두(黑豆)와 같이 별개의 이름으로 팔리고 있는 것이 하나의 예라고 할 수 있다.

또한 여러 가지 다양한 요리가 보급되면서 지금까지 들어본 적이 없는 재료가 등장하게 된다. 전혀 생소한 야채의 이름을 보게 되어 구입할 때 무언가 보증이 필요하다고 생각할지 모른다. 이것은 곧 유통에서의 브랜드화의 기회라고 할 수 있다.

제 8 장

일본 케이스 스터디

91 라이온 植物物語(식물이야기)의 브랜드 확장

| 원재료의 특성에 기초해 독자적인 가치를 구축하고 확장해 가는 패밀리 브랜드 |

● 99% 식물 원료를 소구하여 시장참여

식물이야기가 시장에 등장한 것은 1992년의 일이다. 당시 비누시장은 성숙된 시장으로 큰 움직임이 없었기 때문에 '침묵의 시장' 이라고 일컬어지고 있었다. 이러한 시장환경 속에 99% 식물 원료 고순도 증류제법 이라는 신소재 · 신기술과 함께 참여한 것이 식물이야기였다. 식물이야기라는 독특한 네이밍과 함께 제품의 컨셉트를 직접적으로 소구하는 커뮤니케이션 활동결과 시장에 적지 않은 임팩트를 주었다.

브랜드 에센스 면에서 보면 식물성분이라는 확고한 속성을 기반으로 하여 "피부에 자극을 주지 않는다"를 소구하였다. 안심 · 편안함을 정서 가치의 핵심에 둠으로써 전체 브랜드 구조를 완성하였다. 즉 이러한 구조가 완성되었기 때문에 브랜드 확장의 실행이 가능하였던 것이다.

● 폭넓은 카테고리로 브랜드 확장

식물이야기의 브랜드 역사(Brand History) 특징은 카테고리 확장 전략에 있다. 93년에 바디샴푸, 샴푸/린스를 발매. 94년에는 약용 핸드소프, 크린싱 비누, 화장비누, 스킨크림을 출시하였다. 또한 스킨케어 상품으로 확장시킴으로써 코스메틱 분야에 진출하게 되었다. 95년에 트리트먼트 워터, 전신 로션. 96년에 크린싱 비누 튜브타입, 스킨케어 화장수, 로션, 약용 바디샴푸. 97년에는 약용 화이트닝을 발매함과 동시에 각 아이템의 리뉴얼을 시작하였다. 식물이야기는 비누에서 헤어케어, 스킨케어, 여성화장품까지 동일 브랜드로 하여 폭 넓은 분야로 브랜드 확장을 행한 사례라고 할 수 있다.

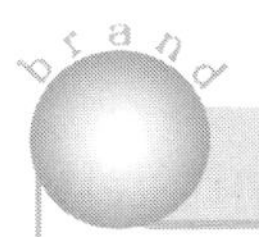

비누에서 시작하여 브랜드 확장

식물이야기의 브랜드 역사

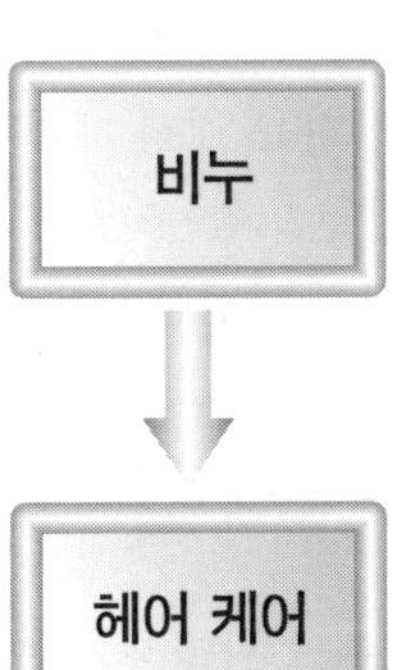

화장비누
바디소프

샴푸/린스
트리트먼트 워터

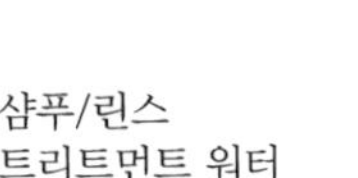

핸드 소프
세안 비누
스킨 크림
전신 로션

화장수
크린싱 비누
약용 화이트닝

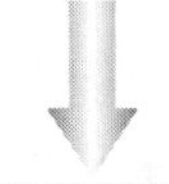

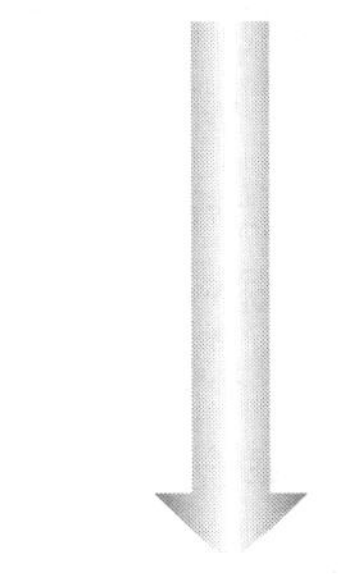
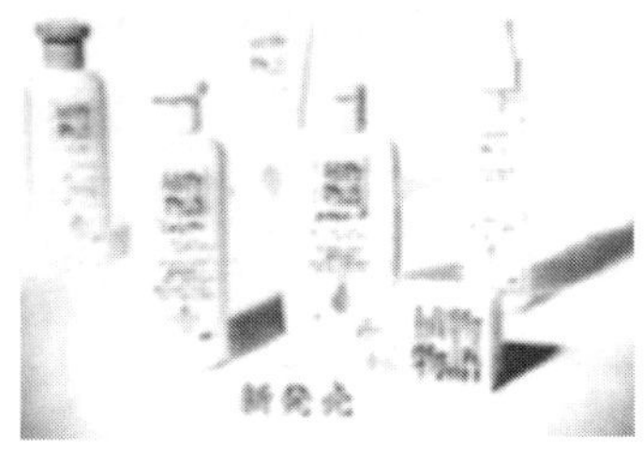

이것은 당초의 브랜드 설계가 명확히 되어 있었기 때문에 카테고리를 벗어나서 안전 · 안심 · 편안함이라는 브랜드 개성을 고객이 인지함으로써 순조로운 확장이 가능했다고 할 수 있다.

또한, 확장의 방향도 식물이야기의 브랜드 가치를 유지 · 강화하는 방향으로 자리매김하였다. 때문에 확장한 아이템이 브랜드 전체에 대해서 마이너스로 작용하는 것을 피할 수 있도록 배려한 것이다. 또한 확장에 따른 '약용성분의 효력' 을 일부 아이템에 집중시킴으로써 그것이 브랜드의 핵심동인(Key Driver)으로 공헌하는 구조로 되어 있다.

● 일관된 커뮤니케이션의 톤 & 매너(Tone & Manner)

식물이야기는 심벌 프레임을 비롯한 브랜드 커뮤니케이션의 일관성이라는 측면에서도 매우 특징이 있다. 패키지는 스퀘어(4각형 모양)로 레이아웃된 '植物物語' 4글자의 로고가 이름의 오리지널리티와 함께 돋보인다. 다른 경쟁 제품과 비교해도 알기 쉽고, 기억하기 쉽게 제작되었다. 컬러는 자연을 느낄 수 있는 밝은 블루 · 그린을 기조로 하고 있지만 배경의 화이트와 어우러져 안심감 · 청결감을 상징하고 있다. 이처럼 상품 이외의 주변요소와 기본 심벌이 매우 확고하게 되어 있기 때문에 브랜드 확장에 있어서도 '식물이야기' 임을 한눈에 알 수 있어 브랜드 자산을 충분히 활용할 수 있는 구조로 되어 있다.

또한 광고 메시지 만들기나 탤런트 기용에 관해서도 브랜드 관리라는 관점을 가지고 일관성을 엿볼 수 있다.

처음에 제작된 식물이야기 비누 TV-CM에서는 패키지에 써 있는 제법이나 원료에 관한 문장을 여배우인 하라다치요(原田知世)가 읽어 나가는 유니크한 내용이었다. 그 후에도 원료 등의 기능면을 찬찬히 말하는 스타일을 취하고 있다. 또한 온화한 톤과 매너는 식물이야기의 브랜드 에센스의 반영이라고 말할 수 있다. 하라다치요 이후의 광고모델 기용에 있어서도 이시다 유리코, 이시다 히카리, 다나카 레나와 같은 젊은 여성을 활용하고 있다. 이러한 모델전략은 지명도 · 호감도가 높은 것은 물론이고 브랜드가 가진 세계관에 합치한 사람을 활용함으로써 브랜드 자산의 구축을 염두에 두고 있다는 것을 알 수 있다. 더욱이 96년부터는 일러스트로 만든 캐릭터 'LEAP 君' 을 설정하여 새로운 이미지를 추가하려는 시도를 하고 있다.

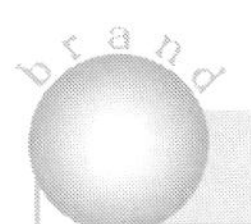

브랜드의 톤과 매너를 유지

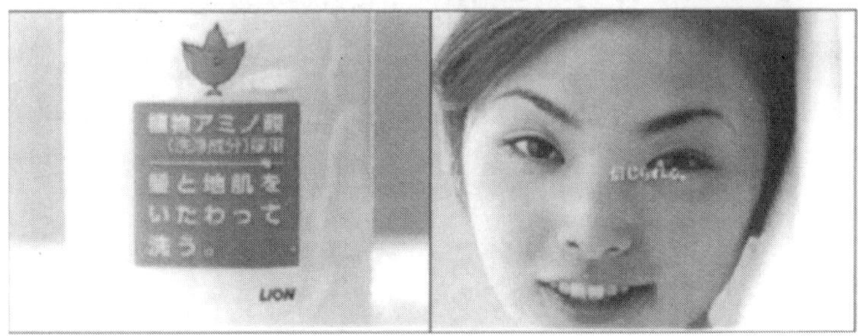

92 닛코 빈즈의 브랜드 개발

| 온라인 트레이드로 전혀 새로운 브랜드 가치와 이미지를 구축 |

닛코 빈즈의 시작은 1999년 10월. 증권 거래 수수료의 자유화에 의해 경쟁이 심화될 것으로 예상되는 가운데, 규모가 큰 증권회사로는 가장 먼저 신회사/신브랜드로 시장에 참여하여 주목을 받았다. 이후에 온라인 거래가 보급되어 경쟁이 심해지는 상태에서도 높은 평가를 받고 있다.

그 서비스 내용에 대해서는 여러 곳에서 자세히 소개하고 있으나 여기에서는 '신브랜드의 개발' 이라는 측면에서 닛코 빈즈의 커뮤니케이션 전략을 중심으로 살펴보겠다.

● 명쾌한 브랜드 에센스

99년 당시의 증권 업계는 결코 순조로운 상태는 아니었다. 금융불안이 불식되지 않은 상태에서 외국 자본의 공세가 강해지고 있었다. 그 중에서도 타깃은 물론 시장에 대해서 뭔가 명쾌한 의사표명을 할 필요가 있었다. 닛코 빈즈는 영업개시 1개월 전부터 매스미디어를 통해 광고를 시작했지만 이 시점에서 벌써 브랜드의 가치, 진행해야 할 방향이 슬로건으로 분명해졌다.

'온라인 트레이드의 자유를, 모두에게' 라는 슬로건은 단순히 가격가치만이 아니라 온라인 트레이드라는 새로운 수단에 의해 얻을 수 있는 '자유' 라는 가치를 전면에 내세우고 있다. 또한 '모두에게' 라는 말은 종래의 증권회사의 고객 차원을 넘어선 새로운 전략 타깃이 설정되어 있음을 알 수 있다. 그리고 이 브랜드 가치를 받쳐 주는 '속성', '기능 가치' 의 면에서도 차별성을 강력하게 내세운 커뮤니케이션을 전개했다. 그림과 같이 펜터건의 디자인에는 5개의 선택폭이 명기되어 있다. '상품', '코스트 우위', '정보의 질', '재무 시스템의 신뢰성', '초보자의 사용 용이성' 이라는 기준을 가장 먼저 내세움으로써 이미지 전개의 기점을 표명하는 구조를 만들고 있다.

새로운 기준을 상징하는 심벌 설계

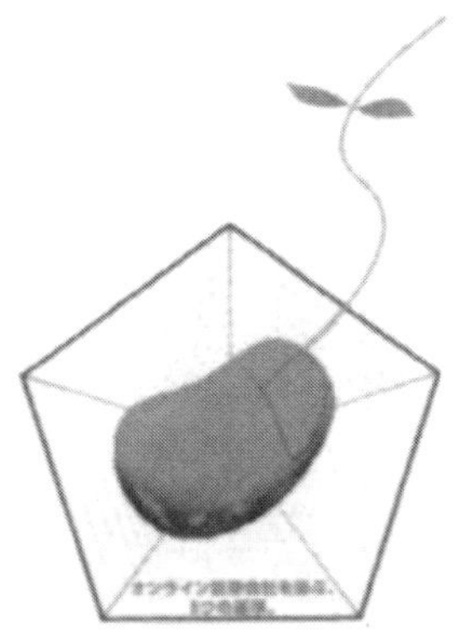

〔5가지 선택기준〕을 심벌화

로고 마크

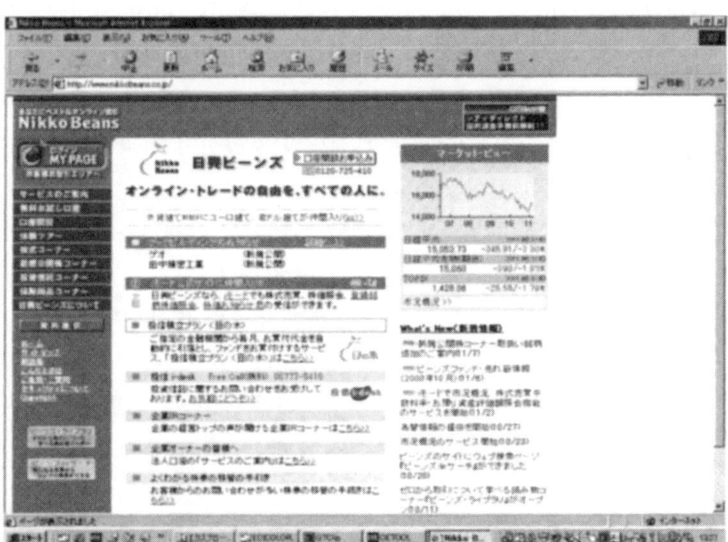

웹의 첫 화면

이렇게 브랜드 가치설계가 매우 정교하게 다듬어졌고 나아가 브랜드 개발에 있어서 중요한 심벌 프레임이 대단히 신중하게 설계되어 있는 점이 또 하나의 특징이다.

우선 네이밍을 보면 '닛코' 라는 이름을 보증 기능으로써 두고, '빈즈' 라는 친숙하고 유니크한 문자를 배열하고 있다. 이것은 신뢰성과 선진성이 밸런스를 취한 상태에서 제대로 기능하고 있다고 할 수 있다. '콩' 을 의미하는 빈즈는 성장성의 상징이기도 하지만 어감상으로도 기억하기 쉬운 이름이다. '빈즈 OO' 라는 형태로 신상품이나 서비스를 제공할 때, 기능면에서 이 구조의 장점이 발휘되리라 생각한다.

또한 컬러는 증권업계에서 볼 수 없는 그린을 이용하여 독특한 포지션을 노리고 있다. 종래에 금융관련 업계 특히 증권 업계에서는 활기나 성장을 상징하는 '적색' 이 중심이었다. 하지만 '빈즈' 는 온화하며 통상적으로 '자연' 을 상징하는 온화한 그린계통으로 브랜드 세계를 구축하고 있다.

뿐만 아니라 그린색에는 '젊음', '성장' 이라는 측면도 있어 이것이 '빈즈' 의 콩의 이미지와 연결됨으로써 새로운 시장에서 잘 어울리는 것은 물론 기업과 고객이 함께 성장하는 이미지를 만들고 있다. 그리고 마크인 콩이 컴퓨터의 마우스와 유사하게 디자인되어 있다. 이것은 브랜드의 방향성이 스피디하게 고객에게 전달된다는 의미로 설계한 것이다.

더욱이 마루노우찌나 후쿠오카에 '온라인 트레이드 카페' 를 개설 하는 등, 공간 설계에 있어서도 브랜드 개성을 느낄 수 있게 하였다.

금융 빅뱅과 IT혁명이라는 2개의 큰 물결 속에서 재빨리 브랜드 전략을 성공시킨 사례이며 신시장 시뮬레이션, HP디자인, Web과 매스 커뮤니케이션으로 브랜드 이미지를 연동·증폭시키는 크로스 미디어 전략 등, 실로 다양한 면에서 브랜드 개발의 중요한 제안이 포함된 매우 흥미로운 케이스라고 말할 수 있다.

일관된 브랜드 커뮤니케이션

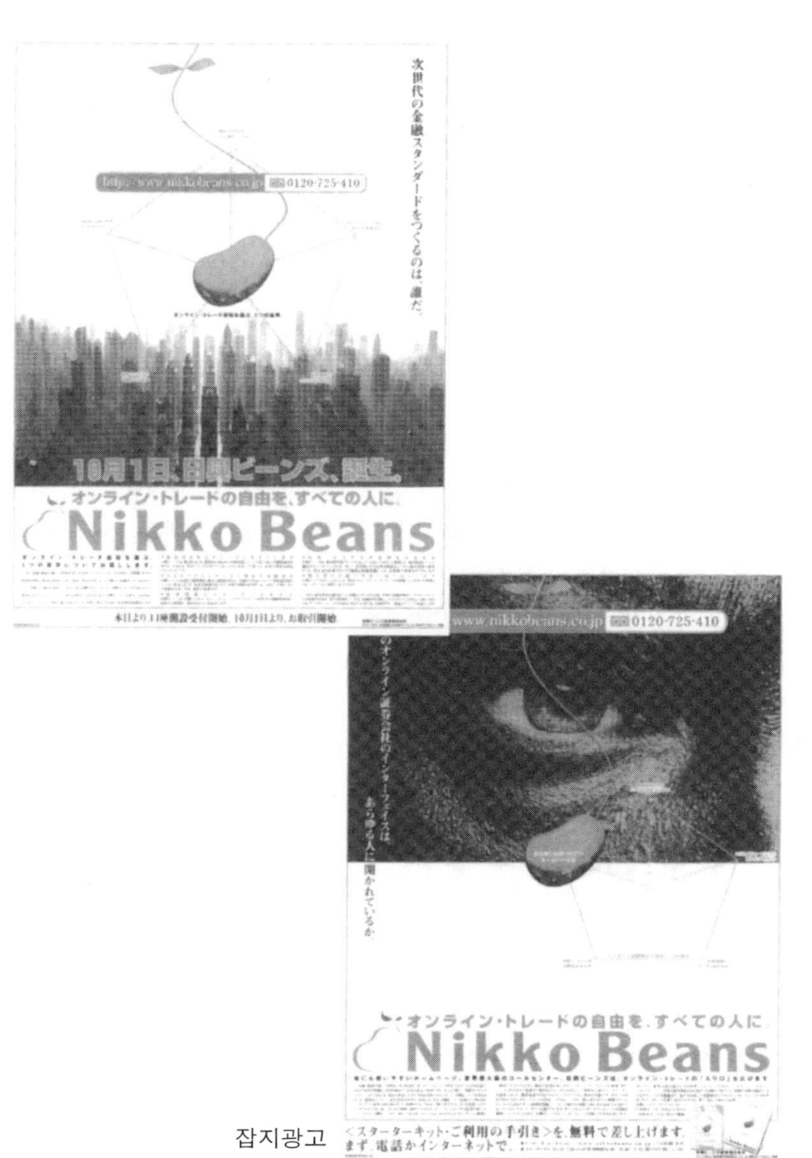

잡지광고

93 도라야(虎室)의 브랜드 메인테넌스

일본 전통과자로는 세계에서 가장 지명도가 높으며 품질, 이미지에서도 최고라고 불리우는 '도라야'가 브랜드 메인테넌스를 시도했던 사례다.

(본 원고는 1999년에 하쿠호도의 광고(廣告)라는 잡지에 연재했던 기사를 바탕으로 새롭게 재편집한 것이다)

● 역사와 변곡점이 말해 주는 도라야의 본질

이 프로젝트에 있어서는 우선 히스토리 분석에 비중을 두었다. 그 이유는 도라야가 450년이라는 오랜 역사가 있다는 것, 도라야 내의 도라야 문고라는 회사 역사는 물론이고 일본 전통과자 전반에 관한 연구를 하고 있는 조직이 있었기 때문이다.

도라야는 교토에서 왕실에 납품을 해 왔다(가장 오래된 기록은 1586년). 그 후 메이지 유신이 일어나 천황이 도쿄로 이동함에 따라 도쿄로 왔지만 바로 이점이 도라야가 고객층을 넓히는데 있어서 중요한 계기가 되었다. 다음으로 1962년에 백화점에 진출하여 다점포 전개를 시작하게 되는데 이 또한 고객 개척의 면에서 보면 커다란 전환점이라고 할 수 있다.

이러한 히스토리 분석 후에 최고경영자를 대상으로 인터뷰를 실시하여 브랜드의 의지를 확인하였다. 인터뷰를 통해 구로카와(黑川光博) 사장으로부터 '전통은 혁신의 연속'이라는 생각을 듣고, 경영 이념 및 목표로써 "맛있는 일본 전통과자를 즐겨 드십시오"라는 점을 들고 있다는 것을 알 수 있었다. 이 시점에서 몇 가지 취재를 추가하여 일단 브랜드 에센스의 가설을 세웠다. 그 결과 철저하게 최고 재료를 가지고, 섬세하면서도 최고 품질의 제품을 만들어 차분한 기분을 제공하고, 그때 그때 생활 속에서의 기쁨을 지켜보는 브랜드라는 가설을 설정하였다. 여기에서 도라야의 브랜드 에센스를 '예(禮)를 다하여 의(儀)를 존중하는 가치관'이라고 일단 정하였다.

그림 1

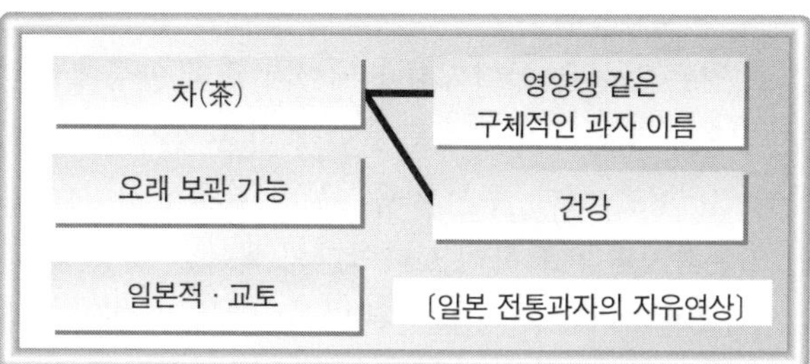

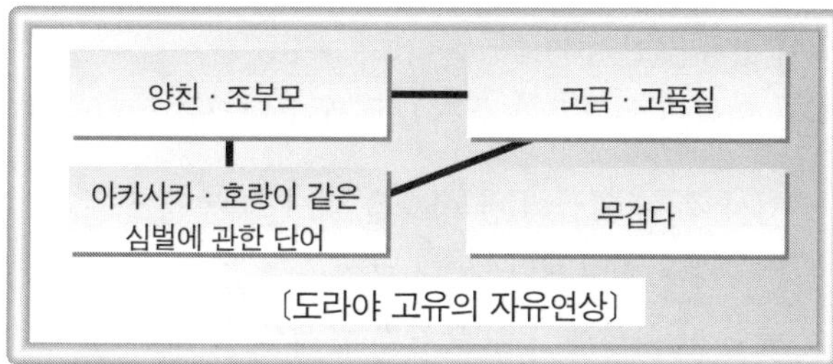

차(茶)
영양갱 같은
구체적인 과자 이름
오래 보관 가능
건강
일본적 · 교토
〔일본 전통과자의 자유연상〕

양친 · 조부모
고급 · 고품질
아카사카 · 호랑이 같은
심벌에 관한 단어
무겁다
〔도라야 고유의 자유연상〕

취재 등으로 얻은
가치의 가설
고객조사에 의해
얻어진 가치의 가설
사회 · 생활가치
정서가치
기능가치
속성 · 사실
절기를 맞이하는
기쁨을 소중히 생각
촉촉한 기분의
즐거움
밀도 있는 충실감
편안한 기분
계절이
바뀌는 즐거움
섬세한 맛
최고의 품질
적절한
최적의 단맛
눈으로, 혀로도
계절을 느낀다
최고의 천연
식물성 재료
계절에 맞는
과자

그림 2

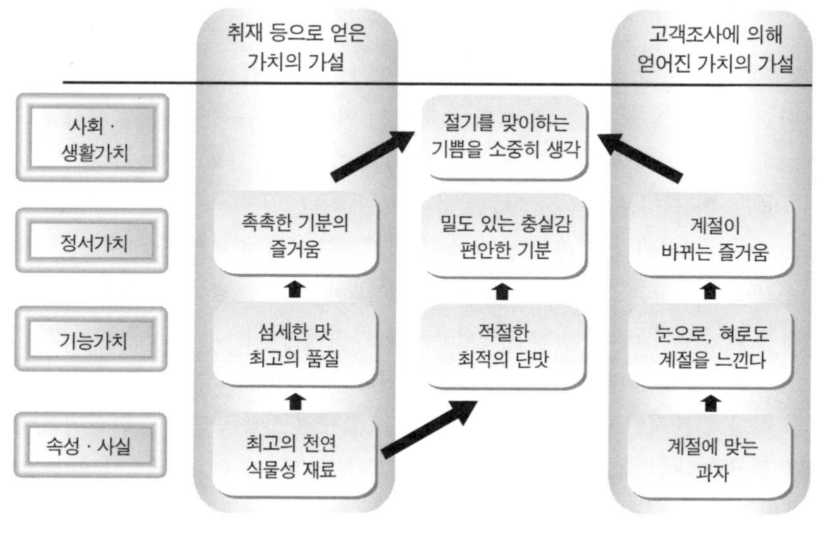

그러나 이 프로세스로 얻은 가설은 어디까지나 메이커 측의 발상에서 나온 것이다. 따라서 이것과는 별도로 도라야의 고객을 포함해 일본 과자 팬들에게 자유연상과 가치구조를 묻는 인터뷰를 했다. 우선 자유연상의 결과가 그림1이다. 여기에서는 다른 일반적인 일본과자와 비교하여 도라야만의 독특한 연상내용을 확실하게 찾아낼 수 있다. 고급스럽다라는 점과 관련된 단어나 심벌에 관한 말은 물론 '부모·조부모'와 같은 단어와의 연상도 강해, '일본의 전통'이라는 이미지가 포함되어 있음을 알 수 있다.

이와 더불어 인터뷰를 실시한 결과 유니크한 답변을 몇 가지 얻을 수 있었다.

"입사 후 첫 월급의 반 이상을 써서 그 동안 신세졌던 분들에게 도라야의
영양갱을 선물했다 (50대 남성)."
"출산 때 선물해 주신 분들께 답례로 (30대 여성)"
"절기에 맞춰 그때 그때 계절의 과자를 반드시 산다 (40대 여성)"
"계절마다 달라지는 과자는 나의 즐거움이다 (20대 여성)"
"일요일 오후에 한가로이 쉬면서 먹는 것이 즐거움 (30대 남성)"

등, 어떤 절기에 맞춰 도라야의 과자를 즐겨 먹고 있다는 점이 부각되었다. 또한 이러한 절기에 '자신에 대한 포상'이라는 면이 있다는 것도 알 수 있다. 그래서 최초의 가설을 수정하여 조사를 통해 얻어진 의견을 참고해서 '자기 자신의 즐거움'이라는 면을 덧붙여서 구조화한 것이 그림2이다.

그 후에 '생활의 절기에 일본적인 풍요로움을'이라는 브랜드 에센스를 정하였으며 브랜드 개성은 '화려한' '정통적인' '침착한' '풍요로운' 등을 설정했다.

제작 작업시에 이 에센스와 가치구조를 크리에이티브 디렉터에게 브리핑하고 그 중에서 '절기'를 테마로 여러 가지 아이디어를 냈다. 그리고 여러 절기 가운데서도 가장 일본적인 에센스를 느낄 수 있고 실제의 상품속성과 관련성이 깊은 계절의 절기를 핵심 테마로 하여 제작한 것이 이 포스터이다. 이 포스터에서는 일본과자의 숨겨진, 그러나 본질적인 면에 중점을 두었다.

まだまだ、この国に、季節はあります。
とらや

관련 기업 홈페이지 주소

ANA(All Nippon Airways, www.ana.co.jp)
BMW(www.bmw.com)
GM(www.gm.com)
HP(www.hp.com)
IBM(www.ibm.com)
iMac(www.imac.com)
JAL(Japan Airlines, www.jal.com)
JAS(Japan Air System, www.jas.co.jp)
JOMO(www.jomo.co.jp)
JT(www.jtnet.ad.jp)
JTB(www.jtb.co.jp)
NEC(www.nec.com)
NTT(www.ntt.com)
NTT도코모(www.nttdocomo.com)
P&G(www.pg.com)
SME(www.sme.co.jp)
So-net(www.so-net.ne.jp)
UFJ(www.ufj.co.jp)
WiLL(www.willshop.com)
가오(www.kao.co.jp)
고쿠요(www.kokuyo.co.jp)
골드만삭스(www.gs.com)
구로네코야마토(www.kuronekoyamato.co.jp)
글리코(www.glico.co.jp)
기꼬망(www.kikkoman.co.jp)
기린(www.kirin.co.jp)
긴초(www.kincho.co.jp)
긴키일본여행(www.knt.co.jp)
나이키(www.nike.com)
내쇼날(www.national.co.jp)
네스카페(www.nescafe.com)
네슬레(www.nestle.com)
노바티스(www.novartis.com)
니베아(www.nivea.com)
니치레이(www.nichirei.co.jp)
니코스(www.nicos.co.jp)
니콘(www.nikon.com)
닛산(www.nissandriven.com)
닛신식품(www.nissinfoods.co.jp)
닛코빈즈(www.nikkobeans.co.jp)

도요타(www.toyota.com)
도쿄 오페라시티
(www.tyokooperacity-cf.or.jp)
도큐(www.tokyu-group.co.jp)
동경해상화재보험(www.tokiomarine.co.jp)
라이온(www.lion.co.jp)
레디보덴(www.lotte.co.jp/indes32.html)
렉서스(www.lexus.com)
롯데(www.lotte.co.jp)
루루(三共: www.sankyo.co.jp)
리갈(www.regal.co.jp)
마루코메(www.marukome.co.jp)
마루하(www.maruha.co.jp)
마이크로소프트(www.microsoft.com)
마일드세븐(www.jtnet.ad.jp)
마츠시다전기(www.matsushita.co.jp)
말보로(www.philipmorris.com)
맥도날드(www.mcdonalds.com)
메르세데스벤츠(www.mercedes.com)
메리트(www.kao.co.jp)
메릴린치
(www.merrillynch.com/www.ml.com)
메이지(www.meiji.co.jp)
모리나가(www.morinaga.co.jp)
모빌(www.mobil.com)
모토로라(www.motorola.com)
미국마케팅협회www.ama.org)
미사와홈(www.misawa.co.jp)
미즈노(www.mizuno.com)
미즈호 증권(www.mizuho-isec.co.jp)
미츠이부동산(www.mitsuifudosan.co.jp)
미츠칸(www.mitsukan.co.jp)
미키모토(www.mikimoto.com)
미타(www.kyoceramita.co.jp)
바디숍(www.bodyshop.com)
버드와이저(www.budweiser.com)
베네통(www.benetton.com)
베넷세(www.benesse.co.jp)
벨릿츠(www.berlitz.com)
브릿지스톤(www.bridgestone.com)

사와데이(www.kobayashi.co.jp)
산토리(www.suntoryfoods.co.jp)
샤루당(ST화학: www.st-c.co.jp)
세븐일레븐(www.seveneleven.com)
세키스이 하임(www.sekisuiheim.com)
세키스이 화학(www.sekisui.co.jp)
소니 바이오(www.vaio.sony.co.jp)
소니(www.sony.com)
수바루(www.subaru.co.jp)
쉘(www.shell.com)
슈퍼드라이(www.asahibeer.co.jp)
스미토모(www.sumitomocorp.co.jp)
스타벅스(www.starbucks.com)
시보레
(www.chevrolet.com/www.chevy.com)
시세이도(www.shiseide.com)
시티즌(www.citizen.co.jp)
식물이야기(www.lion.co.jp/new/plants)
신슈이치(www.miyasaka-jozo.com)
썬스타(www.sunstar.com)
썬키스트(www.sunkist.com)
아마존(www.amazon.com)
아사히맥주(www.asahibeer.co.kr)
아스크루(www.askul.co.jp)
아지노모토(www.ajinomoto.co.jp)
아쿠사(www.axa.co.jp)
아큐라(www.acura.com)
애플(www.apple.com)
야시카(www.yashica.com)
야쿠르트(www.yakult.co.jp)
야후(www.yahoo.com)
에르메스(www.hermes.com)
오토바이텔(www.autobytel-japan.com)
오펠(www.opel.com)
와코루(www.wacoal.co.jp)
유니레버(www.unilever.com)
유키지루시(www.snowbrand.co.jp)
이베이(www.ebay.com)
이사이즈(www.isize.com)
이쿠시즈(www.kyokuto-note.co.jp)

이트레이드(www.etrade.com)
일본레버(www.nipponlever.com)
제네랄(www.fujitsugeneral.co.jp)
제록스(www.xerox.com)
조르지오아르마니(www.giorgioarmani.com)
존슨앤 존슨(www.johnsonandjohnson.com)
츠바사증권(www.tsubasa-sec.co.jp)
카도카와 서점(www.kadokawa.co.jp)
칼피스(www.calpis.co.jp)
캐논(www.canon.com)
캐딜락(www.cadillac.com)
컵누들(www.nissinfoods.co.jp)
켄우드(www.kenwood.com)
켈로그(www.kelloggs.com)
코니카(www.konica.com)
코닥(www.kodak.com)
코카콜라(www.cocacola.com)
쿄세라(www.kyocera.co.jp)
크래프트(www.kraft.com)
킷캣(www.kitkat.co.jp)
파나소닉
(www.panasonic.com/www.panasonic.co.jp)
페라리(www.ferrari.com)
펜탁스(www.pentax.com)
포드(www.ford.com)
포드(www.ford.com)
포스트잇(www.3m.com)
폰티악(www.pontiac.com)
필립모리스(www.philipmorris.com)
필립스(www.philips.com)
하겐다즈(www.haagendazs.com)
하우스바몬드카레(www.housefoods.co.jp)
하우스식품(www.housefoods.co.jp)
할리데이비슨(www.harley-davidson.com)
혼다(www.honda.com)
후지츠(www.fujitsu.com)
후지필름(www.fujifilm.com)

제 9 장

한국 브랜드 마케팅 사례 모음

SK엔크린을 Power Brand로 만들기 위한 마케팅 커뮤니케이션 전략

　　1995년 10월 출시되어 SK주식회사의 대표적 브랜드이자 국내 휘발유 대표 브랜드로
자리매김한 SK엔크린은 엔진과 환경을 보호하는 깨끗한 에너지(Engine Clean,
Environment Clean, Energy Clean)라는 뜻을 담고 있습니다. SK엔크린이 이처럼 파
워 브랜드로 성장할 수 있었던 것은 명실상부한 세계 최고 수준의 품질을 바탕으로, 카드마
케팅과 같은 고객서비스 향상을 위한 다양한 마케팅 활동을 병행하는 등 경쟁사와의 차별
화 전략이 주효했기 때문이라고 생각합니다. 아울러, 런칭 초기부터 현재까지 이어지고 있
는 일관성 있고 체계적인 광고의 역할 또한 빼놓을 수 없을 것입니다.

　　앞으로도 SK주식회사는 지속적인 제품성능향상을 위한 노력, 고객만족을 위한 다양한
마케팅 활동, 그리고 고객의 생활 깊숙이 파고드는 다양한 가치의 창조를 통하여 SK엔크
린이 모든 소비자들에게 선택 받는 브랜드로 그 입지를 더욱 확고히 하고자 합니다.

SK주식회사 석유사업마케팅전략팀장　부장　김　철

SK엔크린을
Power Brand로 만들기 위한
마케팅 커뮤니케이션 전략

엔크린의 역사

- 찌꺼기가 없어 많이 가는 휘발유 엔크린 출시 (1995.10)
- 엔크린보너스카드, 업계 최초 카드마케팅 실시 (1997.02)
- 왕대박잔치, 업계최초 카드마케팅 실시(1997.07)
- OK Cashbag 서비스, 업계 최초 적립식 할인서비스 개시(1999.03)
- 3,700개 SK주유소 네트워크와 고객DB를 활용, 고객과의 1:1
  서비스 확대(2000.04)
- 제5세대 첨가제를 넣은 더 새로워진(더 깨끗해진) SK엔크린
  탄생!!(2001.07)

엔크린의 마케팅 역사

❶ 제1기 (1995.10 ~ 1996.12)
  휘발유 브랜드(첨가제) 경쟁에서 명실상부 1위 달성

  - LG정유가 95년 초 최초의 휘발유 브랜드인 테크론을 출시
    (휘발유 M/S 31.5%)
  - 1995년 10월 : 엔크린 탄생 (휘발유M/S 37.7%)
  - 1996년 12월 : 엔크린 휘발유시장 점유율 상승 (37.7% ⇒40.3%)
  - "문제는 찌꺼기"란 메세지로 내차(새차, 헌차)니까 캠페인을 시리즈로 집행
    "찌꺼기 없는 휘발유 엔크린"라는 일관된 컨셉으로 꾸준히 전달 소비자에
    게 좋은 반응제고

엔크린의 마케팅 역사

❷ 제2기 (1997.01 ~ 2000.03)
  정유사 보너스카드를 통한 휘발유M/S 경쟁에서도 우위유지

  - 휘발유 제품경쟁에서 얻은 엔크린의 명성을 보너스카드에서도 계속 이어나감
    즉, 엔크린보너스카드를 통한 Communicaton 활동으로 엔크린의 브랜드
    파워도 강화시킴
  - 97년 정유사 보너스카드 가입고객 급성장
    : 공짜보험, 마일리지 제공 등의 다양한 경품제공
    : 기존의 휘발유 성능(브랜드 이미지)라는 속성외에 공짜보험, 경품 등의
      각종 보너스카드 서비스가 경쟁의 요소로 등장
  - 99년 3월 엔크린보너스카드에 OK캐쉬백 기능 부여
    : 주유소에선 보너스카드, 밖에서는 OK캐쉬백으로 사용

엔크린의 마케팅 역사

❸ 제3기 (2000.04 ~ 2001.05)
보너스카드의 경품혜택에서 DB마케팅 고지로 M/S경쟁 우위확보

- 2000년 5월 기존의 엔크린보너스카드의 포인트를 OK캐쉬백 서비스와 통합
더욱 체계적인 서비스 제공 및 포인트를 주유소에서도 현금으로도 사용 가능
케 함으로써 고객에게 경쟁사의 보너스카드와 확실히 차별화된 Benefit 제공
가능
- 기존의 경품서비스 고지에는 한계가 있다고 판단, 엔크린보너스카드만의 차
별점인 기념일 고지서비스 등의 DB마케팅 기능을 소구함으로써 경쟁사 대
비 우위 확보
- 엔크린 제품 및 보너스카드의 두 가지 속성에서 인지도 및 호의도 제고 전략
- '기분 좋은 관심' 을 통한 고객의 '일편단심' 으로 기존고객의 단골고객화 유도

엔크린의 마케팅 역사

❹ 제4기 (2001.05 ~ 현재)
SK엔크린의 브랜드파워를 강화할 수 있는 브랜드이미지광고 집행

- 기존의 엔크린보너스카드의 특장점 부분은 왕대박잔치 같은 프로모션행사
를 통해 제3기 광고전략의 연속선상에서 고객의 SK엔크린에 대한 Loyalty
를 제고시킴
- 'SK엔크린' 의 여러 브랜드속성 중 소비자가 가장 중요하게 느끼고 인지하는
부분인 '깨끗함' 이라는 속성을 강화, 유지할 수 있는 TV광고를 제작, 집행
- 깨끗한 자연의 Visual을 통해 SK엔크린의 고유속성인 '깨끗함' 을 강화하고
'채우자! 더 큰 세상을 여는 에너지' 라는 슬로건을 통해 업계 1위만의 자신
감 고지 및 소비자 호의도 제고로 제품의 매출에도 적극기여 (SK엔크린
M/S 상승)

이른바
Brand Communication의 시대!

경쟁 Presentation
Annual Presentation
광고 전략
표현 제작물
- 시장상황의 변화
- 광고담당자의 교체에 따라
변할 수 있는 것
Brand 전략
브랜드 커뮤니케이션 전략

Brand란?

- 고객과 제품사이에 장기적으로 흔들림 없는
  정신적 관계의 구축

- 경쟁사의 도전이나 시장의 변화에 대한
  강력한 방패

지금 정유시장은

- 복수 폴사인제의 등장

  - SK의 유통 장악력 약화 우려 및
    일부 경쟁사의 네트워크 확대 기회

- 고객의 가격민감성 확산

  - 장기적으로 수익성 악화의 원인 제공 우려

결국은 Brand!

어떤 환경의 변화에도
흔들림 없는 안정된 시장의 확보

지금 우리가 해야 할 일

I. 브랜드 선정

II. 브랜드의 기본 설계

III. 브랜드 커뮤니케이션의 전개방법

I. 브랜드 선정

제품으로서의 **엔크린**
공간으로서의 **SK주유소**

- 현실적으로 두개의 브랜드를 동시에 관리하는 것은 무리
- 소비자 입장에서도 혼란스러움
- 무엇을 파워 브랜드화 할 것인가?

제품과 공간은 勢不兩立인가?

무엇이 생각나십니까?

- 맛있는 햄버거
- 맛있는 햄버거를 파는 곳
- 즐거움이 가득찬 곳

커뮤니케이션 如何에 따라
제품과 공간의 병행은 가능

그렇다면,
우리가 관리해야 할
브랜드는 무엇인가?

각 브랜드의 장단점 분석

바다편	SK 주유소	엔크린
기업브랜드에 대한 신뢰감 형성	현재 고객의 선택 포인트	경쟁사 대비 경쟁력 있는 자산의 확보
⇕	⇕	⇕
정유 이외에 관련 업종의 다양성 존재	향후 주유소 개념 확장시 문제 발생	제품 외에 공간으로서의 이미지 부족

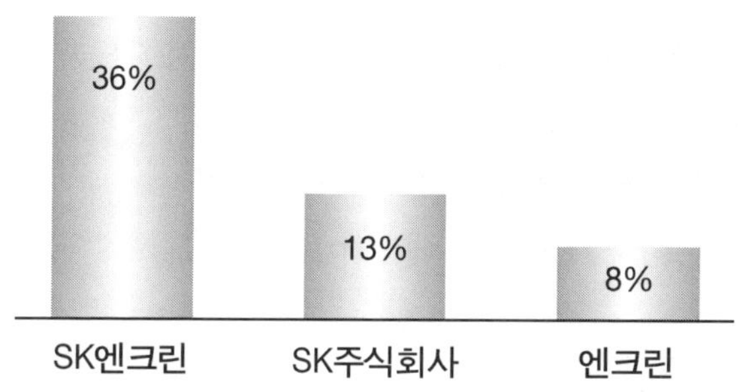

소비자가 생각하는 우리 브랜드의 경쟁력
휘발유하면 생각나는 브랜드는?
36%
13%
8%
SK엔크린
SK주식회사
엔크린

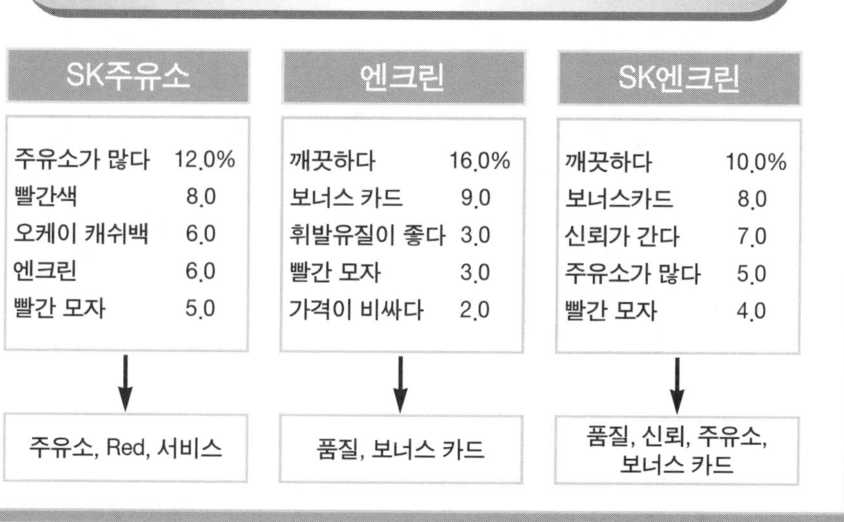

각 브랜드별 자유 연상

SK주유소
주유소가 많다   12.0%
빨간색   8.0
오케이 캐쉬백   6.0
엔크린   6.0
빨간 모자   5.0
주유소, Red, 서비스

엔크린
깨끗하다   16.0%
보너스 카드   9.0
휘발유질이 좋다   3.0
빨간 모자   3.0
가격이 비싸다   2.0
품질, 보너스 카드

SK엔크린
깨끗하다   10.0%
보너스카드   8.0
신뢰가 간다   7.0
주유소가 많다   5.0
빨간 모자   4.0
품질, 신뢰, 주유소,
보너스 카드

결론은 SK 엔크린!

- 제품 + 공간으로서의 브랜드 파워 활용 가능
- SK엔크린의 기존 자산 + 기업 신뢰감
- SK엔크린을 Flagship 브랜드로 활용,
  다른 제품의 가치제고에 기여

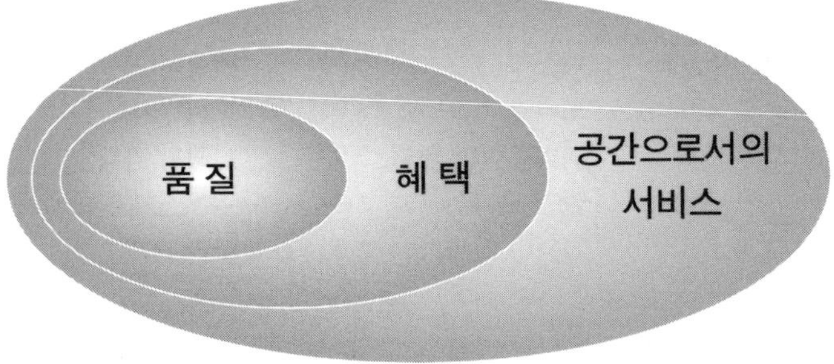

II. 브랜드의 기본 설계

Power Brand의 커뮤니케이션은
무엇이 다른가?

변하지 않는 것과 변할 수 있는 것의
구분이 명확

광고 컨셉, 표현의 테마

- 소비자의 Life Style 변화,
  기술개발에 따라 변할 수 있는 요소

Brand의 핵심가치(Brand Identity)

- 건물의 기초공사처럼 Brand가 존재하는 한
  영원히 변할 수 없는 것

Power Brand의 핵심가치와 커뮤니케이션

1. VOLVO

Safety

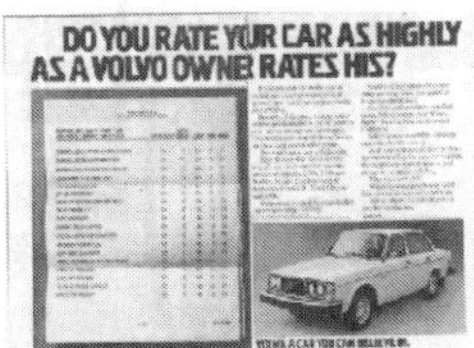

Power Brand의 핵심가치와 커뮤니케이션

2. McDonals

Food, Fun, Folk

Power Brand의 핵심가치와 커뮤니케이션

3. Coca Cola

Enjoy

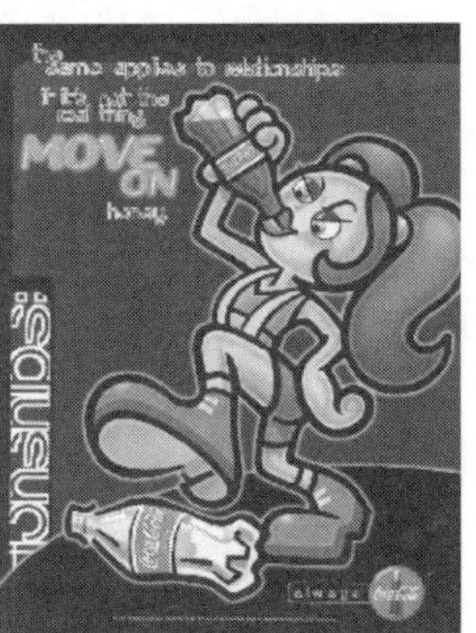

Power Brand의 핵심가치와 커뮤니케이션

4. NIKE

Passion, Sports Dream

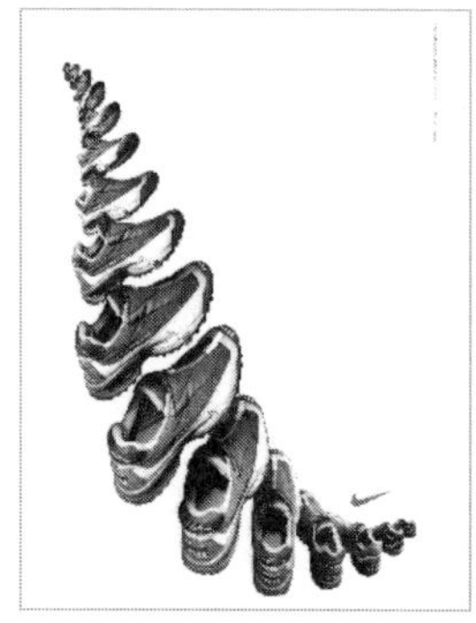

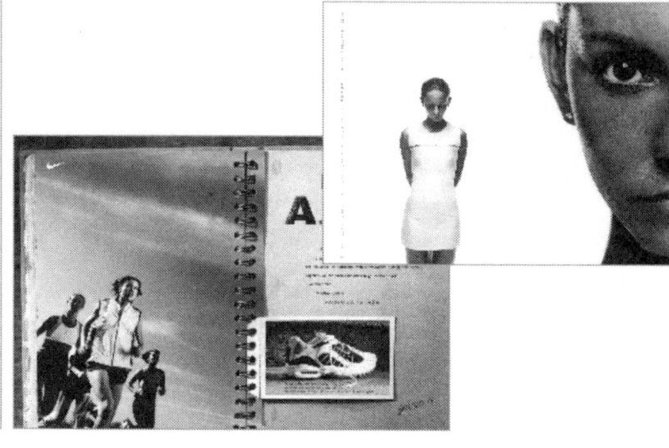

SK엔크린의

핵심가치(Brand Identity)는 무엇인가?

핵심가치 형성을 위한 브랜드 기본설계의 3요소

Brand Essence	Key Driver
브랜드가 고객에게 제공하는 본질가치	시장경쟁에서 이기기 위한 시장가치

Symbol Frame

커뮤니케이션
활동의 표현기반

SK엔크린의 기본 설계 ① Brand Essence

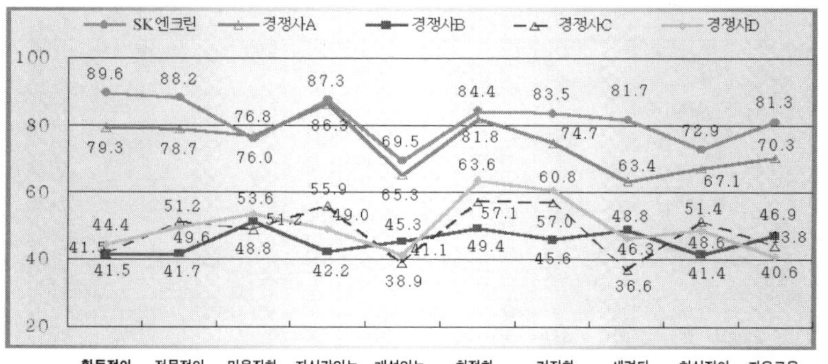

SK엔크린의 기본 설계 ① Brand Essence

휘발유가 고객에게 제공하는 본질적인 가치는?

Energetic / Active

- SK엔크린의 경우 Base 칼라인 Red와
  빨간모자 아가씨라는 자산을 통해
  그 어떤 경쟁사보다도 본질가치의 우수

SK엔크린의 기본 설계 ② Key Driver

브랜드별 속성 평가 (%)

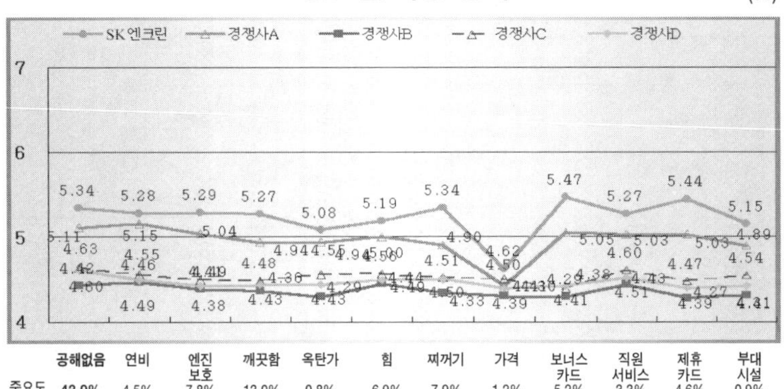

	공해없음	연비	엔진 보호	깨끗함	옥탄가	힘	찌꺼기	가격	보너스 카드	직원 서비스	제휴 카드	부대 시설
중요도	43.9%	4.5%	7.8%	13.0%	0.8%	6.9%	7.9%	1.2%	5.2%	3.3%	4.6%	0.9%

시장경쟁에서 이길 수 있는 배타적 자산은?

| Clean | Anywhere |

- 찌꺼기 없음, 깨끗함, 공해 적음
- Engine Clean 엔크린

- 대한민국 No. 1 Network (3,800개 네트워크)
- 고객입장에서도 강력한 Benefit

SK엔크린의 기본 설계 ③ Symbol Frame

커뮤니케이션 활동의 표현 기반은?

Connecting / Encounter

- 사람과 사람을 이어 주고 만나게 해주는 요소

- 고객과 고객의 만남, 고객과 SK엔크린의 만남, 고객과 주유소의 만남, 고객과 빨간 모자와의 만남…

SK엔크린의 핵심가치

Active, Clean, Connecting
(Anywhere)

"어디서나 깨끗하고 활력 있는 만남, SK엔크린"

Ⅲ. 브랜드의 커뮤니케이션의
전개방법

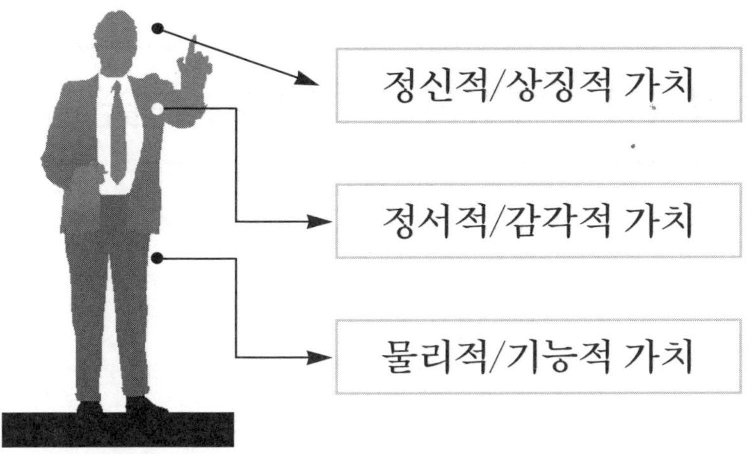

지금까지 SK엔크린은

찌꺼기가 없는 깨끗한 품질과
보너스카드를 통한 다양한 혜택 Base의
물리/기능적 혜택 제고를 위한 커뮤니케이션

- 정신적/정서적 가치는 상대적으로 미흡
- 고객과의 제대로 된 관계형성을 위해선
  정신적/정서적 유대관계가 중요

SK엔크린의 향후 광고 활동

어디서나 깨끗하고 활력 있는 만남

제품 위주에서 탈피,
각종 만남을 소재로 한
정서적(브랜드 이미지)
가치제고 활동

SK엔크린의 향후 광고 활동

어디서나 깨끗하고 활력 있는 만남

① 화장실 프로젝트/ CS모니터 등은
고객과의 깨끗한 만남을 준비하는
SK엔크린의 자세로 승화시켜 전달

② 공해없는 나라 등 정신적 가치를
높이기 위한 광고활동 병행

DAUM(다음커뮤니케이션)의 No.1 인터넷 포탈 브랜드 만들기

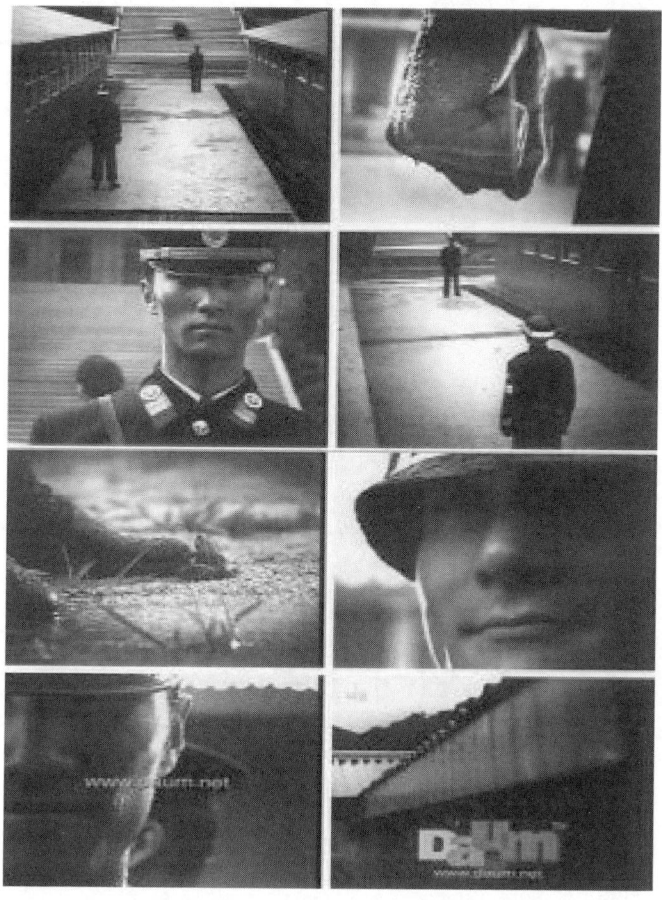

　　브랜드는 온·오프라인을 불문한 모든 기업에 있어서 중요한 무형자산이라 할 수 있다. 또한 오늘날은 이러한 자산을 구축하고, 유지·발전시켜 고부가가치를 생산해내는 것이 마케팅 담당자만이 아니라 최고 경영자의 주요 경영 과제로 인식되고 있으며, 경쟁 전략의 전개상 중요한 의미를 지닌다. 즉 상품과 서비스 자체의 차별화 못지 않게 브랜드의 유무, 우열에 따라서 기업의 경영 성과가 좌우되는 브랜드 시대가 된것이다.

다음 커뮤니케이션(주), CSO(최고전략책임자), 임 완

No.1 인터넷 포탈 브랜드 만들기

- 광고캠페인을 중심으로 -

캠페인 요약

구 분	기 간	목 표	광고안
1차 캠페인	99년 7월~00년 2월	1단계: 다음 브랜드 런칭	바다편, 광야편
		2단계: 브랜드 이미지 형성	한국의 힘 시리즈4편
2차 캠페인	00년 3월~00년 6월	포탈 이미지 부여	동호회, 쇼핑몰, 검색엔진
3차 캠페인	00년 7월~	No.1 이미지 강화	판문점 편

1차 캠페인

'다음' 브랜드 런칭

1. 시장상황

"향후 1년내 Big Portal Site 2~3개 및
다수 전문 CP Site로 시장 구도 정리"

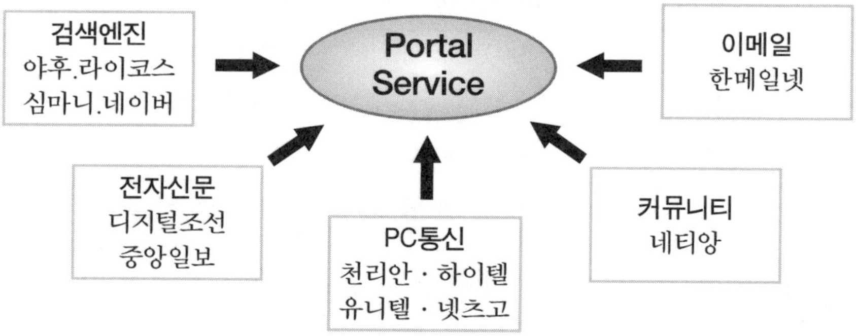

검색엔진
야후.라이코스
심마니.네이버

Portal
Service

이메일
한메일넷

전자신문
디지털조선
중앙일보

PC통신
천리안 · 하이텔
유니텔 · 넷츠고

커뮤니티
네티앙

2. 소비자 인식 – 인터넷 사이트

"야후, 그리고 그밖의 사이트들"

2. 소비자 인식 – 인터넷 사이트

〈참고2: 야후 인지 및 사용 정도〉

구 분	인지여부	주사용 여부
Yes	99.0%	71%
No	1%	29%
계	100.0%	100.0%

(최근 2주내 인터넷 사용 대학생 및 직장인 100명 조사결과)

"대부분의 네티즌들은 야후를 잘 알고, 즐겨 찾고 있다."

2. 소비자 인식 – 야후 vs 한메일넷

야 후

- 높은 인지율
- 검색 사이트
- 네티즌이 가장 즐겨찾는 사이트
- 1,300만 페이지뷰

한메일넷

- 낮은 인지율
- 이메일 전문 사이트
- 200만 회원(일반 네티즌 인지부족)
- 7~900만 페이지뷰

"한메일넷은 사용자와 일반인 사이의 인식 불균형이 심각"

3. 어떻게 바꾸어야 하는가? – 한메일넷의 기회

"The Law of Duality"
- 장기적으로 보면 대부분의 시장은 2마리 말의 경주가 된다.
('마케팅 22가지 법칙' : 알 라이즈/잭 트라우트)

Coca Cola	vs	Pepsi
Kodak	vs	Fuji
Toyota	vs	Nissan
011	vs	016

"우리나라 인터넷 시장은 아직 1마리 말의 독주 상황"

3. 어떻게 바꾸어야 하는가? – 한메일넷의 과제

"야후와 한메일, 그리고 그밖의 사이트들"

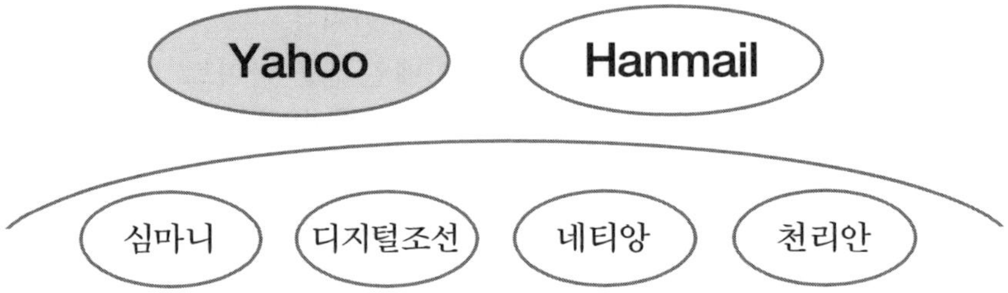

"99년내 2마리 말의 경주로 소비자 인식을 바꾸어야 한다."

4. 한메일넷의 과제 – 빅 포탈의 조건을 갖춘다

"빅 포탈의 생존은 사용자의 손끝에 달려 있다."

4. 한메일넷의 과제 – 빅 포탈의 조건을 갖춘다

"2가지 필수 조건 - 名聲 그리고 品質"

〈 참고3 : 야후 주사용 이유 〉

구 분	비 율	비 고
제일 유명해서	32.4%	57.8%
주변에서 많이 써서	25.4%	
정보 제공이 다양해서	33.8%	
접속이 잘 되고 빨라서	21.1%	

(최근 2주내 인터넷 사용 대학생 및 직장인 100명 조사결과)

"名聲으로 불러들이고, 品質로 머무르게, 그리고 또 오게 만든다."

---

4. 한메일넷의 과제 – 빅 포탈의 조건을 갖춘다

1) 명 성
- Offline 광고.홍보를 통한 인지 확산
"단기간에 야후 못지않은 명성을 획득한다."

2) 품 질
- 사용자의 니즈에 맞는 컨텐츠의 지속적 개발 및 서비스
(카페, 검색, 미즈넷 등)
"야후보다 더 우리 실정에 맞는 컨텐츠를 개발하고 제공한다."

3) 사용자
- 구매력을 가진 사용자의 비율을 끌어 올린다.
"빅 포탈 사이트로서 이상적인 사용자 포트폴리오를 구성한다."

5. 광고, 어떻게 할 것인가?-브랜드 리네이밍

- 우리 인터넷의 대표 브랜드 이미지를 가지고 있어야 한다.
- 단순 이메일서비스가 아닌 종합 포탈 서비스 이미지를 주어야 한다.
- 기억하기 쉬워, 바로 사이트로 접속될 수 있어야 한다.

5. 광고, 어떻게 할 것인가?-광고 목표

"〈다음〉이라는 브랜드를 단기간에
야후의 수준으로 끌어올린다."

- 소비자의 인식 속에 인터넷은 야후와 〈다음〉이라는 2마리 말의 경주로 각인시킨다.
- 페이지뷰 수를 야후 수준으로 올린다.
- 최고의 인터넷 광고 매체로 위치시킨다.

5. 광고, 어떻게 할 것인가?–광고 전략

"1위, 야후의 강점 속에서 약점을 찾아 집중 공격한다."
- 야후를 지렛대로 활용하여 최소 비용으로
  인지도와 이해도를 높인다.(단, 비방은 하지 않는다.)

"소비자의 인식을
1마리 말의 독주에서
2마리 말의 경주로 바꾼다."

---

5. 광고, 어떻게 할 것인가?–광고 전략

야후의 강점

야후의 약점

- 높은 명성
- 글로벌 이미지
- 자본력
- 다양한 컨텐츠

- 외국(글로벌)기업

"야후의 약점은 그들의 가장 강점인 글로벌 이미지에 있다.
즉, 그들의 세계는 잘 알지만 한국은 잘 알지 못한다.
적어도 일반인의 인식상에서는…"

5. 광고, 어떻게 할 것인가?–브랜드 포지셔닝

"우리 말, 우리 생각, 우리 기술로 만들어 우리를 가장
잘 알고, 그래서 가장 알차고 편한

한국 인터넷의 대표 - 다음"

"야후를 꺾을 수 있는 유일한 우리의 대안"

5. 광고, 어떻게 할 것인가?–1단계 집행 광고

캠페인 슬로건: "No. 1 우리 인터넷–다음"

이순신장군편

광개토대왕편

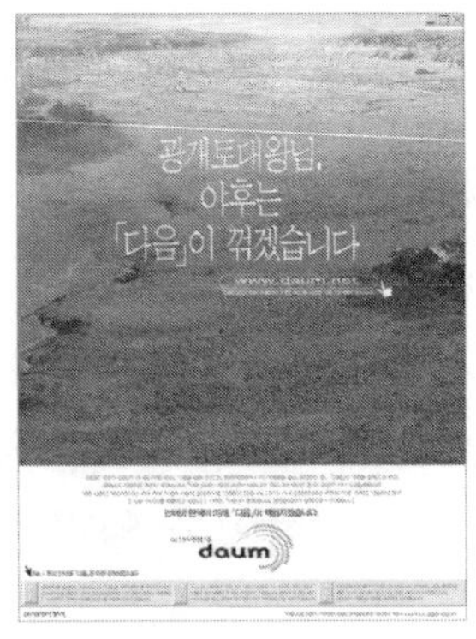

5. 광고, 어떻게 할 것인가? –2단계 광고전략

■ 1단계 광고활동 Review

**"포탈사이트 시장에서 두 마리 말의 경쟁구도
구축에 성공"**

- 광고를 통해 소비자들에게 인터넷시장에서 야후와 다음의 양자구도 인식
- 언론에서 인터넷시장에 대한 기사 작성시 야후와 다음을 항상 함께 거론
- 또한 다음을 한국 인터넷 시장을 지키는 "토종 인터넷"의 선두주자로 인식

---

5. 광고, 어떻게 할 것인가? –2단계 광고전략

■ 인터넷 포탈시장의 경쟁구도 변화

"수많은 경쟁자들의 출현"

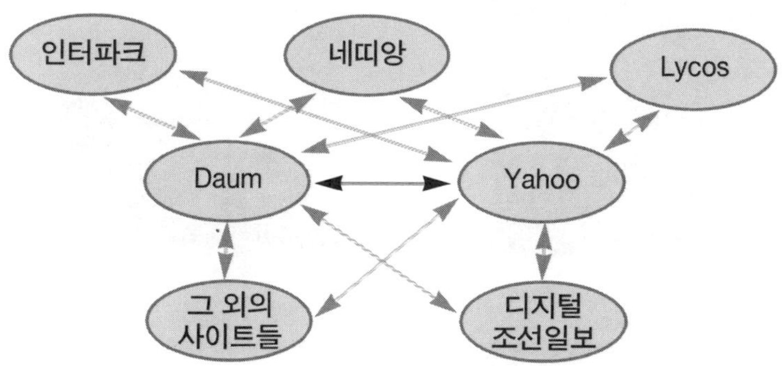

5. 광고, 어떻게 할 것인가? – 2단계 광고전략

 **What To Say**

- 수많은 경쟁자들이 이야기할 수 없는 '다음' 만이 할 수 있는 이야기를 한다.
- '다음' 이 소비자들에게 주고자 하는 기업정신이 담긴 이야기를 한다.
- '다음' 의 실체와 함께 향후 '다음' 이 궁극적으로 지향하는 비전을 제시한다.

How To Say

- No.1 답게 자신의 실제에 급급한 작은 얘기가 아닌 커다란 Issue 제공
- 기존 광고와 같은 Impact있고, Direct한 Message를 던진다.
- '인터넷' 이라는 것이 아주 크고, 중요한 것이라는 인식을 일반인에게 심어준다.

> 우리말, 우리 문화에 맞는 우리가 만들어 가는 인터넷 포탈사이트
> **"우리가 만들어 가는 인터넷, 다음"**

5. 광고, 어떻게 할 것인가? – 2단계 집행 광고

캠페인 슬로건: "No. 1 우리 인터넷 – 다음"

한국을 강하게 하는 힘   한국을 따뜻하게 하는 힘

5. 광고, 어떻게 할 것인가?–2단계 집행 광고

캠페인 슬로건: "No. 1 우리 인터넷 –다음"

한국을 똑똑하게 하는 힘

한국을 움직이는 힘

2차 캠페인

'다음' 포탈 브랜드 이미지 부여

1. 1차 캠페인 결과 요약

"인식상의 약진 및 행동상에서도 다음의 위상 제고"

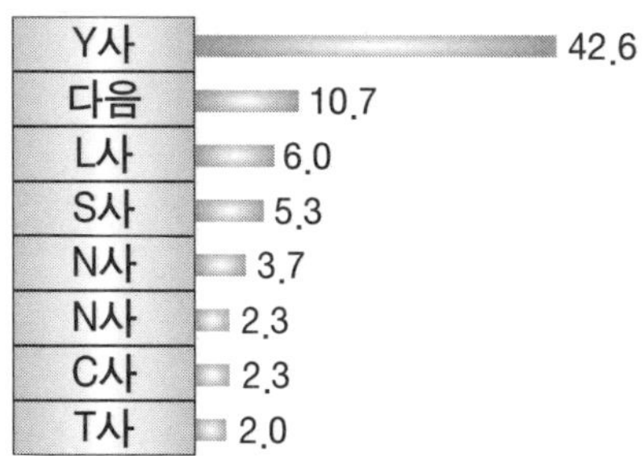

* 자료원 : 제일기획 인터넷 이용자 조사 (2000.1)

2. 시장상황

"Portal Site는 「웹 서핑의 목적지」로 개념이 전환되는 추세입니다"

Post-Portal의 방향

- Portal 개념의 전환
- "인터넷을 잘 알수록 Portal의 필요성 감소"
- "인터넷의 출발지가 아닌 목적지로"

- 검색엔진의 Portal로서 의미 감소
- 이용자의 이용기술 향상에 따라 검색엔진의 사용
  도가 감소하고, 자신의 관심 Site에서 웹서핑을 즐
  기려는 경향이 점차 증가
- 미국 "야후"도 이용자의 이용시간 정체에 고심

- Portal Site의 동질화
- Site의 태생과 관계없이 서비스 다양화로 실제
  제공되는 서비스는 차별성 약화되고 있음
- 종합 컨텐츠 제공을 목표로 인수합병 지속 예상

Site Traffic의 집중화 현상 (%)

웹 서핑 비율 (12만 개 사이트 중)	'98.6	'99.6
TOP 10	16.0%	⇒ 19.2%
TOP 50	27.3%	⇒ 35.2%
TOP 100	33.7%	⇒ 39.4%

* 자료원 : Media Mix (인터넷 마케팅 전략과정, 99. 7.)

3. 소비자 인식

> "Portal Site에 대한 인식 확산되는 가운데
> Daum의 Portal 상기수준은 미약"

Portal Site 인지여부(%)		Portal Site 최초 상기 (%)

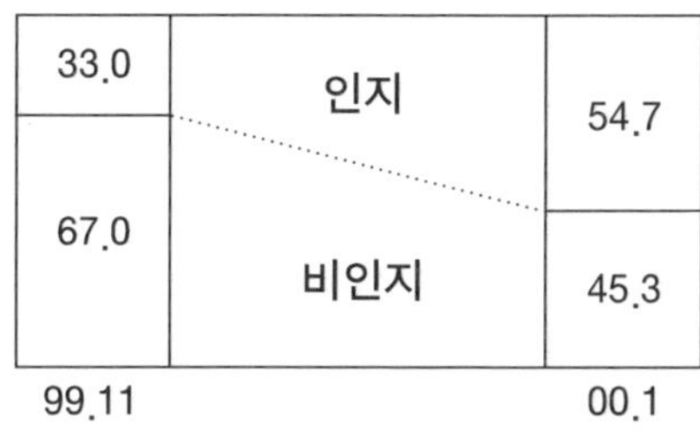

33.0	인지	54.7
67.0	비인지	45.3
99.11		00.1

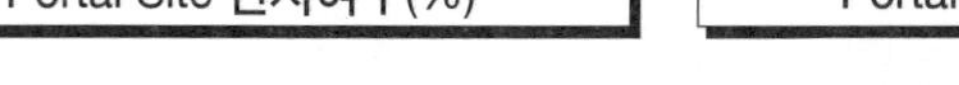

* 자료원 : 제일기획-인터넷 이용자 조사 (2000.1, N=300)

---

4. Daum의 커뮤니케이션 과제

1차 캠페인의 문제점	종합 Portal임을 증명하는 실체 보여주기

"캠페인에 대한 네티즌의 반향이 기대보다 작다."

- **Daum을 기억해줄 새로운 재료 부족**
- Daum의 실체(회원수, 페이지뷰, 동호회수)로 No.1입증

- **주로 토탈 솔루션의 개념으로 다음을 포지셔닝**
- 관념적인 의지 중심의 광고 소구
- 라이코스나 야후처럼 검색엔진만으로 이야기할 수 없다.
- 지금와서 무료이메일을 이야기할 수도 없다.

"No. 1 우리 인터넷, 다음"

- 카페
- 원성 스님
- 쇼핑

↓

커뮤니케이션 과제

실체를 중심으로 User에게
실질적인 생활속의 혜택을 소구

5. 광고 어떻게 할 것인가? – 광고목표

"Portal, Destination Site로 이미지 만들기"

Daum의 Positioning

"Daum = 메일, 커뮤니티 사이트"로
소비자 인식

⬇

Daum = 종합 Portal, Destination Site

기존의 한국 대표 인터넷 이미지를 유지하면서 각 서비스의 특장점 전달

5. 광고, 어떻게 할 것인가? – 집행 광고

캠페인 슬로건: "다음에서 만나자"

원성스님편   쇼핑편

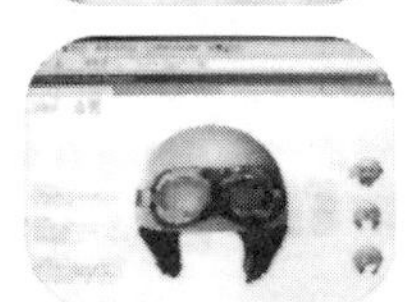

5. 광고, 어떻게 할 것인가? –집행 광고

캠페인 슬로건: "다음에서 만나자"

카페댄스편

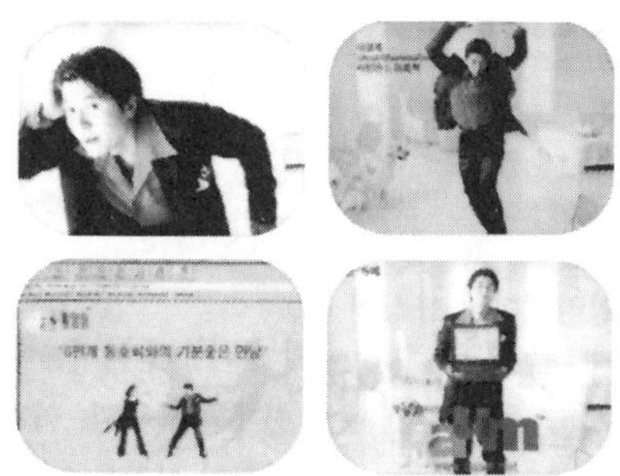

3차 캠페인

No.1 이미지 만들기

1. 인터넷 시장내 Daum의 위치

"Marketing 지표 대비 소비자 인식/행동/태도
지표에서 경쟁사와 Gap 존재"

Marketing Index: Service
총회원 수 1천1백만
일 평균 4천1백만 Pageview
10만개 카페
일평균 520만 Log-In

* 자료원 : 다음커뮤니케이션 마케팅팀 자료 (2000.5)

인터넷에 대한 소비자 인식		
구 분	Daum	Y사
대표 인터넷 최초상기	24.0	46.0
대표인터넷 순수상기	46.0	68.0
자주 이용 사이트(1위)	29.7	33.7
선호사이트(1위)	18.4	27.7

* 자료원 : 제일기획 소비자조사 (2000.6)

2. Daum의 커뮤니케이션 과제

인식과 실체를 아우르는

다음 = 대표 인터넷

(명실상부한 대표 인터넷 브랜드)

고객들의 인식속에 '리더(맏형)다움' 인식시킨다.

3. 광고, 어떻게 할 것인가?

■ 리더(맏형)다움이란?

『리더 vs 보스』

(홍사중 著 『리더 vs 보스』 中)

보스는 자신이 최고라는 것을 끊임없이 남에게 인식시킨다.
리더는 좀처럼 자랑을 하지 않는다.

보스는 '자신' 이 이룩한 현재의 영광과 업적을 자랑함으로써 조직원을 이끌고 가지만
**리더는 '우리' 가 앞으로 만들어갈 비전과 꿈을 이야기함으로써
조직원을 자발적으로 따라오게 만든다.**

4. 광고, 어떻게 할 것인가?

- 자화자찬의 Maker Voice 탈피
  (다음만의 이야기와 비전으로 다음을 자랑하는 형태 지양)
- 인터넷 전체가 나아갈 비전과 방향을 네티즌이 공감하는 소재로 제시
  (누구나 공감하는 사회적 이슈와 인터넷 비전의 결합)
  (인터넷에 대한 보편적 생각과 기대: 휴머니티 중심으로)

인터넷의 미래와 만나는 곳 – 다음
(인터넷의 미래 = 따뜻한 인터넷 세상)

인터넷은 대립과 갈등의 벽을 허물어 냅니다.

5. 광고, 어떻게 할 것인가? – 집행 광고

캠페인 슬로건 : "인터넷이 마음의 벽을 허뭅니다, 다음"

판문점 편 - TV

판문점 편 - 인쇄

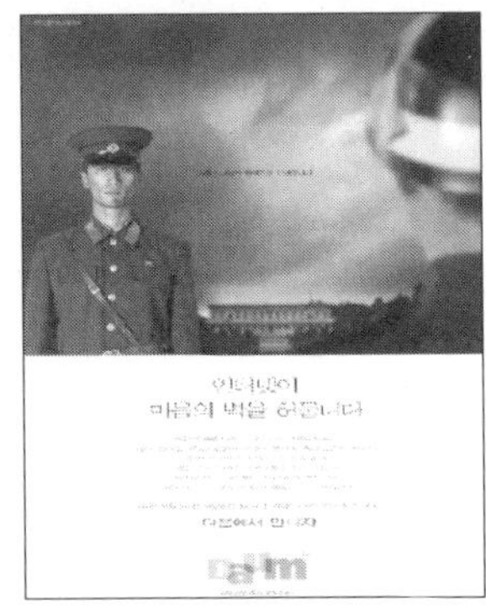

6. 3차 캠페인 1단계 집행 후 평가

"Marketing 지표 및 소비자 인식에서 명실공히 1위 달성"

Marketing Index: Service
총회원 수 2천4백만
일 평균 2억1천만 Pageview
60여 만 개 카페
일평균 1천7백만 Log-In

* 자료원 : 다음커뮤니케이션 마케팅팀 자료 (2001.4)

인터넷에 대한 소비자 인식

구 분	Daum	Y사
대표 인터넷 최초상기	42.3	34.3
대표인터넷 순수상기	72.0	71.0
자주 이용 사이트(1위)	47.5	24.8
선호사이트(1위)	34.5	17.8

* 자료원 : 제일기획 소비자조사 (2001. 4)

KTF Bigi(비기) 의 포지셔닝을 위한 커뮤니케이션 전략안

국내 이동통신 시장은 이미 포화 상태에 이르러 기존 고객의 이탈을 최소화하는데 역점을 두고 있습니다. 그러나, 10대 시장은 비약적인 성장의 가능성이 잠재되어 있는 시장이라 할 수 있습니다. 이 중에서도 가입의향률은 높지만 가입률이 낮은 1318세대는 가장 매력적 Target이라 할 수 있습니다. 이러한 이유에서 1318 전용 이동통신 브랜드 Bigi가 탄생되었습니다. Bigi는 철저히 1318세대의 코드에 맞는 차별적 서비스와 광고 크리에이티브를 통해 1318 전용 대표이동통신 브랜드로 Positioning할 것이며, 지속적으로 customized benefit 제공하여 Brand Loyalty를 강화해 나갈 것입니다.

KTF 브랜드기획팀 과장 신훈주

그들만의 League!

- T2 리포지셔닝을 위한 커뮤니케이션 전략(안) -

일견, 어렵지 않은 숙제?

- **목표고객은 13~18**
- **3개의 차별화 포인트**
  ① 조절형 요금제도
  ② 멤버쉽 서비스
  ③ 다양한 Mobile Service

기존 **"저렴한 요금서비스 팩"** 에서
"1318 복합문화상품" 으로…

그러나 단순하지만은 않았습니다, 왜!

**1318도 '복합문화 서비스' 하면
TTL, Na를 떠올리기 때문입니다.**

Made in 20라고 해도 1318에게는 그들이 준거집단.
어쨌든, TTL, Na는 그들이 동경하는 브랜드이기 때문에…

**우리는 TTL, Na와 인식상에서
경쟁하지 않을 수 없습니다.**

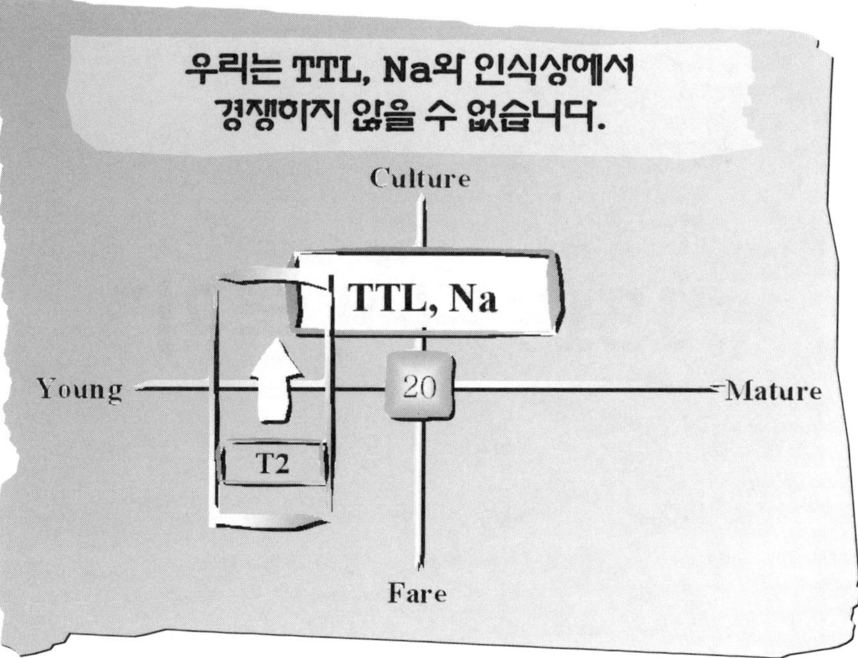

그러나, 혜택이 '더' 많다?
'더' Trendy하고 감각적이다?

'더 좋다' 가 아니라
'잇! 다르다' 로 승부

"1318 다시 보기"

1318을 다시 볼 때 걷어내야 할 것 하나

어른입장에서의 규정 or 편견의 시각

→ "TeenTeen"이 부적절한 이유

그 동안 10대에 대한 어른들의 이분법

범생 아니면 날라리

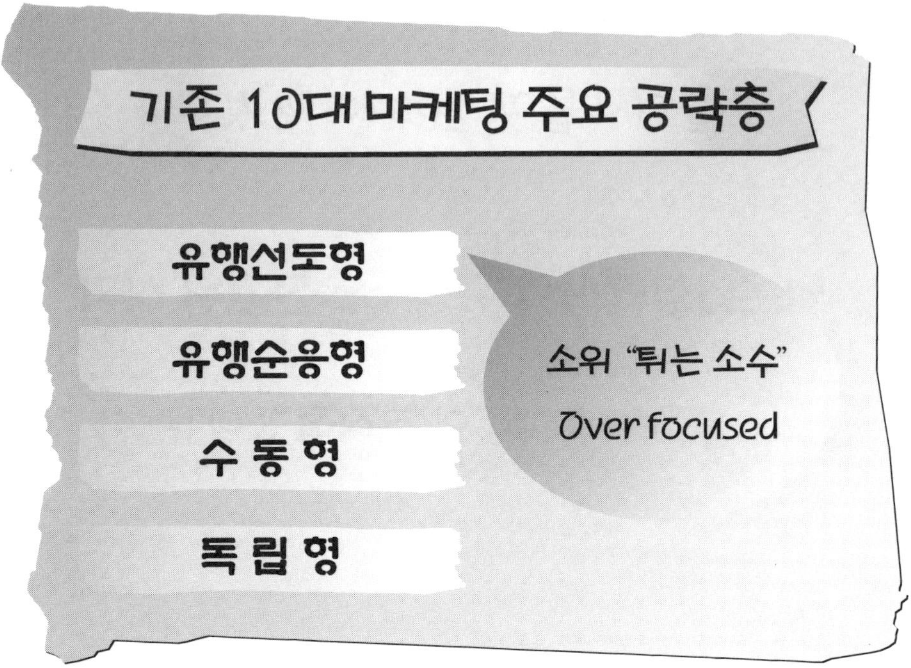

기존 10대 마케팅 주요 공략층

유행선도형

유행순응형

수 동 형

독 립 형

소위 "튀는 소수"
Over focused

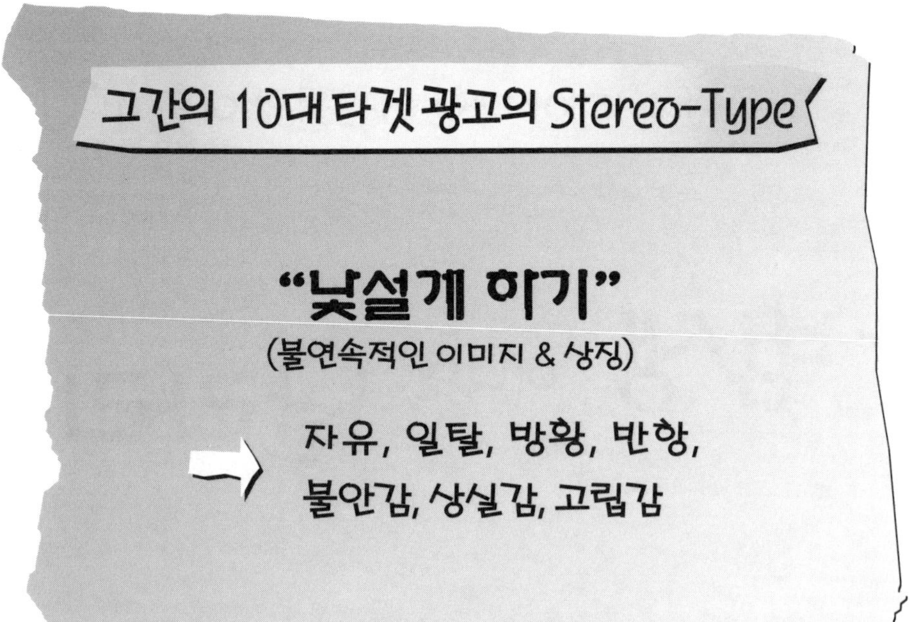

그간의 10대 타겟 광고의 Stereo-Type

"낯설게 하기"
(불연속적인 이미지 & 상징)

→ 자유, 일탈, 방황, 반항,
불안감, 상실감, 고립감

그러나 이러한 접근은

10대 후반과는 또 다른 차별적인
모습을 보이는 1318에 대한 진지한 고려가
부족했다.

1318 바로보기

마냥 몰가치적이고 포스트모던을
추구하는 아이들은 아니다.
그들은 삶에 대한 진지한 고민을 갖고 있다.

Who are they?

☐ 개인적 관심사

친구, 학교, 공부, 가정, 이성교제...

공해, 재산증식, 노후, 자녀교육, 사회봉사

(자료원 : 제일기획 2000년 전국소비자 조사 / 남,녀 13~17세 / n=607)

Who are they?

☐ 관심있는 사회문제

연예인, 유행...

청소년의식, 범죄, 교육...

통일, 정치, 외교, 경제살리기...

소비자운동, 공해, 사회복지...

우리의 브랜드, 우리가 대변하는 1318은...

바람직한 가치관과 일탈 사이의 혼란은 있으나,
미래에 대한 꿈과 비전을 가지고 있는,

어른들이 생각하는 것보다,
"훨씬 더 커다란, 훨씬 더 다양한
사고와 가치관"

커뮤니케이션 전략의 출발점

생각보다 더 큰

1318의 심리적 코드

T2의 제품적 코드

Big

브랜드 네임 추천안
Bigi
(비기)

Bigi에 담긴 의미 ①

1318 Identity
Bigi

Bigi에 담긴 의미 ②

Identity의 상징화
→ 캐릭터의 이름

잡재성

가능성

규모감

신비감

더 친숙하게, 더 재밌게,
그들만의 동질감을 제공

1318

이런 모습입니다(로고타입)

Bigi
www.bigi.co.k

간결하면서도
희망이 있는 약속

꿈도 점점 크게

생각도 점점 크게

미래도 점점 크게

서비스도 점점 크게

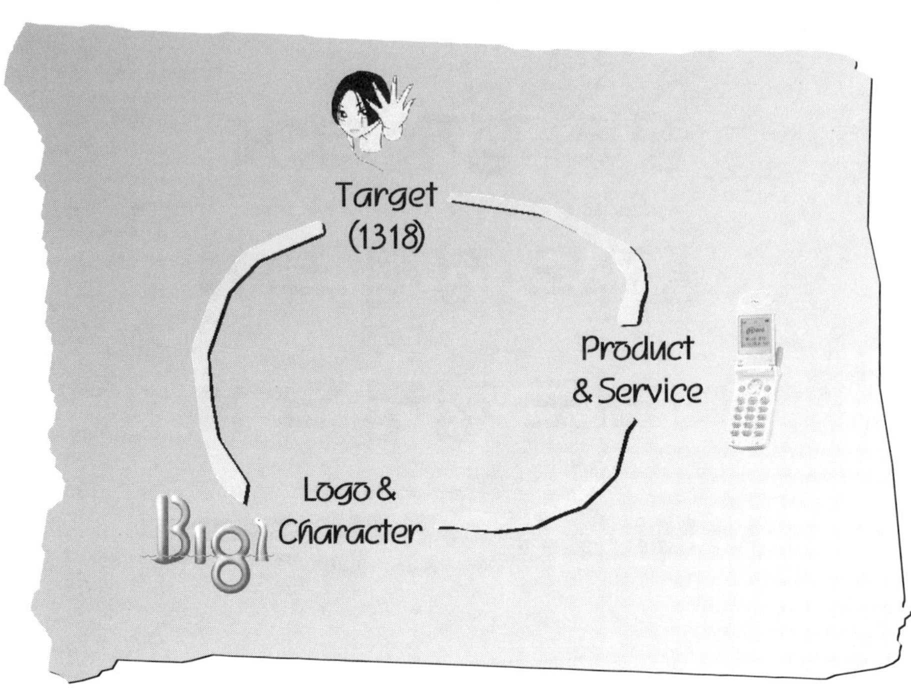

Target
(1318)
Product
& Service
Logo &
Character
Bigi

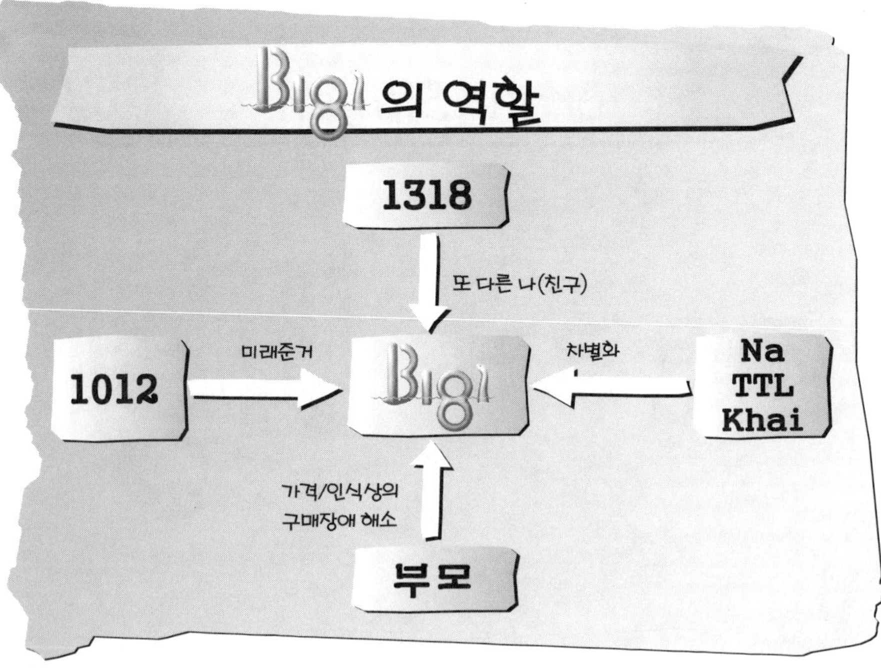

Bigi의 역할
1318
또 다른 나(친구)
미래준거
1012
Bigi
차별화
Na
TTL
Khai
가격/인식상의
구매장애 해소
부모

그렇게 하기 위한 Communication Tools

Naming
Character
Ad
Promotion

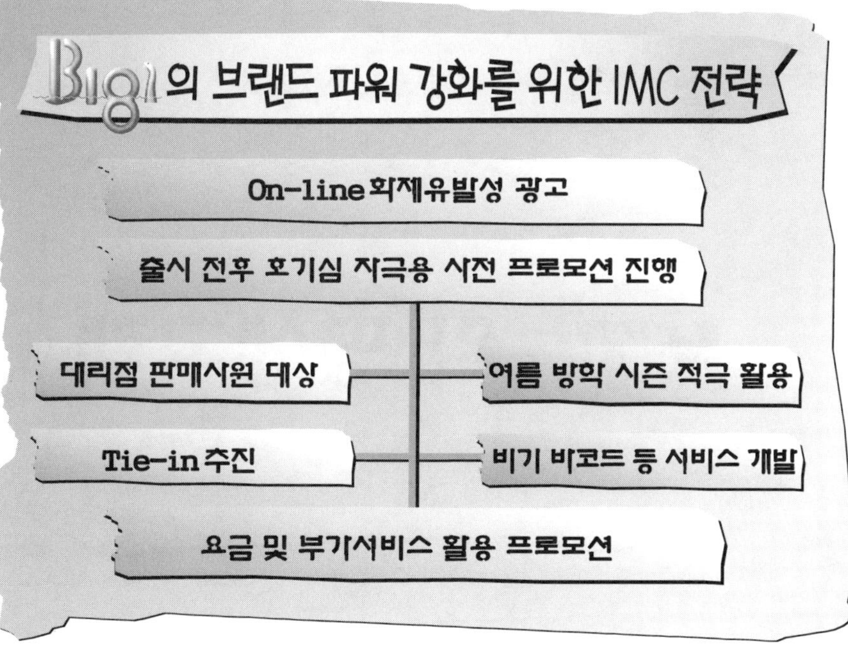
Bigi 의 브랜드 파워 강화를 위한 IMC 전략

On-line 화제유발성 광고

출시 전후 호기심 자극용 사전 프로모션 진행

대리점 판매사원 대상

여름 방학 시즌 적극 활용

Tie-in 추진

비기 바코드 등 서비스 개발

요금 및 부가서비스 활용 프로모션

Bigi Campaign Schedule & Item

구분	7월 초	7월 중순	7월 말	8월	9월
Bigi 광고활동			런칭 1차 TV-CM 요금제도 고지 TV-CM 런칭 1차 신문광고	런칭 2차 TV-CM 런칭 2차 신문광고	
Bigi 프로모션	숨은 Bigi 찾기 → TV광고 연동 Bigi 탄생기념 프로모션 Bigi 출생신고식 → Street 프로모션		Bigi 여름나기 Bigi Bigi 캠프	Bigi 알 따먹기 Bigi 콘테스트	
Bigi On-line 광고		Flash Animation 시리즈 광고 집행			
Bigi 기타		Tie-in 프로모션(모닝글로리 / 세븐일레븐 등) 대리점 프로모션 : Best Shoper 선정 등 안테나 Shop (Bigi's home 비기 바코드 발급 등)			

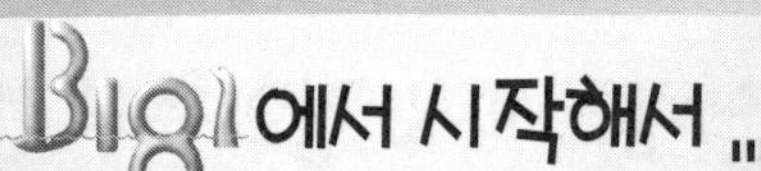

김낙회 (nhkim@cheil.co.kr)

서강대 신문방송학과 졸업후, 1976년 제일기획에 입사하여 줄곧 광고기획(AE) 담당. 1997년 삼성구조조정본부 홍보팀에서 삼성그룹 광고와 올림픽 스폰서로서의 스포츠마케팅업무를 담당하기도 했다. 현재 제일기획 전무로 재직중이며, 특히 한국통신(KT)과 KTF를 총괄하고 있다. 또한 행자부 국가상징자문위원과 2002년 월드컵조직위원회 마케팅전문위원을 겸임하고 있다.

저서로는 「광고왕국 일본(도서출판 진화,1992)」과 번역서 「스포츠마케팅(나남출판,1999)」이 있다.

유진형(saiko@cheil.co.kr)

　　동경경제대학 경영학연구과 광고학 석사. 그 후 코래드 광고전략연구소와 해외마케팅 본부를 거처, 다시 일본에 건너가 동대학 경영학연구과 박사과정(광고학)을 수료. 현재 제일기획 브랜드마케팅연구소에서 KTF의 브랜드 가치진단 평가모델 및 적정광고 예산모델 개발프로젝트 담당. 또한 월간「ADVERTISING」의 동경통신원과 한국광고단체연합회(http://www.adic.co.kr) 분석보고서(2000) 일본광고계동향 집필활동. 그 외 일본광고학회와 덴츠 요시다재단 프로젝트 연구 각각 1회와 일본광고학회에서 3차례의 발표가 있으며, 현재 한국광고학회 및 일본광고학회 정회원 이기도 하다.

　　논문으로는 「호감도를 통해 본 일한 TV-CM의 상호이용에 관한 연구(석사논문)」「일본 진입 외국브랜드의 광고표준화에 관한 연구」「이문화간 광고 글로벌 스탠더드」「관광광고와 그 효과; 일한비교」「일본기업 광고 커뮤니케이션 활동의 한국에 있어서의 이용가능성」 등이 있고, 번역서로는 「광고표현의 과학화(한언출판사,1999)」와 「NTT도코모 급성장의 비밀(영진Biz.com,2000)」이 있다.

홍성민(sugam@unitel.co.kr)

고려대 영어교육과 졸업. 고려대 경영대학원 석사(국제경영 전공). 현재 서강대학교 경영학과 박사과정(마케팅 전공)에 있다. LG전자 브랜드커뮤니케이션팀에서 중국, 일본, 북미, 중동아프리카 지역을 담당하면서 브랜드, 광고, 해외PR, 마케팅 전략 수립에 참여하였으며, 특히 2년간 중국지역을 담당하면서 중국전문가로 있었다. 현재 제일기획 브랜드마케팅연구소에서 브랜드진단·평가모델(B-MASTER)과 브랜드가치평가모델(Brand Valuation)개발 프로젝트에 참여하였고, 다수의 국내기업 브랜드전략수립 컨설팅을 진행해 오고 있다.

한국마케팅학회 정회원. 삼성경제연구소 e마케팅지식그룹 정회원. 한국정보산업연합회 e브랜드 강의. 국내 기업·단체·대학에서 브랜드전략 수립 강의. 월간 「Ad.com」, 「Enable」등에 브랜드 관련 연재, 동아일보, 한국경제, 매일경제, 서울경제 등을 통해 브랜드 관련 칼럼을 기고하는 등 기업들이 파워브랜드를 만들어 갈 수 있도록 도움을 주는 일을 하고 있다.

브랜드 마케팅

(주)하쿠호도 브랜드 컨설팅 지음
김낙회 | 유진형 | 홍성민 옮김

개정 1쇄 인쇄일 2007년 12월 10일
개정 1쇄 발행일 2007년 12월 20일

펴낸곳 굿모닝미디어
펴낸이 이병훈
출판등록 1999년 9월 1일
등록번호 제10-1819호
주소 121-837 서울 마포구 서교동 340-6 502호
전화 (영업)02-325-4415, (편집)02- 3141-8609 팩시밀리 02-338-4418

ISBN 978-89-89874-22-5 03320